Der Streitgegenstand bei Gestalt

Europäische Hochschulschriften

Publications Universitaires Européennes
European University Studies

Reihe II

Rechtswissenschaft

Série II Series II
Droit
Law

Bd./Vol. 1750

PETER LANG
Frankfurt am Main · Berlin · Bern · New York · Paris · Wien

Helmut Köhler

Der Streitgegenstand bei Gestaltungsklagen

PETER LANG
Europäischer Verlag der Wissenschaften

Die Deutsche Bibliothek - CIP-Einheitsaufnahme

Köhler, Helmut:

Der Streitgegenstand bei Gestaltungsklagen / Helmut Köhler. -
Frankfurt am Main ; Berlin ; Bern ; New York ; Paris ; Wien :
Lang, 1995
(Europäische Hochschulschriften : Reihe 2, Rechts-
wissenschaft ; Bd. 1750)
Zugl.: Regensburg, Univ., Diss., 1994
ISBN 3-631-48788-6

NE: Europäische Hochschulschriften / 02

D 355
ISSN 0531-7312
ISBN 3-631-48788-6

Printed in Germany 1 2 3 5 6 7

Vorwort

Die vorliegende Arbeit hat der Juristischen Fakultät der Universität Regensburg unter dem gleichlautenden Titel als Dissertation vorgelegen.

Rechtsprechung und Literatur sind bis Sommer 1994 berücksichtigt.

Danken möchte ich Herrn Professor Dr. Ekkehard Schumann, der die Anregung zu dieser Arbeit gab, sie im Rahmen seiner Seminarveranstaltungen betreut und das Erstgutachten erstattet hat. Darüber hinaus gilt mein Dank Herrn Professor Dr. Reinhard Richardi für die Abfassung des Zweitgutachtens.

Bonn, im Januar 1995 *Helmut Köhler*

Inhaltsverzeichnis

Literaturverzeichnis

Erich Ambrock: Ehe und Ehescheidung, Kommentar zu den Vorschriften des materiellen Rechts (BGB, EheG, RVO u.a.) und des Verfahrensrechts (GVG, ZPO, FGG u.a.), Berlin - New York 1977.

Peter Arens: Der Grundsatz der Einheitlichkeit der Entscheidung in Ehesachen, besonders im Hinblick auf das Wiederaufnahmeverfahren, ZZP 76 (1963), 423.

Streitgegenstand und Rechtskraft im aktienrechtlichen Anfechtungsverfahren, Bielefeld 1960
[Zit.: Streitgegenstand].

Peter Arens - Gerhard Lüke: Zivilprozeßrecht: Erkenntnisverfahren, Zwangsvollstreckung, 5. Auflage, München 1992.

Johannes Baltzer: Die negative Feststellungsklage aus § 256 I ZPO, Köln - Berlin - Bonn - München 1980.

Günther Bastian - Klaus Roth=Stielow - Dietmar Schmeiduch: 1. EheRG: Das neue Ehe- und Scheidungsrecht, Stuttgart - Berlin - Köln - Mainz 1978
[Zit.: Bastian-Bearbeiter].

Adolf Baumbach - Konrad Duden - Klaus J. Hopt: Handelsgesetzbuch, erläutert von Klaus J. Hopt, 28. Auflage, München 1989.

Adolf Baumbach/ Wolfgang Lauterbach/ Jan Albers/ Peter Hartmann: Zivilprozeßordnung mit Gerichtsverfassungsgesetz und anderen Nebengesetzen, 51. Auflage, München 1993
[Zit.:Baumbach/Lauterbach/Bearbeiter].

Gottfried Baumgärtel: Zur Lehre vom Streitgegenstand, JuS 1974, 69.

Fritz Baur: Zivilprozessuale Fragen zum Gleichberechtigungs- und zum Familienrechtsänderungsgesetz 1961, FamRZ 1962, 508.

Fritz Baur - Wolfgang Grunsky: Zivilprozeßrecht, 8. Auflage, Neuwied/Kriftel/Berlin 1994.

Michael Becker: Typologie und Probleme der (handelsrechtlichen) Gestaltungsklagen unter besonderer Berücksichtigung der GmbH-rechtlichen Auflösungsklage (§ 61 GmbHG), ZZP 97 (1984), 314.

Bruno Bergerfurth: Der Ehescheidungsprozeß und die anderen Eheverfahren, 7. Auflage, Essen 1989 [Zit.: Ehescheidungsprozeß].

Zweifelsfragen im neuen Eheverfahrensrecht, FamRZ 1976, 581.

Wilfried Berkowsky: Der allgemeine Weiterbeschäftigungsanspruch des Arbeitnehmers während des Kündigungsschutzprozesses - ein Phantom?, NJW 1982, 905.

Karl August Bettermann: Der Gegenstand des Kündigungssrechtsstreits nach dem Kündigungsschutzgesetz, ZfA 1985, 5.

Arwed Blomeyer: Zivilprozeßrecht: Erkenntnisverfahren, 2. Auflage, Berlin 1985 [Zit.: Zivilprozeßrecht].

Zum Urteilsgegenstand im Leistungsprozeß, Festschrift für Friedrich Lent, München und Berlin 1957, S. 43 ff.

Karl Blomeyer: Arrest und einstweilige Verfügung, ZZP 65 (1952), 52.

Peter Böhm: Die Ausrichtung des Streitgegenstandes am Rechtsschutzziel, Festschrift für Winfried Kralik, Wien 1986, S. 83 ff.

Friedrich Wilhelm Bosch: Anmerkung zum Urteil des Amtsgerichts Krefeld vom 14.1.1987 - [66] 62 F 60/86, FamRZ 1987, 816.

Eduard Bötticher: Besinnung auf das Gestaltungsrecht und das Gestaltungsklagerecht, Festschrift für Hans Dölle (Vom deutschen zum europäischen Recht, Band I: Privat- und Zivilprozeßrecht, Rechtsvergleichung), Tübingen 1963, S. 41 ff.

Der Streitgegenstand des Kündigungsschutzprozesses, BB 1959, 1032.

Streitgegenstand und Rechtskraft im Kündigungsschutzprozeß, Festschrift für Wilhelm Herschel, Stuttgart und Köln 1955, S. 181 ff.

Streitgegenstand und Rechtskraft unter besonderer Berücksichtigung der Wiederholung der Ehescheidungsklage, FamRZ 1957, 409.

Zum "allgemeinen" Weiterbeschäftigungsanspruch des Arbeitnehmers während des Kündigungsschutzprozesses, BB 1981, 1954.

Zum Regierungsentwurf des Kündigungsschutzgesetzes, RdA 1951, 81.

Zur Geltendmachung der Unwirksamkeit einer sozial ungerechtfertigten Kündigung gemäß § 3 Kündigungsschutzgesetz, BB 1952, 978.

Zur Lehre vom Streitgegenstand im Eheprozeß, Festgabe für Leo Rosenberg, München und Berlin 1949, S. 73 ff.

Wolfgang Brehm: Die Zulässigkeitsvoraussetzungen bei einverständlicher Scheidung, JZ 1977, 596.

Hans Brox: Die objektiven Grenzen der materiellen Rechtskraft im Zivilprozeß, JuS 1962, 121.

Dieter Brüggemann: Familiengerichtsbarkeit - Verfahren in Ehesachen im allgemeinen - Verfahren in anderen Familiensachen, FamRZ 1977, 1.

Ninon Colneric: Rechtskraft des Kündigungsschutzurteils - Vorbedingung für Leistungsurteile über Lohn und Beschäftigung?, AuR 1984, 105.

Jürgen Damrau: Das Verfahren bei der Konventionalscheidung nach dem 1. EheRG, NJW 1977, 1169.

Günther Deubner: Der Vorrang der Zerrüttungsvermutungen im Scheidungsrecht, NJW 1978, 2585.

Uwe Diederichsen: Das Recht der Ehescheidung nach dem 1. EheRG (Scheidungsgründe), NJW 1977, 273.

Entwicklung und Funktion des Familien-, insbesondere des Eheprozeßrechts in der Bundesrepublik Deutschland, ZZP 91 (1978), 397.

Hans Dölle: Familienrecht Band I, Karlsruhe 1964.

Adalbert Düringer - Max Hachenburg: Das Handelsgesetzbuch vom 10. Mai 1897 (unter Ausschluß des Seerechts) auf der Grundlage des Bürgerlichen Gesetzbuchs, II. Band/2. Hälfte, 3. Auflage Mannheim/Berlin/Leipzig 1932.

Per Olof Ekelöf: Der Streitgegenstand - ein Lieblingskind der Begriffsjurisprudenz, ZZP 85 (1972), 145.

Walter Erman: Handkommentar zum Bürgerlichen Gesetzbuch, 2. Band, 7. Auflage, Münster 1981
[Zit.: Erman-Bearbeiter (7. Auflage)].

Handkommentar zum Bürgerlichen Gesetzbuch, 2. Band, 9. Auflage, Münster 1993
[Zit.: Erman-Bearbeiter].

Robert Fischer: Die Entziehung der Geschäftsführungs- und Vertretungsbefugnis in der OHG, NJW 1959, 1057.

Gemeinschaftskommentar zum Handelsgesetzbuch: GK-HGB, begründet von Georg W. Bandasch, 4. Auflage, Neuwied, Darmstadt 1989
[Zit.: GK-HGB-Bearbeiter].

Gemeinschaftskommentar zum Kündigungsschutzgesetz: Gemeinschaftskommentar zum Kündigungsschutzgesetz und zu sonstigen kündigungsschutzrechtlichen Vorschriften, 3. Auflage, Neuwied 1989
[Zit.: KR-Bearbeiter].

Apostolos Georgiades: Die Anspruchskonkurrenz im Zivilrecht und Zivilprozeßrecht, München 1968.

Claas-Hinrich Germelmann/Hans-Christoph Matthes/Hanns Prütting Arbeitsgerichtsgesetz, München 1990 [Zit.: Bearbeiter, in Germelmann/Matthes/Prütting].

Joachim Gernhuber: Bürgerliches Recht, 3. Auflage, München 1991 [Zit.: Bürgerliches Recht].

Lehrbuch des Familienrechts, 2. Auflage, München 1971 [Zit.: Familienrecht].

Joachim Gernhuber/ Dagmar Coester-Waltjen: Lehrbuch des Familienrechts, 4. Auflage, München 1994.

Peter Gilles: Zur Systematik des Wiederaufnahmeverfahrens (Iudicium rescissorium), ZZP 80 (1967), 391.

Wolfgang Gitter: Anmerkung zum Urteil des Bundesarbeitsgerichts vom 21.11.1985 - 2 AZR 21/85, SAE 1987,190.

Peter Gottwald: Grundprobleme der Streitgenossenschaft im Zivilprozeß, JA 1982, 64.

Wolfgang Grunsky: Anmerkung zum Urteil des Bundesarbeitsgerichts vom 12.1.1977 - 5 AZR 593/75, AP Nr. 3 zu § 4 KSchG 1969.

Grundlagen des Verfahrensrechts, 2. Auflage, Bielefeld 1974 [Zit.: Grundlagen].

Hans Güntner: Der Bestandsschutz des Arbeitsverhältnisses und seine Rechtsverwirklichung, AuR 1974, 97/135.

Die Besonderheiten und Probleme des Kündigungsschutzverfahrens, DB 1975, 1267/1317.

Wilhelm Haarmann - Wolfgang Holtkamp: Anmerkung zum Urteil des Bundesgerichtshofs vom 18.10.1976 - II ZR 98/75 (BGHZ 68, 71), NJW 1977, 1396.

Walther J. Habscheid: Bestimmen Verhandlungs- und Untersuchungsmaxime den Streitgegenstand?, FamRZ 1971, 297.

Buchbesprechung: Bruno Rimmelspacher, Materiellrechtlicher Anspruch und Streitgegenstandsprobleme im Zivilprozeß, ZZP 84 (1971), 360.

Der Streitgegenstand im Zivilprozeß und im Streitverfahren der Freiwilligen Gerichtsbarkeit, Bielefeld 1956
[Zit.: Streitgegenstand].

Die neuere Entwicklung der Lehre vom Streitgegenstand im Zivilprozeß, Festschrift für Karl Heinz Schwab, München 1990, S. 181 ff.

Zur Wiederholung der Heimtrennungsklage - Rechtskraft und Präklusion im Eheauflösungsprozeß, FamRZ 1966, 486.

Walther Hagena: Die Zuständigkeitskonzentration und der Entscheidungsverbund beim Familiengericht, FamRZ 1975, 379.

Wolfgang Hamann: Die Kündigung des Arbeitsverhältnisses durch den Arbeitgeber, JA 1987, 474/536.

Handelsgesetzbuch Großkommentar: Großkommentar zum HGB, begründet von Hermann Staub, weitergeführt von Mitgliedern des Reichsgerichts, Zweiter Band, 1. Halbband, 3. Auflage, Berlin - New York 1973
[Zit.: Bearbeiter, in: Großkomm. HGB].

Heidelberger Kommentar zum Handelsgesetzbuch: HK-HGB: Handelsrecht - Bilanzrecht - Steuerrecht, Kommentar zum Handelsgesetzbuch, 3. Auflage, Heidelberg 1993
[Zit.: HK-HGB-Bearbeiter].

Horst-Eberhard Henke: Wie tot ist die Begriffsjurisprudenz?, ZZP 80 (1967), 1.

Wolfram Henckel: Der Streitgegenstand im konkursrechtlichen Anfechtungsprozeß, Festschrift für Karl Heinz Schwab, München 1990, S. 213 ff.

Parteilehre und Streitgegenstand im Zivilprozeß, Heidelberg 1961
[Zit.: Parteilehre].

Prozeßrecht und materielles Recht, Göttingen 1970
[Zit.: Prozeßrecht].

Wilhelm Herschel/ Georg Steinmann/ Manfred Löwisch: Kommentar zum Kündigungsschutzgesetz, 6. Auflage, Heidelberg 1984
[Zit.: Herschel/Löwisch].

Dieter Hesselberger: Die Lehre vom Streitgegenstand, Köln - Berlin - Bonn - München 1970.

Ernst Heymann: Handelsgesetzbuch. Kommentar von Volker Emmerich, Harald Herrmann, Thomas Honsell, Norbert Horn, Willi Jung, Rudolf J. Niehus, Harro Otto, Jürgen Sonnenschein, Band 2 - Zweites Buch, Berlin - New York 1989
[Zit.: Heymann/Bearbeiter].

Edgar Hoffmann - Walter Stephan: Ehegesetz nebst Durchführungsverordnungen - Kommentar, 2. Auflage, München 1968.

Heinz Hübner: Allgemeiner Teil des Bürgerlichen Gesetzbuchs, Berlin - New York 1985.

Alfred Hueck: Das Recht der offenen Handelsgesellschaft, 4. Auflage, Berlin - New York 1971
[Zit.: Das Recht der OHG].

Gestaltungsklagen im Recht der Handelsgesellschaften, Recht im Wandel - Festschrift für den Carl Heymanns Verlag, Köln - Berlin - Bonn - München 1965, S. 287 ff.

Klage und Urteil im Kündigungsschutzstreit, Festschrift für Hans Carl Nipperdey, München und Berlin 1955, S. 99 ff.

Kündigungsschutzgesetz, Kommentar begründet von Alfred Hueck, fortgeführt von Götz Hueck und Gerrick von Hoyningen-Huene, 10. Auflage, München 1980
[Zit.: Bearbeiter, in: Hueck, KSchG].

Alfred Hueck/ Gerrick von Hoyningen-Huene: Kündigungsschutzgesetz, Kommentar begründet von Alfred Hueck, 11. Auflage, München 1992.

Götz Hueck: Anmerkung zum Beschluß des Bundesarbeitsgerichts vom 18.1.1979 - 2 AZR 662/76, AP Nr. 7 zu § 611 BGB Beschäftigungspflicht.

Othmar Jauernig: Verhandlungsmaxime, Inquisitionsmaxime und Streitgegenstand, Tübingen 1967
[Zit.: Verhandlungsmaxime].

Zivilprozeßrecht, 18. Auflage, München 1977
[Zit.: Zivilprozeßrecht (18. Auflage)].

Zivilprozeßrecht, 24. Auflage, München 1993
[Zit.: Zivilprozeßrecht].

Kurt H. Johannsen/ Dieter Henrich: Eherecht: Scheidung, Trennung, Folgen, 2. Auflage, München 1992
[Zit.: Johannsen/Henrich/Bearbeiter].

Thomas Kapp: Kaninchen aus dem Zylinder? - Zum Scheinproblem der materiellen Rechtskraft des abweisenden Urteils bei der negativen Feststellungsklage, MDR 1988, 710.

Helmut Köhler: BGB Allgemeiner Teil, 21. Auflage, München 1991.

Thomas Köhler: Der Streitgegenstand im Kündigungsschutzprozeß, Bergisch Gladbach - Köln 1991.

Helmut Kollhosser: Anmerkung zum Urteil des Bundesgerichtshofs vom 28.4.1975 - II ZR 16/73 (BGHZ 64, 253), NJW 1976, 144.

Rolf Knütel: Scheidungsverzicht und Scheidungsausschlußvereinbarungen, FamRZ 1985, 1089.

Kurt Kuchinke: Anmerkung zum Urteil des Bundesarbeitsgerichts vom 12.1.1977 - 5 AZR 593/75, SAE 1979, 287.

Reinhard Künzl: Abschied vom punktuellen Streitgegenstandsbegriff?, Erlanger Festschrift für Karl Heinz Schwab, Erlangen 1990, S. 123 ff.

Kündigungsschutzklage als Feststellungs- oder Gestaltungsklage?, DB 1986, 1280.

Karl Larenz: Allgemeiner Teil des deutschen Bürgerlichen Rechts, 7. Auflage, München 1989 [Zit.: Allgemeiner Teil].

Anmerkung zum Urteil des Bundesarbeitsgerichts vom 1.2.1960 - 5 AZR 20/58, SAE 1960, 80.

Methodenlehre der Rechtswissenschaft, 6. Auflage, Berlin - Heidelberg - New York 1991 [Zit.: Methodenlehre].

Karl Larenz/ Claus-Wilhelm Canaris: Lehrbuch des Schuldrechts - Zweiter Band: Besonderer Teil, 2. Halbband, 13. Auflage, München 1994.

Friedrich Lent: Zur Lehre vom Entscheidungsgegenstand, ZZP 72 (1959), 63.

Walter F. Lindacher: Die Klage auf Ausschließung eines OHG- bzw. KG-Gesellschafters, Festschrift für Heinz Paulick, Köln-Marienburg 1973, S. 73 ff.

Die Streitgenossenschaft, JuS 1986, 379/540.

Hartmut Linke: Parteifreiheit und Richterinitiative im Scheidungsverfahren, Festschrift für Günther Beitzke, Berlin - New York 1979, S. 269 ff.

Gerhard Lüke: Die persönlichen Ehewirkungen und die Scheidungsgründe nach dem neuen Ehe- und Familienrecht, Festschrift für Friedrich Wilhelm Bosch, Bielefeld 1976, S. 627 ff.

Zum Streitgegenstand im arbeitsgerichtlichen Kündigungsschutzprozeß, JZ 1960, 203.

Zum zivilprozessualen Klagesystem, JuS 1969, 301.

Zur Streitgegenstandslehre Schwabs - eine zivilprozessuale Retrospektive, Festschrift für Karl Heinz Schwab, München 1990, S. 309 ff.

Rudolf Lukes: Teilentzug der Geschäftsführungs und Vertretungsbefugnisse bei der oHG durch Urteil, JR 1960, 41.

Gerhard Luther: Die Grenzen der Sperrwirkung einer ausländischen Rechtshängigkeit, IPRax 1984, 141.

Franz Massfeller/ Christof Böhmer/ Michael Coester: Das gesamte Familienrecht, Band 1: Das innerstaatliche Recht der Bundesrepublik Deutschland, 3. Auflage [Loseblatt] Stand: April 1989, Neuwied/Frankfurt [Zit.:Massfeller/Bearbeiter].

Wilhelm Maus: Handbuch des Arbeitsrechts, herausgegeben von Wilhelm Maus zusammen mit F. Jochem Kremp, VI. Teil, Beendigung, Kündigung und Übergang des Arbeitsverhältnisses, [Loseblatt] Stand: Mai 1988, Baden-Baden.

Werner Merle: Die Verbindung von Zustimmungs- und Ausschlußklage bei den Personenhandelsgesellschaften, ZGR 1979, 67.

Dieter Medicus: Schuldrecht I, Allgemeiner Teil, 7. Auflage, München 1993.

Peter G. Meisel: Neue Entwicklung in der Rechtsprechung des Bundesarbeitsgerichts zur sozialen Rechtfertigung einer Kündigung, ZfA 1985, 213.

Erich Molitor: Die Kündigung unter besonderer Berücksichtigung der Kündigung des Arbeitsvertrages, 2. Auflage, Mannheim 1951.

Münchener Kommentar zum Bürgerlichen Gesetzbuch: 1. Auflage, Band 5, München 1978
[Zit.: MünchKomm-Bearbeiter (1. Auflage)].

2. Auflage, Band 3, 1. Halbband, München 1988; 3. Auflage, Band 7, München 1993
[Zit.: MünchKomm-Bearbeiter].

Münchener Kommentar zur Zivilprozeßordnung: Münchener Kommentar zur Zivilprozeßordnung mit Gerichtsverfassungsgesetz und Nebengesetzen, München 1992
[Zit.: MünchKommZPO-Bearbeiter].

Egbert Nickel: Probleme der Ausschlußklage bei OHG und KG - BGHZ 64, 253, JuS 1977, 14.

Arthur Nikisch: Arbeitsrecht, I. Band, 3. Auflage, Tübingen 1961
[Zit.: Arbeitsrecht I].

Der Streitgegenstand im Zivilprozeß, Tübingen 1935
[Zit.: Streitgegenstand].

Zur Lehre vom Streitgegenstand im Zivilprozeß, AcP 154 (1955), 269.

Ostermeyer: Die sozialwidrige und die aus sonstigen Gründen unwirksame Kündigung (§ 11 KSchG), RdA 1952, 142.

Günter Pabst: Prozessuale Probleme bei Rechtsstreitigkeiten wegen Entziehung von Geschäftsführungs- bzw. Vertretungsbefugnis sowie Ausschließung eines Gesellschafters, BB 1978, 892.

Otto Palandt: Bürgerliches Gesetzbuch, 53. Auflage, München 1994
[Zit.: Palandt-Bearbeiter].

Rudolf Pehle - Walter Stimpel: Richterliche Rechtsfortbildung unter besonderer Berücksichtigung des gewerblichen Rechtsschutzes und des Personalgesellschaftsrechts, Karlsruhe 1969
[Zit.: Verfasser, in: Pehle-Stimpel].

Josef Popp: Die Fassung des Klageantrags im Kündigungsschutzprozeß, BB 1988, 1180.

Jochen Reichert - Martin Winter: Die "Abberufung" und Ausschließung des geschäftsführenden Gesellschafters der Publikums-Personengesellschaft, BB 1988, 981.

Reichsgerichtsrätekommentar (RGRK): Das Bürgerliche Gesetzbuch mit besonderer Berücksichtigung der Rechtsprechung des Reichsgerichts und des Bundesgerichtshofs; Kommentar herausgegeben von den Mitgliedern des Bundesgerichtshofs, 12. Auflage, 51. Lieferung §§ 1564-1567, Berlin - New York, 1983 [Zit.: RGRK-Bearbeiter].

Bruno Rimmelspacher: Materiellrechtlicher Anspruch und Streitgegenstandsprobleme im Zivilprozeß, Göttingen 1970.

Walter Rolland: Das neue Ehe- und Familienrecht: 1. EheRG; Kommentar zum 1. Eherechtsreformgesetz, 2. Auflage, Neuwied - Darmstadt 1982.

Familienrecht Kommentar, Neuwied 1993 [Zit.: FamK-Bearbeiter].

Leo Rosenberg: Die Präklusionswirkung von Urteilen, SJZ 1950, 314.

Lehrbuch des deutschen Zivilprozeßrechts, 4. Auflage, München und Berlin 1949 [Zit.: Lehrbuch (4. Auflage)].

Lehrbuch des deutschen Zivilprozeßrechts, 5. Auflage, München und Berlin 1951 [Zit.: Lehrbuch (5. Auflage)].

Lehrbuch des deutschen Zivilprozeßrechts, 6. Auflage, München und Berlin 1954 [Zit.: Lehrbuch (6. Auflage)].

Leo Rosenberg - Karl Heinz Schwab: Zivilprozeßrecht, 14. Auflage, München 1986 [Zit.: Rosenberg-Schwab].

Leo Rosenberg - Karl Heinz Schwab - Peter Gottwald: Zivilprozeßrecht, 15. Auflage, München 1993 [Zit.: Rosenberg-Schwab-Gottwald].

Bernd Rüthers/ Martin Henssler: Die Kündigung bei kumulativ vorliegenden und gemischten Kündigungssachverhalten, ZfA 1988, 31.

Günter Schaub: Arbeitsrechts-Handbuch, 7. Auflage, München 1992.

Praktische Probleme bei kumulativen Feststellungsanträgen im Kündigungsschutzprozeß, NZA 1990, 85.

Kurt Schellhammer: Zivilprozeß, 6. Auflage, Heidelberg 1994.

Eberhard Schilken: Zivilprozeßrecht, Köln - Berlin - Bonn - München 1992.

Schlegelberger: Handelsgesetzbuch, Band III, 1. Halbband, 5. Auflage, München 1992 [Zit.: Schlegelberger-Bearbeiter].

Peter Schlosser: Die einverständliche Scheidung im Spannungsfeld der Streitgegenstandsdogmatik, FamRZ 1978, 319.

Gestaltungsklagen und Gestaltungsurteile, Bielefeld 1966 [Zit.: Gestaltungsklagen].

Parallele Eheaufhebungs- und Ehescheidungsverfahren im In- und Ausland, IPRax 1985, 16.

Karsten Schmidt: Anmerkung zum Urteil des Bundesgerichtshofs vom 18.10.1976 - II ZR 98/75 (BGHZ 68, 71), JuS 1977, 686.

Gesellschaftsrecht, 2. Auflage, Köln - Berlin - Bonn - München 1991 [Zit.: Gesellschaftsrecht].

Grundfälle zum Gestaltungsprozeß, JuS 1986, 35.

Zum Streitgegenstand von Anfechtungs- und Nichtigkeitsklagen im Gesellschaftsrecht, JZ 1977, 769.

Ekkehard Schumann: Der Einwand internationaler Rechtshängigkeit am Beispiel paralleler deutsch-türkischer Ehescheidungsverfahren, IPRax 1986, 14.

Dieter Schwab: Aspekte des Eheaufhebungsverfahrens nach der Eherechtsreform, Festschrift für Günther Beitzke, Berlin - New York 1979, S. 357 ff.

Das Recht der Ehescheidung nach dem 1. EheRG: Die Scheidungsgründe, FamRZ 1976, 491.

Handbuch des Scheidungsrechts, 1. Auflage, München 1977
[Zit.: Handbuch des Scheidungsrechts (1. Auflage)].

Handbuch des Scheidungsrechts, 2. Auflage, München 1989
[Zit.: Bearbeiter, in: Schwab, Handbuch des Scheidungsrechts].

Karl Heinz Schwab: Der Stand der Lehre vom Streitgegenstand im Zivilprozeß, JuS 1965, 81.

Der Streitgegenstand im Eheprozeß, ZZP 65 (1952), 101.

Der Streitgegenstand im Zivilprozeß, München und Berlin 1954
[Zit.: Streitgegenstand].

Der Verbund von Scheidungs- und Folgesachen, FamRZ 1976, 658.

Peter Schwerdtner: Die Präklusionswirkung von Urteilen im Kündigungsschutzprozeß, NZA 1987, 263.

Hans Th. Soergel: Bürgerliches Gesetzbuch mit Einführungsgesetz und Nebengesetzen, 11. Auflage, Band 3, Stuttgart - Berlin - Köln - Mainz 1980; Band 6, Stuttgart - Berlin - Köln - Mainz 1981
[Zit.: Soergel-Bearbeiter (11. Auflage)].

Bürgerliches Gesetzbuch mit Einführungsgesetz und Nebengesetzen, 12. Auflage, Band 7, Stuttgart - Berlin - Köln - Mainz 1989; Band 8, Stuttgart - Berlin - Köln - Mainz 1987
[Zit.: Soergel-Bearbeiter].

Helmut Staab: Gestaltungsklage und Gestaltungsklagerecht im Zivilprozeß, Diss. Saarbrücken 1967.

Eugen Stahlhacke/ Ulrich Preis: Kündigung und Kündigungsschutz im Arbeitsverhältnis, 5. Auflage, München 1991.

J. von Staudinger: Kommentar zum Bürgerlichen Gesetzbuch mit Einführungsgesetz und Nebengesetzen, 12. Auflage, Zweites Buch - §§ 620-630, Berlin 1979; Viertes Buch - Einleitung zu §§ 1297 ff.; §§ 1297-1302; Anhang zu §§ 1297 ff.; §§ 1-29, 77a-80 EheG; 1. DVO EheG; AVOBrZ, Berlin 1990
[Zit.: Staudinger-Bearbeiter].

Friedrich Stein - Martin Jonas: Kommentar zur Zivilprozeßordnung, 19. Auflage, Zweiter Band, Tübingen 1972
[Zit.: Stein-Jonas-Bearbeiter (19. Auflage)].

Kommentar zur Zivilprozeßordnung, 20. Auflage, Erster Band, Tübingen 1984; Zweiter Band Teilband 1, Tübingen 1987; Zweiter Band Teilband 2, Tübingen 1989; Vierter Band Teilband 1, Tübingen 1986
[Zit.: Stein-Jonas-Bearbeiter].

Kommentar zur Zivilprozeßordnung, 21. Auflage, Band 1, Tübingen 1993; Band 2, Tübingen 1994; Band 5 Teilband 2, Tübingen 1993
[Zit.: Stein/Jonas/Bearbeiter].

Walter Stimpel: Aus der Rechtsprechung des II. Zivilsenats (Gesellschafts-, Wertpapier-, Bank- und Schifffahrtsrecht), Festschrift 25 Jahre Bundesgerichtshof, München 1975, S. 13 ff.

Wolfgang Teske: Anmerkung zum Urteil des Bundesarbeitsgerichts vom 12.6.1986 - 2 AZR 426/85, EzA § 4 KSchG n. F. Nr. 31.

Heinz Thomas - Hans Putzo: Zivilprozeßordnung mit Gerichtsverfassungsgesetz und Einführungsgesetzen, 17. Auflage, München 1991
[Zit.: Thomas-Putzo (17. Auflage)].

Zivilprozeßordnung mit Gerichtsverfassungsgesetz und Einführungsgesetzen, 18. Auflage, München 1993
[Zit.: Thomas-Putzo].

Reinhold Trinkner: Anmerkung zum Urteil des Bundesarbeitsgerichts vom 9.11.1967 - 2 AZR 435/66, BB 1968, 294.

Peter Ulmer: Anmerkung zum Urteil des Bundesgerichtshofs vom 28.4.1975 - II ZR 16/73 (BHGZ 64, 253), JZ 1976, 97.

Gestaltungsklagen im Personengesellschaftsrecht und notwendige Streitgenossenschaft, Festschrift für Ernst Geßler, München 1971, S. 269 ff.

Max Vollkommer/ Dietlind Weinland Anmerkung zum Urteil des Bundesarbeitsgerichts vom 21.1.1988 - 2 AzR 581/86 (BAGE 57, 231), EzA § 4 KSchG n.F. Nr. 33.

Harm Peter Westermann - Reinhard Pöllath: Abberufung und Ausschließung von Gesellschaftern/Geschäftsführern in Personengesellschaften und GmbH, 4. Auflage, Köln 1988
[Zit.: Westermann-Pöllath].

Harry Westermann - Peter Scherpf - Jochen Sigloch - Heinz Paulik - Werner Hackbeil: Handbuch der Personengesellschaften - Systematische Darstellung in gesellschaftsrechtlicher, betriebswirtschaftlicher, steuerrechtlicher und arbeitsrechtlicher Sicht, Band 1, Köln 1967 ff. [Loseblatt], Neubearbeitung ab 1989 [Zit.: Bearbeiter, in: Handbuch der Personengesellschaften].

Bernhard Wieczorek: Zivilprozeßordnung und Nebengesetze auf Grund der Rechtsprechung kommentiert, 2. Auflage, Zweiter Band, Berlin - New York 1976; Dritter Band, Berlin - New York 1988.

Alfred Wolf: Über den Verzicht auf einen Scheidungsausspruch, Festschrift für Kurt Rebmann, München 1989, S. 703 ff.

Manfred Wolf: Anmerkung zum Urteil des Bundesarbeitsgerichts vom 11.2.1981 - 7 AZR 12/79, AP Nr. 8 zu § 4 KSchG 1969.

Walter Zeiss: Zivilprozeßrecht, 8. Auflage, Tübingen 1993.

Albrecht Zeuner: Die objektiven Grenzen der Rechtskraft im Rahmen rechtlicher Sinnzusammenhänge, Tübingen 1959.

Wiederholung der Kündigung und Rechtskraft im Kündigungsschutzstreit, MDR 1956, 257.

Walter Zimmermann: Zivilprozeßordnung und GVG, EGZPO, EGGVG, EuGVÜ, 3. Auflage, Heidelberg 1993.

Richard Zöller: Zivilprozeßordnung mit Gerichtsverfassungsgesetz und den Einführungsgesetzen, mit Internationalem Zivilprozeßrecht, Kostenanmerkungen, 18. Auflage, Köln 1993 [Zit.: Zöller-Bearbeiter].

Einleitung

Der Streitgegenstand ist wohl eines der in der zivilprozessualen Wissenschaft am häufigsten behandelten Themen[1], was angesichts der *zentralen Bedeutung* des Streitgegenstandes für den Prozeß[2] und der Tatsache, daß die ZPO selbst den Streitgegenstand nicht definiert[3] auch nicht verwunderlich ist. Dennoch ist der Streitgegenstand in den Verdacht geraten, ein "Lieblingskind der Begriffsjurisprudenz"[4] zu sein. Theorien im Zivilprozeß sind jedoch nicht um ihrer selbst willen da; die Lehre vom Streitgegenstand steht, wie die gesamte Prozeßrechtswissenschaft, im Dienste der Praxis[5]. Gerade Äußerungen oberer Bundesgerichte zum Streitgegenstand[6] zeigen, daß die Beschäftigung mit dem Streitgegenstand keine akademische Liebhaberei ist[7] und das Thema immer aktuell ist. So stellt auch *Walther J. Habscheid*[8] in der im Jahr 1990 erschienenen *Festschrift für Karl Heinz Schwab* fest, daß der "Streit um den Streitgegenstand" nicht nur weiter schwelt, sondern auch immer wieder aufflammt.

Selbst zu Zeiten leidenschaftlicher Diskussion um den Streitgegenstand wurde der Aspekt der Gestaltungsklage jedoch kaum beachtet. Mit der vorliegenden Arbeit soll hier Abhilfe geschaffen werden. Es besteht jedoch weder die Absicht, einen neuen Streitgegenstandsbegriff zu entwickeln noch einen besonderen, nur für Gestaltungsklagen geltenden Streitgegenstand zu konstruieren. Vielmehr sollen anhand der vertretenen Lehren die *Auswirkungen* auf ausgewählte Gestaltungsklagen untersucht werden. Aus diesem Grund wird im ersten Teil (§§ 1 bis 3) auch der Streitgegenstand allgemein dargestellt.

---

1 Vgl. die ausführlichen Schrifttumsnachweise bei *Stein-Jonas-Schumann* Einleitung Rdnr. 263 Fußn. 1; siehe auch *Thomas-Putzo* Einleitung II Rdnr. 1 und *Zöller-Vollkommer* Einleitung Rdnr. 61.

2 Hierzu sogleich § 1 sub I (S. 3 f.) und *Stein-Jonas-Schumann* Einleitung Rdnr. 263 sowie *Zöller-Vollkommer* Einleitung Rdnr. 60 und 61.

3 Siehe unten § 1 sub II (S. 4 f.).

4 So der schwedische Prozessualist *Per Olof Ekelöf*, ZZP 1985 (1972), 145. Zur Begriffsjurisprudenz des 19. Jahrhunderts: *Larenz*, Methodenlehre, I. Teil, Kapitel 2; zur heutigen Bedeutung der Begriffsjurisprudenz: *Henke* ZZP 80 (1967), 1.

5 *Habscheid*, Festschrift für Karl Heinz Schwab, S. 181.

6 Vgl. dazu die Nachweise bei *Stein-Jonas-Schumann* Einleitung Rdnr. 284 und Fußn. 24 des § 1 der Arbeit (Rechtsprechung des *Bundesgerichtshofs*) sowie z. B. *BAG* AP Nr. 17 zu § 4 KSchG 1969 = EzA § 4 KSchG n. F. Nr. 31 (dazu unten § 12 sub I C [S. 149 f.]).

7 So *Gerhard Lüke* JZ 1960, 203.

8 Festschrift für Karl Heinz Schwab, S. 181 ff. (194).

Einen breiten Raum nimmt das Scheidungsverfahren ein (§ 4), bei dem trotz des geltenden Zerrüttungsprinzips die Auffassungen, was denn Streitgegenstand dieses Verfahrens sei, nicht einheitlich sind. Vielfach werden die Auswirkungen der unterschiedlichen Meinungen auf die wichtigsten mit dem Streitgegenstand zusammenhängenden prozessualen Institute - die Rechtshängigkeit, die Klageänderung, die Klagenhäufung und die Rechtskraft - auch zu wenig beachtet. Wegen des engen Zusammenhangs zum Scheidungsverfahren wird im Anschluß daran der Streitgegenstand bei den Eheauflösungsverfahren nach dem Ehegesetz (Eheaufhebung, Ehenichtigkeit) sowie das Verhältnis des Scheidungsverfahrens zum Eheaufhebungsverfahren behandelt (§§ 5 bis 7).

Weitere untersuchte (§§ 8 bis 10) Gestaltungsklagen sind die handelsgesellschaftsrechtlichen Klagen nach § 133 HGB (Auflösungsklage), § 140 HGB (Ausschließungsklage), § 142 HGB (Übernahmeklage), sowie die Klagen auf Entziehung der Geschäftsführungsbefugnis und Vertretungsmacht (§§ 117, 118 HGB). Da bei diesen mehrere Personen beteiligt oder vom Ausgang des Rechtsstreits und damit von der Gestaltungswirkung betroffen sein können, sind hier einige Besonderheiten zu beachten. Bei den Klagen nach § 117 und § 118 HGB wird außerdem die Frage behandelt, ob das Gericht im Rahmen der anhängigen Klage, statt dem gestellten Antrag zu folgen, sonstige Änderungsmöglichkeiten berücksichtigen, d. h. von sich aus tätig werden darf.

Der vierte und letzte Teil der Arbeit (§§ 11, 12) befaßt sich mit der Kündigungsschutzklage nach § 4 KSchG. Nachdem zuerst geklärt wird, ob diese Klage überhaupt den Gestaltungsklagen zuzurechnen ist, wird im Anschluß daran der Streitgegenstand ermittelt und die in Lehre und Rechtsprechung hierzu vertretenen Theorien werden kritisch gewürdigt.

1. Teil: Der Streitgegenstand in Lehre und Rechtsprechung

§ 1 Allgemeines

I. Bedeutung des Streitgegenstandes für den Zivilprozeß

Im Zivilprozeß muß nicht nur feststehen, wer sich an ihm als Partei beteiligt oder von den Verfahrenswirkungen betroffen ist (= *subjektive Grenzen*)[1], sondern es bedarf ebenso der Festlegung, was Gegenstand und (Rechtsschutz)Ziel des Prozesses ist (= *objektive Grenzen*)[2]. Insbesondere in bezug auf die objektiven Grenzen des Prozesses kommt dem Streitgegenstand vor allem eine *Abgrenzungsaufgabe* zu; der Rechtsstreit muß identifizierbar und damit gleichzeitig abgrenzbar von einem anderen Rechtsstreit sein[3]. Beim Streitgegenstand geht es somit um ein *Identitäts- und Abgrenzungsproblem* [4]. Je nach Festlegung und Abgrenzung des Streitgegenstandes können sich unterschiedliche Folgen in bezug auf die *Zulässigkeit des Rechtsweges* und die *Zuständigkeit* ergeben. Vor allem zeigt sich die Verschiedenheit bei der *Klagenhäufung*, *Klageänderung*, *Rechtshängigkeit* und bei der Feststellung der (objektiven und subjektiven) Grenzen der *Rechtskraft* [5].

Wegen dieser außerordentlich großen Bedeutung wird der Streitgegenstand nicht zu Unrecht von *Walther J. Habscheid* [6] als die zentrale Figur unseres

---

1 Hierzu im einzelnen *Henckel*, Parteilehre, S. 186 ff.

2 *Böhm*, Festschrift für Winfried Kralik, S. 83 ff. (84).

3 *Böhm*, Festschrift für Winfried Kralik, S. 83 ff. (84).

4 *Zöller-Vollkommer* Einleitung Rdnr. 61. *Peter Böhm* (Festschrift für Winfried Kralik, S. 83 ff. [84]), spricht deshalb von einer doppelten Abgrenzungsaufgabe: Der Streitgegenstand soll auf der einen Seite den sachlichen Umfang des Rechtsstreits und dementsprechend die richterliche Entscheidungsbefugnis festlegen, auf der anderen Seite soll sich nach ihm die Identität der Rechtssache bestimmen. Ähnlich *Henckel*, Festschrift für Karl Heinz Schwab, S. 213 ff. (214).

5 *Henckel*, Festschrift für Karl Heinz Schwab, S. 213 ff. (214); *Jauernig*, Zivilprozeßrecht, § 37 I; *Stein-Jonas-Schumann* Einleitung Rdnr. 263; *Thomas-Putzo* Einleitung II Rdnr. 2 und 9; *Zöller-Vollkommer* Einleitung Rdnr. 61.

6 Streitgegenstand, S. 15.

Verfahrensrechts überhaupt bezeichnet[7]. *Wolfgang Grunsky*[8] redet vom "Angelpunkt des Prozeßrechts", *Eduard Bötticher*[9] von der "Rechnungseinheit des Prozesses". *Ekkehard Schumann*[10] meint jedoch, daß der Streitgegenstand nicht das Zentralproblem des Zivilprozesses sei und die Bedeutung der Streitgegenstandsdiskussion für die Praxis bisweilen überschätzt wird.

II. Terminologie in der ZPO

Eine Definition des Streitgegenstandsbegriffs findet sich in der ZPO *nicht*. Das Gesetz verwendet die Bezeichnung "Streitgegenstand" auch trotz seiner überragenden Bedeutung verhältnismäßig selten, so in den §§ 2, 59, 81, 83, 130 Nr. 1, § 253 Abs. 3, § 794 Abs. 1 Nr. 1 und § 935. Dabei gebraucht die Zivilprozeßordnung den Begriff "Streitgegenstand" oder "Gegenstand" teilweise nur, um das *Objekt* des klägerischen Begehrens im Sinne eines konkreten Geldbetrags, einer herauszugebenden Sache oder eines sonstigen Gegenstandes zu bezeichnen[11]. An anderen Stellen[12] dagegen bezeichnet das Wort "Streitgegenstand" den Streitgegenstand im Sinne des *klägerischen Begehrens*[13], d. h. des Begehrens des Klägers nach dem Ausspruch einer Rechtsfolge[14].

Auch wenn die ZPO von "erhobenem Anspruch" (§ 261 Abs. 2, § 313 Abs. 2, § 322 Abs. 1), "geltend gemachtem Anspruch" (§§ 5, 33 Abs. 1, §§ 64, 261 Abs. 2, §§ 306, 307 Abs. 1) "Gegenstand des Rechtsstreits" (§§ 60, 148) oder "Streitsache" (§ 261 Abs. 3 Nr. 1) spricht, meint sie den Streitgegenstand[15].

Auf der anderen Seite verwendet die ZPO Begriffe wie "in Anspruch genommener Gegenstand" (§ 23), "geltend gemachter Anspruch" (§ 265 Abs. 1), "Gegenstand, der gefordert wird" (§ 264 Nr. 3) oder "Gegenstand der Verur-

7 *Thomas-Putzo* Einleitung II Rdnr. 2: "Der zentrale Begriff des Prozesses überhaupt".

8 Grundlagen, § 5.

9 BB 1959, 1032.

10 *Stein-Jonas-Schumann* Einleitung Rdnr. 267.

11 So *Stein-Jonas-Schumann* Einleitung Rdnr. 264 für § 2 und § 253 Abs. 3 ZPO.

12 Z. B. §§ 59, 81, 83, vgl. *Stein-Jonas-Schumann* Einleitung Rdnr. 264.

13 *Stein-Jonas-Schumann* Einleitung Rdnr. 264.

14 *Zöller-Vollkommer* Einleitung Rdnr. 60.

15 Vgl. *Habscheid*, Streitgegenstand, S. 18 ff.; *Stein-Jonas-Schumann* Einleitung Rdnr. 264.

teilung" (§ 708 Nr. 11). Damit meint die ZPO dann das *Objekt* des klägerischen Begehrens, *nicht* das Begehren des Klägers nach dem Ausspruch einer Rechtsfolge an sich[16].

Dies zeigt bereits, daß der *Wortlaut* der ZPO und die *Art der Verwendung* des Wortes "Streitgegenstand" im Gesetzestext zur Klärung des Streitgegenstandsbegriffes *wenig beitragen*[17].

III. Abgrenzung, insbesondere zum materiellrechtlichen Anspruch

Ohne hier schon auf die unterschiedlichen Definitionen einzugehen und die verschiedenen Streitgegenstandslehren zu behandeln[18], läßt sich die Feststellung treffen, daß das *Objekt* des klägerischen Begehrens, z. B. die herauszugebende Sache, *nicht* den Streitgegenstand darstellt[19], selbst wenn die ZPO dann ebenfalls vom "Streitgegenstand" (in § 2 und § 253 Abs. 3), vom "Gegenstand" (beispielsweise in § 264 Nr. 3) oder "Anspruch" (z. B. in § 265 Abs. 1) spricht. Das Urteil verteilt nämlich keine Güter, sondern es stellt Rechte und Pflichten, kurz: Rechtsfolgen fest[20].

Ebenfalls *nicht* unter Streitgegenstand zu verstehen ist der *konkrete Sachverhalt*, der zu dem Prozeß geführt hat[21].

---

16 *Zöller-Vollkommer* Einleitung Rdnr. 60; vgl. auch *Stein-Jonas-Schumann* Einleitung Rdnr. 264. *Walther J. Habscheid* (Streitgegenstand, S. 18 f.) ist allerdings der Auffassung, daß das Gesetz mit "Anspruch", "Streitgegenstand", "Streitverhältnis", "Streitsache" und "Prozeßgegenstand" stets dasselbe meint.

17 *Wolfram Henckel* (Festschrift für Karl Heinz Schwab, S. 213 ff.) stellt fest, daß die Autoren des Alternativkommentars zur Zivilprozeßordnung offenbar meinen, ohne nähere Erörterung des Begriffes auskommen zu wollen (S. 213 mit Nachweisen in Fußn. 3). Er betont zutreffend, daß bei aller Distanz gegenüber überholter Begriffsjurisprudenz jedoch nicht vergessen werden sollte, daß praktische Lösungen ohne Klarheit der Begriffe nicht gefunden werden können.

18 Dazu sogleich § 2 (S. 7 ff.).

19 *Thomas-Putzo* Einleitung II Rdnr. 10; *Zöller-Vollkommer* Einleitung Rdnr. 62.

20 *Schellhammer* Rdnr. 127.

21 *Thomas-Putzo* Einleitung II Rdnr. 10.

Auch daß der Streitgegenstand *nicht* mit dem *materiellrechtlichen* Anspruch (§ 194 BGB) gleichzusetzen ist, steht heute außer Streit[22]. Im Prozeß werden nämlich nicht nur Ansprüche im Sinne des materiellen Rechts eingeklagt, sondern es wird auch Rechtsfeststellung begehrt oder ein Gestaltungsrecht durchgesetzt. Außerdem kann der Streitgegenstand auch nicht mit dem *konkreten subjektiven Recht* - z. B. dem Kaufpreisanspruch aus § 433 Abs. 2 BGB - identisch sein; denn das Gericht hat ein Zahlungsbegehren unter allen rechtlichen Gesichtspunkten zu prüfen[23].

Nicht nur in der Lehre, sondern auch in der Rechtsprechung des *Bundesgerichtshofs*[24] wird deshalb seit langer Zeit eine *prozessuale Theorie* unter ausdrücklicher Ablehnung der ursprünglichen materiellen Theorie des *Reichsgerichts*[25] vertreten[26].

Das bedeutet für den Streitgegenstandsbegriff, daß er ein *eigenständiger prozessualer Begriff* ist[27] und deshalb die Ausdrücke "Streitgegenstand" und "prozessualer Anspruch" *identisch* sind. Beide Begriffe sind daher *synonym* zu verwenden[28].

---

22 *Baumgärtel* JuS 1974, 69 (70); *Prütting*, in: *Germelmann/Matthes/Prütting* Einleitung Rdnr. 131; *Schilken* Rdnr. 224; *Stein-Jonas-Schumann* Einleitung Rdnr. 268; *Thomas-Putzo* Einleitung II Rdnr. 10; *Zöller-Vollkommer* Einleitung Rdnr. 62.

23 *Habscheid*, Festschrift für Karl Heinz Schwab, S. 181 ff. (183).

24 Vgl. die Nachweise bei *Stein-Jonas-Schumann* Einleitung Rdnr. 284 und aus neuerer Zeit *BGH* LM § 1371 BGB Nr. 8 = NJW 1983, 388 (389) und *BGHZ* 117, 1 (5); siehe auch unten § 3 (S. 24 f.).

25 Z. B. *RGZ* 27, 385. Das *Reichsgericht* war dabei weitgehend von dem ursprünglichen Streitgegenstandsbegriff der CPO von 1877 beeinflußt; die CPO verstand unter "Anspruch" das gleiche wie das BGB in § 194 (vgl. *Stein-Jonas-Schumann* Einleitung Rdnr. 265 und 284).

26 *Stein-Jonas-Schumann* Einleitung Rdnr. 284. Zu den sogenannten neueren materiellrechtlichen Lehren unten § 2 sub IV (S. 10 ff.).

27 *Stein-Jonas-Schumann* Einleitung Rdnr. 286; siehe auch *Prütting*, in: *Germelmann/Matthes/Prütting* Einleitung Rdnr. 132 und *Thomas-Putzo* Einleitung II Rdnr. 11.
Walther J. Habscheid (Festschrift für Karl Heinz Schwab, S. 181 ff. [183]) spricht von der "Emanzipation des Begriffs des Streitgegenstandes vom Begriff des *konkreten* materiellen Rechts".

28 *Schwab*, Streitgegenstand, S. 185; *Stein-Jonas-Schumann* Einleitung Rdnr. 286; *Thomas-Putzo* Einleitung II Rdnr. 11.

§ 2
Überblick über die Streitgegenstandslehren

I. Gemeinsames

Nicht nur, daß der Streitgegenstand ein eigenständiger prozessualer Begriff und als *prozessualer Anspruch* vom *materiellrechtlichen Anspruch* streng zu trennen ist, steht heute außer Streit[1], sondern es ist auch sicher, daß der *Kläger* den Streitgegenstand festlegt[2]. Dies folgt schon aus der *Dispositionsmaxime*[3] und zeigt sich in § 253 Abs. 2 Nr. 2 und § 308 ZPO[4]. Der *Beklagte* hingegen hat *keinen* Einfluß auf die Bestimmung des Streitgegenstandes. Das Beklagtenvorbringen ist nur insoweit erheblich, als es zur *Auslegung* eines möglicherweise unklar gefaßten Antrags dient[5], insbesondere wenn die Einwendungen des Beklagten gegenüber einer negativen Feststellungsklage klarstellen, um welches Rechtsverhältnis gestritten wird[6]. *Beeinflussen* kann der Beklagte jedoch auch bei der negativen Feststellungsklage den Streitgegenstand *nicht*[7]. Die von *Heinz Thomas/Hans Putzo*[8] genannte Ausnahme für den Fall der Widerklage ist nur eine scheinbare, da der Beklagte als Widerkläger gerade *nicht* in seiner Rolle als Beklagter auftritt, sondern als Kläger einer echten selbständigen Klage[9].

---

1 Siehe oben § 1 sub III (S. 6) mit Nachweisen in Fußn. 22 des § 1 der Arbeit.

2 *Rosenberg-Schwab-Gottwald* § 95 IV 1; *Stein-Jonas-Schumann* Einleitung Rdnr. 268; *Thomas-Putzo* Einleitung II Rdnr. 14; *Zöller-Vollkommer* Einleitung Rdnr. 65.

3 Näher zu diesem Prozeßgrundsatz, insbesondere auch zur Abgrenzung vom Verhandlungsgrundsatz, *Rosenberg-Schwab-Gottwald* § 77; *Stein/Jonas/Leipold* Vor § 128 Rdnr. 68 ff. und 75, jeweils mit weiteren Nachweisen auch zur unterschiedlichen Terminologie.

4 *Baumgärtel* JuS 1974, 69 (70); *Stein-Jonas-Schumann* Einleitung Rdnr. 268.

5 *Kapp* MDR 1988, 710 (711 und 713).

6 Vgl. *Baumbach/Lauterbach/Hartmann* § 2 Rdnr. 5; *Rosenberg-Schwab-Gottwald* § 95 IV 1; *Zöller-Vollkommer* Einleitung Rdnr. 65.

7 *Schellhammer* Rdnr. 130.

8 *Thomas-Putzo* Einleitung II Rdnr. 14.

9 *Zöller-Vollkommer* § 33 Rdnr. 7; *Jauernig*, Zivilprozeßrecht, § 46 I; so auch *Thomas-Putzo* § 33 Rdnr. 8 und allgemeine Meinung.

II. Der zweigliedrige Streitgegenstandsbegriff

Überwiegend wird heute in der Kommentar- und Lehrbuchliteratur[10] die Auffassung vom zweigliedrigen Streitgegenstand vertreten, wonach der Streitgegenstand durch *Antrag und Sachverhalt* bestimmt wird[11]. Beide Faktoren stehen dabei unabhängig nebeneinander und haben für die Bestimmung des prozessualen Anspruchs selbständige Bedeutung[12]. So liegen nach dieser Lehre immer dann *zwei* Streitgegenstände vor, wenn entweder *zwei* (verschiedene) Anträge oder *zwei* Sachverhalte gegeben sind[13].

Problematisch ist dabei in der Regel nur, wann ein *anderer Sachverhalt* vorliegt. Bei der Frage, ob ein *anderer Antrag* gestellt wird, können sich Probleme nur im Verhältnis der Leistungs- zur Feststellungsklage ergeben[14]. Unter Sachverhalt, der mit dem Klagegrund nach § 253 Abs. 2 Nr. 2 ZPO gleichgestellt wird[15], ist dabei der *Lebenssachverhalt* [16] oder *Lebensvorgang* [17] zu verstehen. Dieser soll das ganze einem Klageantrag zugrunde liegende tatsächliche historische Geschehen sein, das bei natürlicher Betrachtungsweise nach der Verkehrsauffassung zusammengehört[18].

---

10 *Arens-Lüke* Rdnr. 162; *Baumbach/Lauterbach/Hartmann* § 2 Rdnr. 5; MünchKommZPO-*Lüke* Vor § 253 Rdnr. 31 f.; *Schellhammer* Rdnr. 130; *Schilken* Rdnr. 229 ff.; *Thomas-Putzo* Einleitung II Rdnr. 24 f.; *Zeiss* Rdnr. 311, einschränkend für die Feststellungsklage mit der die Feststellung eines absoluten Rechts oder eines Rechtsverhältnisses begehrt wird: Rdnr. 313 sub b; *Zimmermann* Einleitung I Rdnr. 15; *Zöller-Vollkommer* Einleitung Rdnr. 63 ff., einschränkend für die Klage auf Feststellung eines absoluten Rechts: Rdnr. 77 und 82.

11 Vgl. außerdem *Habscheid*, Streitgegenstand, S. 221 f.; *Lüke* JZ 1960, 203 (204).

12 *Stein-Jonas-Schumann* Einleitung Rdnr. 270.

13 *Stein-Jonas-Schumann* Einleitung Rdnr. 270.

14 Vgl. *Arens-Lüke* Rdnr. 163; *Jauernig*, Zivilprozeßrecht, § 37 II 1.

15 MünchKommZPO-*Lüke* § 253 Rdnr. 74.

16 *Habscheid*, Streitgegenstand, S. 210; MünchKommZPO-*Lüke* Vor § 253 Rdnr. 31 f.; § 253 Rdnr. 74; *Zöller-Vollkommer* Einleitung Rdnr. 82.

17 *Jauernig*, Zivilprozeßrecht, § 37 VI; *Thomas-Putzo* Einleitung II Rdnr. 30 ff.; *BGH* WM 1991, 609. Zur Rechtsprechung genauer § 3 (S. 24 f.).

18 *Zeiss* Rdnr. 309 sub b und 311.

III. Der eingliedrige Streitgegenstandsbegriff

Die Lehre vom eingliedrigen Streitgegenstand bestimmt den prozessualen Anspruch *nicht* unter Einbeziehung des Lebenssachverhalts, sondern *allein* nach dem Klageantrag[19].

Erstmals hat *Eduard Bötticher* den Streitgegenstand für das Eheauflösungsverfahren von dem zugrundeliegenden Sachverhalt gelöst[20] und diese Lehre auch auf den Mietaufhebungsprozeß übertragen, jedoch *nicht* auf den allgemeinen Streitgegenstandsbegriff ausgedehnt[21]. Erst *Leo Rosenberg* hat in seinem Lehrbuch, nachdem er dort bis zur fünften Auflage den zweigliedrigen Streitgegenstandsbegriff vertreten hatte[22], ab der sechsten Auflage dann - beeinflußt von *Karl Heinz Schwab*[23] - den Streitgegenstand als *durch den gestellten Antrag* gekennzeichnet definiert, ohne daß der Sachverhalt in den Begriff des Streitgegenstandes gehört[24]. Insbesondere *Karl Heinz Schwab* vertritt heute diese Lehre[25]; für Klagenhäufung, Klageänderung und Rechtshängigkeit ebenso *Arwed Blomeyer*[26] und *Ekkehard Schumann*[27], nur für Klagenhäufung und Klageänderung *Gottfried Baumgärtel*[28].

---

19 *Rosenberg-Schwab* § 96 III 3.

20 *Bötticher*, Festgabe für Leo Rosenberg, S. 73 ff. (S. 84 ff.). Zum Eheauflösungsverfahren genauer im 2. Teil der Arbeit (§§ 4 ff. [S. 26 ff.]).

21 *Bötticher*, Festgabe für Leo Rosenberg, S. 73 ff. (S. 94); siehe auch *Habscheid*, Streitgegenstand, S. 49 f.

22 Vgl. *Rosenberg*, Lehrbuch (5. Auflage), § 88 II 2; schon in der vierten Auflage hat *Leo Rosenberg* den Sachverhalt nur noch als Teil des Streitgegenstandes angesehen "soweit er nötig ist", d. h. soweit der Klageantrag einer Begründung bedarf (*Rosenberg*, Lehrbuch [4. Auflage], § 88 II 2).

23 Vgl. *Schwab*, Streitgegenstand, insbesondere S. 183 ff. und S. 199.

24 *Rosenberg*, Lehrbuch (6. Auflage), § 88 II 2.

25 *Rosenberg-Schwab* § 96 III 3; *K. H. Schwab* JuS 1965, 81 (83 f.); vgl. auch *Schwab*, Streitgegenstand, insbesondere S. 183 ff. und S. 199. Ebenso *Reinhard Künzl*, Erlanger Festschrift für Karl Heinz Schwab, S. 123 ff. (128 f.).
In dem von *Leo Rosenberg* begründeten und von *Karl Heinz Schwab* fortgeführten Lehrbuch zum Zivilprozeßrecht fand mit der 15. Auflage durch die Bearbeitung von *Peter Gottwald* eine Abkehr vom eingliedrigen Streitgegenstandsbegriff statt, vgl. *Rosenberg-Schwab-Gottwald* § 95.

26 *Blomeyer*, Zivilprozeßrecht, § 40 V.

27 *Stein-Jonas-Schumann* Einleitung Rdnr. 291 ff.; näher unten sub VI D (S. 21 ff.).

28 *Baumgärtel* JuS 1974, 69 (74), näher unten sub VI C (S. 20 f.). Allgemein zur "Relativität des Streitgegenstandsbegriffs" unten sub VI (S. 16 ff.).

Diese Ansicht führt dazu, daß bei *einem* Antrag immer *ein* Streitgegenstand gegeben ist, bei *mehreren* Anträgen immer *mehrere* Streitgegenstände, gleichgültig ob einer oder mehrere Lebenssachverhalte vorliegen[29]. Dennoch kommt auch die Lehre vom eingliedrigen Streitgegenstandsbegriff *nicht völlig* ohne Berücksichtigung des Lebenssachverhalts aus. Es läßt sich dem Antrag nämlich nicht immer entnehmen, ob eine oder mehrere Leistungen begehrt werden. Insbesondere bei Zahlungsklagen müssen die zur Klagebegründung vorgebrachten Tatsachen zur Auslegung herangezogen werden[30]. Dennoch betont *Karl Heinz Schwab*[31], daß aus der Auslegungsbedürftigkeit des Antrags *nicht* geschlossen werden dürfe, daß damit der Lebenssachverhalt *gleichwertiger* Bestandteil des Streitgegenstandes sei.

IV. Neuere materiellrechtliche Lehren

Obwohl der Streitgegenstand als eigenständiger prozessualer Begriff anerkannt ist[32], versuchen neuere Lehren eine Klärung des Streitgegenstandsbegriffs durch Rückbesinnung des Prozeßrechts auf das materielle Recht[33] zu erreichen. Dabei wird der Zusammenhang zwischen dem Rechtsfolgebegehren des Klägers und seinem materiellen Anspruch, auf den er sich stützt, stärker betont, um den *Gleichlauf zwischen materiellem und Prozeßrecht* herzustellen[34].

A. Wolfram Henckel

Wolfram Henckel findet den Bezug zum materiellen Recht dadurch, daß er auf die selbständige Abtretbarkeit eines (materiellrechtlichen) Anspruchs abstellt und immer dann *einen Streitgegenstand* annimmt, wenn *ein einheitliches Ver-*

---

29 Vgl. *Stein-Jonas-Schumann* Einleitung Rdnr. 273.

30 *Rosenberg-Schwab* § 96 III 3.

31 *Rosenberg-Schwab* § 96 III 3.

32 Vgl. oben § 1 sub III (S. 6) mit Nachweisen in Fußn. 22 des § 1 der Arbeit.

33 *Stein-Jonas-Schumann* Einleitung Rdnr. 277.

34 *Zöller-Vollkommer* Einleitung Rdnr. 91. *Walther J. Habscheid* (Festschrift für Karl Heinz Schwab, S. 181 ff. [195]) legt dar, daß die neuen materiellrechtlichen Lehren keine Rückkehr des Prozeßrechts zum materiellen Recht bedeuten. Er ist der Auffassung, sie stellen keine Rückbesinnung auf *tradierte* materiellrechtliche Vorbilder dar, sondern versuchen vielmehr, einen neuen materiellrechtlichen Anspruch nach dem Bilde des Streitgegenstandes im Zivilprozeß zu definieren.

fügungsobjekt vorliegt[35]. Er knüpft dabei seine Streitgegenstandslehre an die wirtschaftliche Funktion des materiellrechtlichen Anspruchs als Verfügungsobjekt an und zieht aus den von ihm festgestellten Zusammenhängen der Parteilehre mit der Verfügungsbefugnis den Schluß, daß der Streitgegenstand der Leistungsklage nach den Merkmalen zu individualisieren ist, mit denen das Objekt einer materiellrechtlichen Verfügung festgelegt werden muß[36].

B. Apostolos Georgiades

Apostolos Georgiades setzt bei der materiellrechtlichen Konkurrenzlehre an. Wenn der Kläger mehrere auf die gleiche Leistung gerichtete Ansprüche (aus einem Sachverhalt) nebeneinander geltend macht, die aber so miteinander verknüpft sind, daß mit der Erfüllung des einen Anspruchs auch die anderen erlöschen, so wird dies nach herkömmlicher Terminologie als *Anspruchskonkurrenz* bezeichnet[37]. *Georgiades* ist aber der Auffassung, daß *in der Regel* gar *keine Mehrzahl* von Ansprüchen vorliegt, sondern vielmehr *ein einziger* Anspruch gegeben ist, der nur auf mehrere (verschiedene) Anspruchs*grundlagen* gestützt werden kann[38]. Dieses Konkurrenzverhältnis bezeichnet er als *Anspruchsnormenkonkurrenz*[39]. Da nur *ein* materiellrechtlicher Anspruch vorliegt, ist dann auch nur *ein* prozessualer Anspruch gegeben[40]. Begehrt der Kläger beispielsweise Schadensersatz aus *unerlaubter Handlung* und *Vertrag* wegen einer durch dasselbe schädigende Ereignis erlittenen Verletzung, so soll nur *ein* materiellrechtlicher Anspruch vorliegen, somit Anspruchsnormenkonkurrenz gegeben sein[41].

Damit setzt er diesen Fall mit der Konstellation gleich, bei der der Kläger zu dem Schädiger nicht in vertraglicher Beziehung steht und Schadensersatz *nur* aus unerlaubter Handlung verlangen kann, wobei der Anspruch sich z. B. aus

35 *Henckel*, Parteilehre, S. 272 ff.; *ders.*, Prozeßrecht und materielles Recht, S. 125 ff.

36 *Henckel*, Parteilehre, S. 277.

37 *Baumgärtel* JuS 1974, 69 (70); *H. Köhler* § 6 I 5.

38 Vgl. *Georgiades* S. 141; so auch schon *Nikisch* AcP 154 (1955), 269 (283); ebenso *Larenz*, Allgemeiner Teil, § 14 IV 4; *Larenz/Canaris* § 83 VI 1; zustimmend *Zöller-Vollkommer* Einleitung Rdnr. 70.

39 *Georgiades* S. 164; *Karl Larenz* (Allgemeiner Teil, § 14 IV 4) folgt dieser Terminologie; ebenso *Zöller-Vollkommer* Einleitung Rdnr. 70.

40 *Georgiades* S. 243; siehe auch *Zöller-Vollkommer* Einleitung Rdnr. 70.

41 *Georgiades* S. 204 f.; ebenso *Larenz*, Allgemeiner Teil, § 14 IV 4.

§ 823 Abs. 2 BGB in Verbindung mit § 263 StGB *und* aus § 826 BGB ergibt. Im zuletzt genannten Fall liegt auch nach anderen Ansichten nur *ein* materiellrechtlicher Anspruch vor, der allerdings eine zweifache Anspruchsbegründung (zwei Anspruchsgrundlagen) hat[42]. Da der Kläger nach dem Grundsatz *iura novit curia* die *rechtlichen* Grundlagen des geltend gemachten Anspruchs nicht zu nennen braucht, kann die rechtliche Begründung den Streitgegenstand auch nicht beeinflussen, so daß auch nur *ein* prozessualer Anspruch gegeben ist[43].

Die wohl herrschende Meinung geht bei der Konkurrenz von Delikt und Vertrag aber von *mehreren* materiellrechtlichen Ansprüchen aus, so daß *Anspruchskonkurrenz* vorliegt[44]. Da jedoch im Beispielsfall (Schadensersatz aus unerlaubter Handlung und Vertrag) das schädigende Ereignis einen einzigen Lebenssachverhalt darstellt, kommt *Apostolos Georgiades* hier aber zum gleichen Ergebnis wie die Vertreter des zweigliedrigen Streitgegenstandsbegriffs und - wenn nur ein Antrag gestellt wird - auch die Lehre vom eingliedrigen prozessualen Anspruch.

Aber nicht immer wenn Identität der Leistungen vorliegt, kann *Georgiades* Anspruchsnormenkonkurrenz bejahen. Er muß jeweils dann eine *Ausnahme* machen, "wenn sich die Anspruchsverschiedenheit aus der gesetzlichen Regelung oder aus der dem Gesetz immanenten Teleologie ergibt"[45]. Dies soll dann der Fall sein, wenn eine Leistung aus zwei rechtlichen Gesichtspunkten gefordert werden kann, die so verschieden sind, daß eine Verschmelzung zu einem einheitlichen Anspruch nicht möglich ist[46]. Als Beispiele nennt *Georgiades* den dinglichen Herausgabeanspruch aus § 985 BGB und den Herausgabeanspruch aus Schuldrecht (z. B. aus § 556 BGB), den Anspruch auf Wiedereinräumung des Besitzes aus § 861 BGB und aus § 1007 BGB sowie den Anspruch auf eine bestimmte Geldsumme sowohl aus Wechsel als auch aus dem zugrunde liegenden Kausalgeschäft[47]. Für diese Fälle will *Georgiades* die Bezeichnung *An-*

---

42 *Baumgärtel* JuS 1974, 69 (71).

43 Vgl. *Baumgärtel* JuS 1974, 69 (71); *Stein-Jonas-Schumann* Einleitung Rdnr. 290.

44 *Baumgärtel* JuS 1974, 69 (70 f.); *Gernhuber*, Bürgerliches Recht, § 40 VII 1 b; *Hübner* Rdnr. 254; *H. Köhler* § 5 I 3; *Medicus*, Schuldrecht I, § 32 I; . Der Fall der "Konkurrenz" zweier z. B. deliktischer Ansprüche wird in der Regel im Schrifttum gar nicht behandelt.

45 *Georgiades* S. 165.

46 *Georgiades* S. 146 f.; siehe auch *Larenz*, Allgemeiner Teil, § 14 IV 4.

47 *Georgiades* S. 147, 165 f., 220 ff.

spruchskonkurrenz beibehalten[48] und bejaht dann auch das Vorliegen von zwei Streitgegenständen[49].

C. Bruno Rimmelspacher

Einen anderen Weg bei der Bestimmung des Streitgegenstandes vom materiellen Recht her schlägt *Bruno Rimmelspacher* ein. Er will in seiner Habilitationsschrift keine neue Streitgegenstandslehre entwickeln[50], sondern den materiellrechtlichen Anspruch neu bestimmen, um dann die gefundene Definition an den Hauptproblemen der Streitgegenstandslehre zu messen[51].

Dazu zerlegt *Rimmelspacher* den materiellrechtlichen Anspruch in zwei selbständige Elemente, in *Rechtsposition* und *Rechtsbehelf*[52]. Die Rechtsposition definiert er als eine dem Berechtigten gewährte "Anwartschaft auf eine konkrete Erwerbsaussicht, verbunden mit der Befugnis, den empfangenen Wert zu behalten, zu gebrauchen und zu verwerten"[53]. Über diese Begriffsbestimmung gelangt er schließlich zu dem Ergebnis, daß immer dann, wenn eine Anwartschaft auf *einen* Wert besteht, auch nur *eine* Rechtsposition und damit nur *ein* Anspruch gegeben ist[54].

D. Wolfgang Grunsky

Wolfgang Grunsky[55] favorisiert die materiellrechtliche Theorie ohne entscheidende neue Gesichtspunkte anzuführen. Er stellt die Erwägung in den Vordergrund, daß der Prozeß der Durchsetzung eines materiellen Rechts dient und dabei der Kläger zu bestimmen hat, um welches Recht es dabei geht. Er betont, daß dies entscheidend dafür spricht, den Streitgegenstand möglichst nahe

48 *Georgiades* S. 166; ebenso *Larenz*, Allgemeiner Teil, § 14 IV 4.

49 *Georgiades* S. 247 ff.

50 *Rimmelspacher* Vorwort (S. V).

51 So *Walther J. Habscheid* in der Besprechung der Arbeit von *Bruno Rimmelspacher*, ZZP 84 (1971), 360 (361).

52 *Rimmelspacher* S. 174.

53 *Rimmelspacher* S. 103.

54 *Rimmelspacher* S. 104.

55 *Grunsky*, Grundlagen, § 5 II 2.

am materiellen Recht anzusiedeln (materieller Anspruch und Streitgegenstand sollen aber nicht identisch sein), da anderenfalls die Gefahr besteht, daß man die eigentliche Aufgabe des Prozesses aus den Augen verliert. Als weiteres Argument für eine Anlehnung des Streitgegenstandes an das materielle Recht führt er die Überlegung an, daß eine getrennte Verfügung über jedes materielle Recht möglich ist und der durch Erhebung einer Klage herbeigeführte Erlaß eines Urteils als eine Art Verfügung angesehen werden kann.

E. Dieter Hesselberger

Dieter Hesselberger geht einen ähnlichen Weg wie *Apostolos Georgiades* [56]; er bejaht *grundsätzlich* dessen materiellrechtliche Konkurrenzlehre[57], geht aber sogar noch weiter, indem er bei einigen Fällen die *Georgiades* von der *Anspruchsnormenkonkurrenz* ausnimmt und sie der *Anspruchskonkurrenz* zuordnet[58], nur *einen* materiellrechtlichen Anspruch und damit *einen* Streitgegenstand annimmt. So bei der Konkurrenz von § 985 BGB mit schuldrechtlichen Rückgabebestimmungen[59] und bei der Konkurrenz von Ansprüchen aus Grundgeschäft und Wechsel[60]. Für beide genannten Fälle macht er jedoch dann wieder Ausnahmen, wenn sich die Frage der Abtretung stellt; mit *Wolfram Henckel* [61] greift er dann auf die Funktion des Anspruchs als *Verfügungsobjekt* zurück[62].

Ansonsten vertritt *Hesselberger* die *eingliedrige Streitgegenstandslehre* [63]. Er meint, der Sachverhalt sei auch im materiellen Recht als Abgrenzungskrite-

---

56 Vgl. oben sub B (S. 11 ff.).

57 *Hesselberger* S. 278 ff.

58 Vgl. oben sub B (S. 12 f.) und *Georgiades* S. 220 ff., 233 ff., 236 ff.

59 *Hesselberger* S. 288 f.

60 *Hesselberger* S. 290. Selbst wenn der Kläger den Kausalanspruch im ordentlichen Verfahren und den Wechselanspruch im Wechselprozeß einklagt, bejaht *Dieter Hesselberger* das Vorliegen *eines* Streitgegenstandes. Die Zulässigkeit einer neuen Klage aus dem Grundgeschäft nach Abweisung der Wechselklage ergibt sich nach seiner Ansicht allein aus dem *Ausnahmecharakter* des Wechselprozesses als beschleunigtes Verfahren mit Beschränkung auf liquide Beweismittel, aus den Vorschriften des Wechselprozesses dürften aber nicht Rückschlüsse auf den Begriff des Streitgegenstandes gezogen werden (*Hesselberger* S. 291).

61 Vgl. oben sub A (S. 10 f.).

62 *Hesselberger* S. 289 und S. 291.

63 Dazu oben sub III (S. 9 f.).

rium unbrauchbar; er diene *nur noch* dazu, den materiellen Anspruch im Falle der Mehrdeutigkeit zu individualisieren[64]. Aus diesem Grunde sei auch, da die Frage der Streitgegenstandshäufung sich danach beantworte, ob mehrere materielle Ansprüche vorlägen, der Sachverhalt aus dem Prozeßrecht zu eliminieren, er verliere prozessual gesehen jede eigenständige Bedeutung[65].

Doch auch *Hesselberger* betont, daß dem Begriff des Streitgegenstandes weiterhin *selbständige Bedeutung* zukommt. Dieser befinde sich aber - so *Hesselberger* - wenigstens grundsätzlich im Einklang mit dem Anspruch des materiellen Rechts, eine *völlige Identifizierung* von materiellem und prozessualem Recht verbiete sich jedoch[66].

V. Der dreigliedrige Streitgegenstandsbegriff von Peter Böhm

Peter Böhm [67] modifiziert die zweigliedrige Streitgegenstandslehre mit materiellrechtlichen Elementen und bezieht - ähnlich wie *Apostolos Georgiades* - die geltend gemachten Anspruchsnormen mit in die Bestimmung des prozessualen Anspruchs ein. Anders als bei den soeben[68] dargestellten neueren materiellrechtlichen Lehren, mißt er dem materiellen Recht jedoch nicht die entscheidende Bedeutung bei. Er betont vielmehr, daß die *relative Eigenständigkeit* des Streitgegenstandsbegriffs (gegenüber der privatrechtlichen Anspruchslehre) schon im Hinblick auf seine *spezifisch prozessualen* Aufgaben nicht preisgegeben werden darf[69].

Nach seiner Auffassung erfordert die Bestimmung des Streitgegenstandes *drei* Elemente: das *Begehren*, das die (im Urteil auszusprechende) Rechtsfolge bezeichnet, den *Sachverhalt*, der (durch Aktualisierung der Normen) die Rechtsfolge auslöst und die *Rechtsnormen*, die auf den Fall anwendbar sind[70].

---

64 *Hesselberger* S. 276 ff. und S. 293.

65 *Hesselberger* S. 293.

66 *Hesselberger* S. 295 f.

67 Festschrift für Winfried Kralik, S. 83 ff. Kritisch dazu *Habscheid*, Festschrift für Karl Heinz Schwab, S. 181 ff. (194 f.).

68 Sub IV (S. 10 ff.).

69 *Böhm*, Festschrift für Winfried Kralik, S. 83 ff. (110).

70 *Böhm*, Festschrift für Winfried Kralik, S. 83 ff. (121).

Dabei mißt er dem Urteilsbegehren im Einklang mit der eingliedrigen Lehre die zentrale Bedeutung bei und erachtet in Übereinstimmung mit der zweigliedrigen Theorie den Rückgriff auf den rechtserzeugenden Sachverhalt für nötig[71]. Aber selbst die zweigliedrige Lehre hält *Böhm* für unzulänglich, insbesondere wenn es darum geht, das Rechtsschutzziel zu konkretisieren. Der Streitgegenstand soll weder durch das Begehren oder auch die Rechtsfolgenbehauptung allein noch durch den Sachantrag in Verbindung mit den Tatsachen, auf die sich der Kläger beruft, ja nicht einmal unter Bedachtnahme des Lebenssachverhalts (des historisches Geschehens) erschöpfend umschrieben sein. Vielmehr vertritt *Böhm* die Auffassung, daß es der Ergänzung durch materiellrechtliche Kriterien bedürfe[72].

Er will deshalb den Sachverhalt (Klagegrund) in Ergänzung zur zweigliedrigen Lehre mit Hilfe von Anspruchsnormen ordnen, da dieser sich nach *Böhms* Ansicht nur dann als innerer Zusammenhang und *Sinngefüge* erfassen lasse[73]. Dabei spielen die Normen - so *Böhm* - in ihrer den Sachverhalt rechtlich einordnenden (subsumierenden) Funktion nur indirekt herein. Primär soll es auf ihre den Prozeßstoff qualifizierende Funktion ankommen, in der sie die Grenzen seiner "Erheblichkeit" abstecken, da sich erst von ihnen her bestimme, was "maßgeblicher" Sachverhalt sei[74].

VI. Nicht konstante (relative, variable) Streitgegenstandsbegriffe

Sowohl die eingliedrige als auch die zweigliedrige Auffassung als auch die neueren materiellrechtlichen Lehren gehen *grundsätzlich* von einem einzigen konstanten Begriff des Streitgegenstandes aus[75]; der jeweils erarbeitete Begriff soll für alle Arten von prozessualen Situationen, für alle Klagearten und unab-

---

71 *Böhm*, Festschrift für Winfried Kralik, S. 83 ff. (121).

72 *Böhm*, Festschrift für Winfried Kralik, S. 83 ff. (109).

73 *Böhm*, Festschrift für Winfried Kralik, S. 83 ff. (121).

74 *Böhm*, Festschrift für Winfried Kralik, S. 83 ff. (109).

75 Oben sub III (S. 9) wurde schon angedeutet, daß Lehre vom eingliedrigen Streitgegenstandsbegriff von einigen Autoren nicht bei allen prozessualen Situationen vertreten wird. Auch *Peter Böhm* (Festschrift für Winfried Kralik, S. 83 ff. [122]; siehe auch soeben oben im Text sub V [S. 15 f.]) differenziert danach, ob es um die Identitätsbeurteilung oder um die hypothetische Einordnung und den potentiellen Rechtskraftgegenstand geht.

hängig von der Geltung des Verhandlungs- oder Untersuchungsgrundsatzes gleich sein[76]. Diesem "Einheitsdogma"[77] wird zunehmend entgegengetreten[78].

A. Othmar Jauernig: Differenzierung nach den Prozeßmaximen

Othmar Jauernig[79] trennt nach Leistungs-, Gestaltungs- und Feststellungsklage; innerhalb dieser Klagearten unterscheidet er danach - und das ist der Kern seiner These -, ob das Verfahren der Verhandlungs-[80] oder Inquisitionsmaxime[81] unterliegt[82]. Bei den Leistungs- und Gestaltungsklagen kommt er zu dem Ergebnis, daß der Streitgegenstand durch *Antrag und Sachverhalt* gemeinsam bestimmt wird, soweit die Verhandlungsmaxime gilt (grundsätzlich bei der Leistungsklage im Zivilprozeß)[83], im Inquisitionsprozeß der Streitgegenstand sich aber *allein* nach dem *Antrag* bestimmt[84].

---

76 MünchKommZPO-*Lüke* Vor § 253 Rdnr. 33, 35; *Rosenberg-Schwab-Gottwald* § 95 IV 3; *Stein-Jonas-Schumann* Einleitung Rdnr. 283; *Zöller-Vollkommer* Vor § 322 Rdnr. 39.

77 *Stein-Jonas-Schumann* Einleitung Rdnr. 283 sub d.

78 Vgl. sogleich sub A bis D (S. 17 ff.); außerdem *Stein-Jonas-Schumann* Einleitung Rdnr. 283 und *Zöller-Vollkommer* Einleitung Rdnr. 61 und 82.
Auch *Bruno Rimmelspacher* (insbesondere S. 175 f. und S. 337 f.) lehnt die Einheitlichkeit des Streitgegenstandsbegriffs ab; ebenso *Hans Brox* (JuS 1962, 121 [124]). Schon 1951 hat *Karl Blomeyer* auf der Weinheimer Tagung der deutschen Zivilprozeßrechtslehrer gesagt, daß bei jeder Vorschrift der ZPO aus deren Zweck festzustellen sei, was Streitgegenstand in ihrem Sinne sei (ZZP 65 [1952], 52 [58]).
Kritik an der Aufgabe der Einheitlichkeit des Streitgegenstandsbegriffes äußert hingegen *Walther J. Habscheid* (Festschrift für Karl Heinz Schwab, S. 181 ff. [189 ff.]), der darin die Gefahr sieht, daß der einheitliche Begriff des Streitgegenstandes verlorengeht und "wir uns in einem Begriffswirrwarr verlieren" (S. 189). *Gerhard Lüke* (MünchKommZPO-*Lüke* Vor § 253 Rdnr. 33) verteidigt ebenfalls den einheitlichen Streitgegenstandsbegriff. Er meint, der große Vorteil eines einheitlichen Streitgegenstandsbegriffs liege in der Rechtsklarheit und Berechenbarkeit zivilrechtlicher Entscheidungen in wesentlichen prozessualen Fragen.

79 *Jauernig*, Verhandlungsmaxime, S. 6 ff.; *ders.*, Zivilprozeßrecht, § 37 VIII.

80 Dazu *Stein/Jonas/Leipold* Vor § 128 Rdnr. 75; vgl. auch oben Fußn. 3 dieses Paragraphen der Arbeit.

81 Dazu *Stein/Jonas/Leipold* Vor § 128 Rdnr. 86.

82 Kritisch sowohl zu *Jauernigs* These der Einwirkung der Verhandlungs- und Untersuchungsmaxime auf den Begriff des Streitgegenstandes als auch zu seiner Meinung, die Umschreibung des Streitgegenstandes sei je nach der Klageart verschieden: *Habscheid* FamRZ 1971, 297; *ders.*, Festschrift für Karl Heinz Schwab, S. 181 ff. (189 ff.).

83 *Jauernig*, Verhandlungsmaxime, S. 43, 49; *ders.*, Zivilprozeßrecht, § 37 VIII 1, 2.

84 *Jauernig*, Verhandlungsmaxime, S. 23, 42, 56 f.; *ders.*, Zivilprozeßrecht, § 37 VIII 1, 2.

Jauernig unterscheidet außerdem noch innerhalb der verschiedenen Klagearten nach *selbst-* und *fremdabgegrenzten* Anträgen. Ein selbstabgegrenzter Antrag ist nach *Jauernigs* Terminologie dann gegeben, wenn der Antragsinhalt die Abgrenzung in sich trägt und es keines (abgegrenzten) Sachverhalts bedarf, um den Antrag gegenüber äußerlich gleichlautenden Anträgen abzuheben, zu "individualisieren". Als Hauptbeispiele nennt *Jauernig*, daß der Kläger die Feststellung seines Eigentums an einer bestimmten Sache oder deren Herausgabe, die Scheidung seiner Ehe oder die Aufhebung eines genau bezeichneten Verwaltungsakts verlangt. Bedarf es zur Abgrenzung dagegen eines individualisierenden Sachverhalts, so wenn der Kläger beispielsweise Zahlung von 1000 verlangt, liegt ein fremdabgegrenzter Antrag vor[85]. Diese Differenzierung wirkt sich aber bei den Leistungs- und Gestaltungsklagen nicht aus[86], nur bei der *Feststellungsklage* wird sie relevant. Bei dieser vertritt *Jauernig* nämlich auch im Bereich der Verhandlungsmaxime bei sogenannten selbstabgegrenzten Anträgen einen globalen, nur nach dem Antrag bestimmten Streitgegenstandsbegriff[87]. Bei einer Klage auf Feststellung, ob ein Zahlungsanspruch dem Grunde nach besteht[88], soll - anders als bei dem Antrag auf Feststellung des Eigentums an einer bestimmt bezeichneten Sache - ein fremdabgegrenzter Antrag gegeben sein, der wegen der Parallele zur entsprechenden Leistungsklage auf Zahlung eines individualisierenden Sachverhalts bedürfe[89].

B. Die Lehre vom eigenen Urteilsgegenstand

Im Unterschied zu *Othmar Jauernig*, der zwar den Streitgegenstandsbegriff nach den Prozeßarten differenziert, bei dem der Streitgegenstand aber während des einzelnen Prozesses konstant bleibt, gehen die anderen "Lehren vom relativen Streitgegenstand" davon aus, daß es keinen in allen Prozeßsituationen

85 *Jauernig*, Verhandlungsmaxime, S. 23. Ähnlich schon *Arthur Nikisch* (Streitgegenstand, S. 14 ff., insbesondere S. 30 ff.), der feststellt, daß der Kläger in jedem Falle eine individualisierte Rechtsbehauptung aufzustellen hat und daß nur dort, wo eine Rechtsfolge behauptet wird, zu deren Individualisierung nach materiellem Recht der Entstehungsgrund etwas beiträgt, die Angabe des Grundes erforderlich ist, aus dem der Kläger seine Rechtsbehauptung herleitet (S. 31).

86 *Jauernig*, Verhandlungsmaxime, S. 23 und S. 42 (Leistungsprozeß mit Inquisitionsmaxime), S. 43 und S. 49 (Leistungsprozeß mit Verhandlungsmaxime), S. 54 ff. (Gestaltungsprozeß).

87 *Jauernig*, Verhandlungsmaxime, S. 70.

88 Zum Vorliegen eines Feststellungsinteresses für diesen Fall: *Stein-Jonas-Schumann* § 256 Rdnr. 87 ff.

89 *Jauernig*, Verhandlungsmaxime, S. 72; *ders.*, Zivilprozeßrecht, § 37 VIII 3.

gleichen Streitgegenstandsbegriff gibt, sondern daß der prozessuale Anspruch je nach Lage des Verfahrens unterschiedlich sein kann[90].

Die *Lehre vom Urteilsgegenstand*[91] differenziert zwischen Streit- und Urteilsgegenstand. In bezug auf die Rechtskraft des Urteils ist danach allein der Urteilsgegenstand maßgeblich. Dieser kann zwar *nicht weiter* sein als der Gegenstand des laufenden Prozesses, weil die Parteien sonst mit Rechtskraftwirkungen konfrontiert werden würden, über die sie vorher nicht gestritten haben, er kann jedoch *enger* sein[92]. Enger kann er deswegen sein, weil nach § 322 Abs. 1 ZPO Urteile der Rechtskraft *nur insoweit* fähig sind, als über den durch die Klage oder durch die Widerklage erhobenen Anspruch entschieden ist.

Als Hauptargument für einen eigenen Urteilsgegenstand wird angeführt: Wenn alle Tatsachen, die den Klageantrag rechtfertigen, auch den Urteilsgegenstand bildeten, würde dies zu wesentlich härteren Konsequenzen als beim Streitgegenstand des laufenden Prozesses führen. Das Geltendmachen all dieser Tatsachen würde abgeschnitten, auch wenn es sich um Tatsachenkomplexe handelt, die einer Partei unbekannt und unerkennbar waren, d. h. unabhängig davon, ob die Partei die Tatsachen geltend machen konnte oder nicht[93]. Die Rechtskraft soll aber primär den Parteiinteressen dienen und nicht der Prozeßökonomie[94].

---

90 Genauer unten sub C und D (S. 20 ff.).

91 Vgl. insbesondere *A. Blomeyer*, Festschrift für Friedrich Lent, S. 43 ff.; *ders.*, Zivilprozeßrecht, § 89 III; *Lent* ZZP 72 (1959), 63; *Prütting*, in: *Germelmann/Matthes/Prütting* Einleitung Rdnr. 139; *Stein-Jonas-Schumann* Einleitung Rdnr. 283 sub a mit weiteren Nachweisen auch zu den Gegnern dieser Lehre, Rdnr. 285, 294; *Stein-Jonas-Leipold* § 322 Rdnr. 99 ff.; genauer zur Auffassung im Kommentar von *Stein-Jonas* unten sub D (S. 21 ff.). Gegen diese Lehre ausdrücklich *Jauernig*, Zivilprozeßrecht, § 37 VII 3; *Künzl*, Erlanger Festschrift für Karl Heinz Schwab, S. 123 ff. (131 f.); *Schilken* Rdnr. 225; *Zeiss* Rdnr. 569; *Zöller-Vollkommer* Vor § 322 Rdnr. 39 mit weiteren Nachweisen.

92 *Stein-Jonas-Schumann* Einleitung Rdnr. 285. Einen größeren Umfang als der Streitgegenstand im Prozeß kann der Urteilsgegenstand aber bei einem Fehlurteil haben, insbesondere wenn das Gericht dem Klageantrag einen weiteren Inhalt, als vom Kläger gemeint, beilegte und darüber entscheidet (*A. Blomeyer*, Festschrift für Friedrich Lent, S. 43 ff. [50]; *Brox* JuS 1962, 121 [124]).

93 *Stein-Jonas-Leipold* § 322 Rdnr. 104; vgl. auch *Prütting*, in: *Germelmann/Matthes/Prütting* Einleitung Rdnr. 139.

94 *Brox* JuS 1962, 121 (124).

C. Gottfried Baumgärtel: Variabler Streitgegenstand[95]

Gottfried Baumgärtel[96] trennt - wie auch *Othmar Jauernig*[97] - nach den Klagearten. Innerhalb der Leistungs-, Feststellungs- und Gestaltungsklage stellt er dann die Relativität des Streitgegenstandsbegriffs dar.

Bei der *Leistungsklage* kommt er zu dem Ergebnis, daß der Streitgegenstand nur beim Eingang in den Prozeß, der *Rechtshängigkeit*, und beim Ausgang, der *Rechtskraft*, einheitlich ist[98]. Dort soll der *Sachverhalt neben dem Antrag* erforderlich sein um den Streitgegenstand festzulegen[99]. Für die *Klagenhäufung* und die *Klageänderung* vertritt er jedoch die Auffassung vom *eingliedrigen Streitgegenstand*, da dieser dem Zweck des § 260 ZPO und des § 264 a. F. (= § 263 n. F.) ZPO am besten gerecht wird[100]. Für die *Zuständigkeitsregelung* hat nach *Baumgärtels* Auffassung der Sachverhalt nur die Bedeutung einer Qualifikation des Streitgegenstandes. In welchem Umfang der Sachverhalt dazu herangezogen werden muß, richtet sich - so führt er aus - nach den einzelnen Zuständigkeitsregeln[101].

Für die *Feststellungsklage* stellt *Gottfried Baumgärtel* nur die Frage, inwieweit bei Klagen auf Feststellung eines absoluten Rechts der Sachverhalt zum Streitgegenstand gehört und beschränkt die Prüfung auf die Rechtshängigkeit und Rechtskraft. Für Klageänderung und Klagenhäufung übernimmt er das für die Leistungsklage gefundene Ergebnis, daß allein der Antrag maßgeblich ist. Die gestellte Frage beantwortet *Baumgärtel* dahingehend, daß bei der Feststellungsklage *auch* für Rechtshängigkeit und Rechtskraft der Sachverhalt (= Erwerbsgründe und die dazu maßgeblichen Tatsachen) *nicht* zum Streitgegenstand gehört[102].

---

95 Terminologie nach *Stein-Jonas-Schumann* Einleitung Rdnr. 283 sub b. *Gottfried Baumgärtel* (JuS 1974, 69 [73]) selbst spricht von der "Relativität der Streitgegenstandsbegriffe".

96 *Baumgärtel* JuS 1974, 69 (73 ff.).

97 Oben sub A (S. 17 f.). Ansonsten hat *Baumgärtels* Auffassung aber mit der von *Othmar Jauernig* nichts gemein.

98 *Baumgärtel* JuS 1974, 69 (75).

99 *Baumgärtel* JuS 1974, 69 (73 ff.).

100 *Baumgärtel* JuS 1974, 69 (74).

101 *Baumgärtel* JuS 1974, 69 (75).

102 *Baumgärtel* JuS 1974, 69 (75).

Bei der *Gestaltungsklage* meint *Baumgärtel* - ebenfalls nur auf Rechtshängigkeit und Rechtskraft bezogen -, daß der Streitgegenstand dem Sachverhalt nach durch das einzelne materielle Gestaltungsrecht, auf welches sich die Klage stützt, begrenzt wird[103].

D. Die bei Stein-Jonas (von Ekkehard Schumann und Dieter Leipold) vertretene Auffassung

Ekkehard Schumann[104] betont, daß die Abkehr vom "Einheitsdogma" den Zweck der jeweiligen Norm besser zu berücksichtigen vermag und daß angesichts der *Relativität der Prozeßrechtsbegriffe* ein relativer Streitgegenstandsbegriff auch methodisch unbedenklich ist. Er weist darauf hin, daß bei der Beantwortung der Frage, was "Streitgegenstand" im Rahmen der jeweiligen Regelung bedeutet, die funktionalen Beziehungen zwischen den verschiedenen prozessualen Vorschriften nicht außer acht gelassen werden dürfen. So bestehen z. B. zwischen Klageänderung und Rechtshängigkeitssperre funktionale Verknüpfungen: Wem die zweite Klage aus Gründen der Rechtshängigkeit verwehrt wurde, dem darf die Einführung desselben Begehrens in den anhängigen Prozeß nicht mit der Begründung abgelehnt werden, es läge eine Klageänderung vor. Umgekehrt gilt: Wenn das Geltendmachen im laufenden Rechtsstreit unzulässig ist, darf die gesonderte Klage nicht am Einwand der Rechtshängigkeit scheitern[105].

Schumann plädiert dafür, die Wahl zwischen den unterschiedlichen Auffassungen - er meint dabei primär zwischen ein- und zweigliedrigem Streitgegenstandsbegriff - nach *Sinn und Zweck* der jeweiligen prozessualen Regelung zu treffen und dabei zu beachten, daß die eingliedrige Lehre zu einem *breiteren* Streitgegenstandsbegriff führt, während die zusätzliche Grenze des Sachverhalts bei der zweigliedrigen Auffassung einen *engeren* Begriff zur Folge hat[106]. Deshalb zieht er für die Streitgegenstandsbestimmung bei *Klageänderung* und *Klagenhäufung* die *eingliedrige Meinung* vor, da sie einer möglichst umfassen-

---

103 *Baumgärtel* JuS 1974, 69 (75).

104 *Stein-Jonas-Schumann* Einleitung Rdnr. 283 sub d.

105 *Stein-Jonas-Schumann* Einleitung Rdnr. 285.

106 *Stein-Jonas-Schumann* Einleitung Rdnr. 290 sub c.

den Bereinigung eines Rechtsstreits in einem Prozeß dient[107]. Ebenso favorisiert er den *eingliedrigen Streitgegenstandsbegriff* aus prozeßökonomischen Gründen und wegen des funktionalen Zusammenhangs mit Klageänderung und Klagenhäufung bei der *Rechtshängigkeitssperre*, da diese Auffassung zu einer weiten Unterbindung von parallelen Prozessen führt[108].

Anders bei der *Rechtskraftwirkung*: Dort halten *Ekkehard Schumann* und *Dieter Leipold* es für angebracht, *nicht* der eingliedrigen Lehre zu folgen, da der Umfang der Rechtskraftwirkung nicht zu weit gesteckt sein soll. Anderenfalls drohe eine Ausuferung des Rechtsstreits, weil jede Partei befürchten müßte, mit weiteren Gründen präkludiert zu werden[109]. Der Gegenstand der Rechtskraft - der Urteilsgegenstand[110] - soll vielmehr auf das Bestehen oder Nichtbestehen der geltend gemachten Rechtsfolge aufgrund des vorgetragenen Tatsachenkomplexes beschränkt sein[111]. Dabei zählen *Leipold* und *Schumann* auch diejenigen Tatsachen zum "Tatsachenkomplex", die zwar nicht vorgetragen wurden, aber bei einer natürlichen, vom Standpunkt der Parteien ausgehenden Betrachtungsweise zum zur Entscheidung gestellten Tatsachenkomplex gehört hätten[112]. *Schumann* und *Leipold* nähern ihren Streitgegenstandsbegriff bei der Rechtskraftwirkung also an die Auffassung vom zweigliedrigen Streitgegenstand an[113]. *Dieter Leipold*[114] äußert aber vorsichtige Bedenken[115] an

---

107 *Stein-Jonas-Schumann* Einleitung Rdnr. 291. Für Klagenhäufung vgl. auch *Stein-Jonas-Schumann* § 260 Rdnr. 8; für Klageänderung *Stein-Jonas-Schumann* § 264 Rdnr. 26, 31 ff.

108 *Stein-Jonas-Schumann* Einleitung Rdnr. 291; § 261 Rdnr. 56 f. Auch *Dieter Leipold* (*Stein-Jonas-Leipold* § 322 Rdnr. 104) betont, daß bei Rechtshängigkeit und Klageänderung die Einbeziehung aller Tatsachen, die den Klageantrag rechtfertigen, sachlich angebracht ist, da sie zur Konzentration der Prozesse führt und der Druck auf die Parteien, den möglichen Stoff im anhängigen Prozeß vorzutragen oder (bei der Frage der Klageänderung) den geänderten Vortrag als Prozeßstoff zu akzeptieren, durchaus zuzumuten ist.

109 *Stein-Jonas-Schumann* Einleitung Rdnr. 294; ausführlich *Stein-Jonas-Leipold* § 322 Rdnr. 75, 99 ff.

110 Dazu auch oben sub B (S. 18 f.).

111 *Stein-Jonas-Schumann* Einleitung Rdnr. 294; *Stein-Jonas-Leipold* § 322 Rdnr. 103 ff.; vgl. auch *Brox* JuS 1962, 121 (127).

112 *Stein-Jonas-Leipold* § 322 Rdnr. 229 ff. (insbesondere Rdnr. 230).

113 So ausdrücklich *Ekkehard Schumann* (*Stein-Jonas-Schumann* Einleitung Rdnr. 294). Auch *Gerhard Lüke* (Festschrift für Karl Heinz Schwab, S. 309 ff.) stellt fest, daß gerade bei der Rechtskraft die Lehre vom eingliedrigen Streitgegenstand versagt (S. 319).

114 *Stein-Jonas-Leipold* § 322 Rdnr. 232.

dem Merkmal "Lebenssachverhalt", da die Abgrenzung danach dazu führen könnte, die im Verfahren mit Verhandlungsmaxime entscheidende grundsätzliche Bestimmung des Prozeßstoffs durch die Parteien zu vernachlässigen und sich zudem Unklarheiten insofern ergeben, als auch Lebenssachverhalte immer unter bestimmten Gesichtspunkten zusammengefaßt werden.

115 Deutlicher die Kritik bei *Stein-Jonas-Schumann/Leipold* (19. Auflage) § 322 Anm. X 1; zur Kritik *Ekkehard Schumanns* am "unscharfen Begriff des Lebenssachverhalts" auch *Stein-Jonas-Schumann* Einleitung Rdnr. 272.

§ 3
Der Streitgegenstand in der Rechtsprechung

Nachdem das *Reichsgericht* in seiner früheren Rechtsprechung[1] vom materiellen Streitgegenstandsbegriff beeinflußt war und sich erst später einer mehr prozessual orientierten Auffassung zugewandt hat[2], vertritt der *Bundesgerichtshof* schon seit langem eine prozessuale Theorie[3].

Dabei folgt er der Auffassung vom *zweigliedrigen Streitgegenstandsbegriff*[4]. Aus den von *Karl Heinz Schwab*[5] genannten Entscheidungen, in denen der *Bundesgerichtshof* angeblich den eingliedrigen Streitgegenstandsbegriff vertritt, geht etwas anderes nicht hervor. Für den in *BGHZ 37, 371* behandelten Fall, daß die Klägerin sich auf Wechsel, Garantievertrag und unerlaubte Handlung beruft, nimmt der *Zweite Zivilsenat* zwar unter Hinweis auf das Lehrbuch von *Leo Rosenberg* (9. Auflage) nur *einen* Streitgegenstand an. Ausdrücklich führt er aber dort *nur* aus, daß trotz Mehrheit von materiellrechtlichen Ansprüchen *ein* prozessualer Anspruch gegeben ist, ohne auf den Streit zwischen ein- und zweigliedrigem Streitgegenstand einzugehen. Auch in der Entscheidung *BGHZ 59, 17* vertritt der *Bundesgerichtshof* nur *scheinbar* die eingliedrige Auffassung. Dort sagt der *Große Senat für Zivilsachen* zwar, daß der Klageantrag den Streitgegenstand bestimmt[6]; dies bezieht sich aber nur auf die Problematik inwieweit Einwendungen des Beklagten den Streitgegenstand beeinflussen können[7]. Ob der Sachverhalt Merkmal des Streitgegenstandes ist, brauchten die Bundesrichter dort nicht ausführen, so daß daraus, daß sie den "Lebenssachverhalt" nicht erwähnen, meines Erachtens nicht geschlossen werden kann, daß sie diesen für überflüssig halten.

---

1 Z. B. *RGZ* 27, 385.

2 *Stein-Jonas-Schumann* Einleitung Rdnr. 284; siehe auch schon oben § 1 sub III (S. 6).

3 Vgl. die Nachweise bei *Stein-Jonas-Schumann* Einleitung Rdnr. 284 und oben Fußn. 24 des § 1 der Arbeit.

4 Vgl. *BGHZ* 79, 245 (248 f.); *BGH* LM § 322 ZPO Nr. 90 = NJW 1981, 2306; LM § 1371 BGB Nr. 8 = NJW 1983, 388 (389); LM § 322 ZPO Nr. 109 = NJW 1986, 1046; LM § 322 ZOP Nr. 116 = NJW-RR 1987, 525 (525 f.); LM § 308 ZPO Nr. 17 = NJW 1991, 1683 (1684); WM 1991, 609; *BGHZ* 117, 1 (5); *BGH* LM § 322 ZPO Nr. 134 = NJW 1993, 33 (334); LM § 322 ZPO Nr. 135 = NJW 1993, 2684.

5 *Rosenberg-Schwab* § 96 III 3.

6 *BGHZ* 59, 17 (18).

7 So auch *Schellhammer* 1. Teil Fußn. 183 (bei Rdnr. 140). Zum Einfluß von Einwendungen des Beklagten auf den prozessualen Anspruch vgl. auch oben § 2 sub I (S. 7).

Wo der *Schwerpunkt* zu setzen ist, ob auf dem Antrag oder auf dem Lebenssachverhalt, läßt der *Bundesgerichtshof* allerdings ausdrücklich offen[8]. Ebenso bleibt im wesentlichen unklar, wann ein anderer Lebenssachverhalt angenommen wird. Bei der Frage, ob sich der Streitgegenstand eines neuen Prozesses von dem eines früheren unterscheidet, stellt das oberste bundesdeutsche Zivilgericht darauf ab, ob "seinem Wesen nach" ein anderer Sachverhalt vorgetragen wird[9].

Ganz allgemein kann man sagen, daß der *Bundesgerichtshof* immer das *vernünftige Ergebnis* [10] als maßgebliches Kriterium ansieht und die Tendenz in der Judikatur dahin geht, den *Zweck* der jeweiligen Norm heranzuziehen, in deren Rahmen die Streitgegenstandsfrage auftaucht, so daß - zumindest im Ergebnis - Parallelen zu einzelnen Lehrmeinungen vom relativen Streitgegenstandsbegriff bestehen[11].

---

8 *BGH* LM § 322 ZPO Nr. 90 = NJW 1981, 2306.

9 *BGH* LM § 322 ZPO Nr. 90 = NJW 1981, 2306; LM § 322 ZPO Nr. 109 = NJW 1986, 1046; LM § 322 ZPO Nr. 116 = NJW-RR 1987, 525 (526).

10 So wörtlich *BGH*Warn 1970 Nr. 21 (S. 48).

11 Ähnlich auch *Stein-Jonas-Schumann* Einleitung Rdnr. 284. Zum relativen Streitgegenstand auch oben § 2 sub VI (S. 16 ff.).

2. Teil: Der Streitgegenstand bei eherechtlichen Gestaltungsklagen

Obwohl die Reform des Familienrechts durch das 1. EheRG[1] nun schon mehr als 15 Jahre zurückliegt und kurz vor und nach dem Inkrafttreten dieses Gesetzes zahlreiche Publikationen dazu erschienen sind, wurde auf den Streitgegenstand des *Scheidungsverfahrens* oftmals nur am Rande eingegangen. Das *Eheaufhebungs-* und *Ehenichtigkeitsverfahren* wurde und wird seit Jahren in bezug auf den Streitgegenstand noch stiefmütterlicher behandelt. Umso verwunderlicher ist es, daß weiterhin verschiedene Ansichten vertreten werden, die Auswirkungen insbesondere auf die Rechtshängigkeit, die Klagenhäufung, die Klageänderung und die materielle Rechtskraft aber oftmals nicht gesehen werden.

§ 4 Scheidungsverfahren

I. Rechtslage vor dem 1. EheRG

Unter der Geltung des alten Rechts war es sehr umstritten[2] wie der Streitgegenstand im Scheidungsverfahren und allgemein im Eheauflösungsverfahren zu bestimmen war. Teilweise[3] wurde der Streitgegenstand *eng* im Sinne des geltend gemachten Auflösungsgrundes aufgefaßt. Jeder Scheidungstatbestand des Ehegesetzes bedingte danach einen eigenen prozessualen Anspruch, so daß beispielsweise ein Scheidungsbegehren wegen Ehebruchs nach § 42 EheG einen anderen Streitgegenstand hatte, als eine mit ansteckender Krankheit begründete (§ 46 EheG) Scheidungsklage. Ja selbst bei Ehebruch mit verschiedenen Ehebruchspartnern lagen dann mehrere Streitgegenstände vor; bei fortgesetztem Ehebruch mit einer Person dagegen erwuchs nur *ein* Recht auf

---

1 Erstes Gesetz zur Reform des Ehe- und Familienrechts vom 14. Juni 1976 (BGBl. I S. 1421), vollständig in Kraft seit 1. Juli 1977 (Art. 12 Nr. 13 lit. a 1. EheRG).

2 Vgl. nur die Nachweise bei *Stein/Jonas/Schlosser* § 611 Fußn. 1 und sogleich Fußn. 3 und 5 in diesem Paragraphen der Arbeit.

3 *Gernhuber*, Familienrecht, § 24 IV 5; *Hoffmann-Stephan* § 41 Rdnr. 107; *Stein-Jonas-Schlosser* (19. Auflage) Vor § 614 Anm. II 4; weitere Nachweise bei *Schlosser* FamRZ 1978, 319 Fußn. 2.

Scheidung[4]. Die entgegengesetze Ansicht[5] sah den Streitgegenstand *weit (global)* im Sinne der "notleidenden Ehe" schlechthin. Mit Erhebung der Eheauflösungsklage waren nach dieser Auffassung alle denkbaren Eheauflösungsgründe rechtshängig[6].

II. Heutige Rechtslage

Seit Inkrafttreten des 1. EheRG[7] sollte eigentlich der Streit um den prozessualen Anspruch der Ehescheidungsklage erledigt sein, da es nur noch *einen einzigen Scheidungsgrund*, den des Scheiterns der Ehe (§ 1565 Abs. 1 Satz 1 BGB)[8], gibt. Dennoch ist der Meinungsstand, was Streitgegenstand der Ehescheidungsklage ist, nicht einheitlich.

A. Materiellrechtliche Qualifizierung der §§ 1565, 1566 BGB

Für die Bestimmung des prozessualen Anspruchs ist zunächst einmal die materiellrechtliche Bedeutung der §§ 1565, 1566 BGB zu klären.

---

4 *Gernhuber*, Familienrecht, § 25 IV 5; *Henckel*, Parteilehre, S. 288; vgl. auch *Hoffmann-Stephan* § 41 Rdnr. 107.

5 *Bötticher* FamRZ 1957, 409 (412 ff.); *ders.*, Festgabe für Leo Rosenberg, S. 73 ff. (insbesondere S. 84 und S. 92); zu *Eduard Bötticher* auch schon oben § 2 sub III (S. 9 f.); *K. H. Schwab* ZZP 65 (1952), 101 (108 f., 111); vgl. auch *Arens* ZZP 76 (1963), 423 (434 ff.); *Gilles* ZZP 80 (1967), 391 (410 ff.); *Schwab*, Streitgegenstand, insbesondere S. 139 ff. und S. 183 ff.; weitere Nachweise bei *Schlosser* FamRZ 1978, 319 Fußn. 1.

6 Einschränkend *Leo Rosenberg* SJZ 1950, 314 (318), der entweder *die Scheidung schlechthin* oder *die Aufhebung schlechthin* als Streitgegenstand des Eheprozesses ansah. Zustimmend *Arens*, Streitgegenstand, S. 67.

7 Dazu oben Fußn. 1 dieses Paragraphen der Arbeit.

8 Ganz herrschende Meinung trotz der Überschrift vor den §§ 1564 bis 1568 BGB ("Scheidungsgründe"); vgl. *Bergerfurth*, Ehescheidungsprozeß, Rdnr. 209; 217; *Johannsen/Henrich/Jaeger* § 1564 [BGB] Rdnr. 40; MünchKomm-*Wolf* § 1564 Rdnr. 16; *Palandt-Diederichsen* Einführung vor § 1564 Rdnr. 2, § 1564 Rdnr. 3; RGRK-*Graßhof* § 1564 Rdnr. 34; *Soergel-Heintzmann* Vor § 1564 Rdnr. 9, § 1564 Rdnr. 34, § 1565 Rdnr. 1; für die Rechtsprechung vgl. nur *BGHZ* 97, 304 (308 f.); siehe auch Bundestagsdrucksache 7/650 S. 75; 7/4361 S. 10; anderer Auffassung *Damrau* NJW 1977, 1168 (1172); *Jauernig*, Zivilprozeßrecht (18. Auflage), § 91 IV; zu dieser Ansicht unten sub C 2 (S. 33 f.).

§ *1565 Abs. 1 BGB* ist die zentrale Vorschrift des Scheidungsrechts, in ihr ist die *Grundvoraussetzung* jedes Scheidungsbegehrens genannt, der Scheidungsgrund des Scheiterns der Ehe.

§ *1566 Abs. 1 und Abs. 2 BGB* sind (zwingende) Beweisregeln[9]. Sie stellen *Beweiserleichterungen* [10] für den die Scheidung beantragenden Ehegatten, der als Antragsteller das Scheitern beweisen muß[11], dar. Statt des unmittelbaren Nachweises, daß die Ehe gescheitert ist, muß der Antragsteller das Getrenntleben von einem oder drei Jahren sowie gegebenenfalls die Scheidungszustimmung des anderen Ehegatten nachweisen[12]. Es wird also lediglich das Beweisthema geändert[13]. Da diese Beweiserleichterungen vom Gesetz als unwiderlegbare Vermutungen ausgestaltet sind, wird von § 1566 Abs. 1 und 2 BGB auch von *Zerrüttungsvermutungen* [14] oder *Scheiternsvermutungen* [15] gesprochen.

§ *1565 Abs. 2 BGB* hingegen setzt eine gescheiterte Ehe voraus[16] und schränkt § 1565 Abs. 1 BGB dahingehend ein, daß bei Getrenntleben (§ 1567 BGB) von unter einem Jahr die Ehe nur geschieden werden kann, wenn die Fortsetzung der Ehe für den Antragsteller eine unzumutbare Härte aus Gründen, die in der

---

9 *Johannsen/Henrich/Jaeger* § 1566 [BGB] Rdnr. 2; *Linke*, Festschrift für Günther Beitzke, S. 269 ff. (284).

10 FamK-*Rolland* Überblick vor §§ 1564 ff. BGB Rdnr. 5.

11 *Johannsen/Henrich/Jaeger* § 1565 [BGB] Rdnr. 39; *Palandt-Diederichsen* § 1564 Rdnr. 9; RGRK-*Graßhof* § 1564 Rdnr. 54; vgl. auch *Stein/Jonas/Schlosser* § 616 Rdnr. 6.
Daß im Scheidungsverfahren der Untersuchungsgrundsatz (mit Einschränkungen gemäß § 616 Abs. 2, 3 ZPO) gilt, § 616 Abs. 1 ZPO, steht der Beweislast des Antragstellers nicht entgegen. Dazu unten sub D 3 c (S. 49) mit Nachweisen in Fußn. 138 in diesem Paragraphen der Arbeit.

12 Das nach § 1565 Abs. 1 BGB oft unvermeidliche Eindringen in den Privat- und Intimbereich der Ehegatten soll unnötig gemacht werden (Bundestagsdrucksache 7/4361 S. 11).

13 *Diederichsen* NJW 1977, 273 (276); *Gernhuber/Coester-Waltjen* § 27 III 1; *Palandt-Diederichsen* § 1566 Rdnr. 1.

14 *Johannsen/Henrich/Jaeger* § 1565 [BGB] Rdnr. 5; *Palandt-Diederichsen* § 1564 Rdnr. 4.

15 *Soergel-Heintzmann* § 1564 Rdnr. 34.

16 *Johannsen/Henrich/Jaeger* § 1565 [BGB] Rdnr. 51; *Palandt-Diederichsen* § 1565 Rdnr. 10.

Person des anderen Ehegatten liegen, darstellen würde. Damit ist § 1565 Abs. 2 BGB ein *Scheidungserschwernis* [17].

Es ist deshalb meines Erachtens richtig, *allein* von § 1565 Abs. 1 BGB als *dem Tatbestand des Scheidungsrechts (Scheidungstatbestand)* zu sprechen[18] und die anderen Vorschriften *Hilfsnormen* [19] zu nennen. Wenn man genauer differenzieren will, ist auch die Bezeichnung als *Zerrüttungsvermutungen, Scheiternsvermutungen* oder *Beweiserleichterungen* für § 1566 Abs. 1 und Abs. 2 BGB und als *Scheidungserschwernis* für § 1565 Abs. 2 BGB angebracht[20].

Dennoch hat sich die vorwiegend von *Alfred Wolf*[21] herausgearbeitete Einteilung der §§ 1565, 1566 BGB in *vier Scheidungstatbestände* wohl durchgesetzt[22]. Dabei ist zu beachten, daß *Alfred Wolf* nicht etwa § 1565 Abs. 2[23], § 1566 Abs. 1 und Abs. 2 BGB *isoliert* als eigene Scheidungstatbestände ansieht, sondern *immer* nur *in Verbindung mit* dem auch als "Grundtatbestand" bezeichneten[24] § 1565 Abs. 1 BGB[25]. Seine Ansicht rechtfertigt er damit, daß

---

17 *Palandt-Diederichsen* § 1565 Rdnr. 12; *Johannsen/Henrich/Jaeger* § 1565 [BGB] Rdnr. 46 mit weiteren Nachweisen. Genauer zum Normzweck des § 1565 Abs. 2 BGB *Johannsen/Henrich/Jaeger* § 1565 [BGB] Rdnr. 41 ff.

18 So auch *Stein/Jonas/Schlosser* § 616 Rdnr. 3; *OLG Köln* NJW 1978, 1009; vgl. auch *Gernhuber/Coester-Waltjen* § 25, 4.

19 *OLG Köln* NJW 1978, 1009; RGRK-*Graßhof* § 1564 Rdnr. 45.

20 *Uwe Diederichsen* spricht auch vom "Zerrüttungsbeweisgrund" (*Palandt-Diederichsen* § 1564 Rdnr. 7) oder von verschiedenen "Scheiternsformen" (*Palandt-Diederichsen* § 1565 Rdnr. 1). *Joachim Gernhuber* (*Gernhuber/Coester-Waltjen* § 25, 4) redet von "Möglichkeiten, das in Anspruch genommene (seine Identität wahrende) Scheidungsrecht im subjektiven Sinn wirksam auszuüben", *Wolfgang Jaeger* (*Johannsen/Henrich/Jaeger* § 1564 [BGB] Rdnr. 43) von "Möglichkeiten für den Antragsteller oder beide Ehegatten, das von ihm (ihnen) geltend gemachte subjektive Scheidungsrecht im Prozeß darzutun". Kürzer *Soergel-Heintzmann* § 1564 Rdnr. 36: "vier mögliche Sachverhaltsgestaltungen" und "vier verschiedene Arten der Scheiterns- und Scheidungsvoraussetzungen" (§ 1565 Rdnr. 1).

21 Vgl. insbesondere MünchKomm-*Wolf* (1. Auflage) § 1564 Rdnr. 19.

22 Vgl. *Bergerfurth*, Ehescheidungsprozeß, Rdnr. 217; FamK-*Rolland* § 1564 BGB Rdnr. 21; *Johannsen/Henrich/Jaeger* § 1564 [BGB] Rdnr. 43; MünchKomm-*Rebmann* Einleitung Band 5, 1. Halbband, Rdnr. 132. Auch der *Bundesgerichtshof* (*BGHZ* 97, 304 [309]) spricht von "den im Gesetz vorgesehenen Scheidungstatbeständen". Vgl. außerdem die Nachweise bei MünchKomm-*Wolf* § 1564 Rdnr. 17.

23 Dazu besonders deutlich MünchKomm-*Wolf* § 1565 Rdnr. 100.

24 *D. Schwab* FamRZ 1976, 491 (494); MünchKomm-*Wolf* § 1564 Rdnr. 16; *Soergel-Heintzmann* § 1564 Rdnr. 34, § 1565 Rdnr. 1; *BGH* LM § 1565 BGB Nr. 4 = FamRZ 1981, 127 (128); Bundestagsdrucksache 7/4361 S. 10.

25 Auch die Bezeichnung als "Grundtatbestand" ist terminologisch wenig geglückt, da § 1565 Abs. 2, § 1566 Abs. 1 und Abs. 2 BGB nicht etwa Ausnahmetatbestände sind. Auch § 1565 Abs. 2 BGB setzt nämlich das Scheitern der Ehe voraus. Dennoch be-

das Gesetz die Scheidung aus § 1565 Abs. 1 und Abs. 2 BGB, aus § 1565 Abs. 1 BGB, aus § 1565 Abs. 1 BGB in Verbindung mit § 1566 Abs. 1 BGB und aus § 1565 Abs. 1 BGB in Verbindung mit § 1566 Abs. 2 BGB in der Art des Nachweises des Scheiterns der Ehe, in der Ausgestaltung des Eheverfahrens und in der Regelung der Folgeverfahren so deutlich und charakteristisch unterscheidet, daß deshalb von vier Scheidungstatbeständen gesprochen werden kann[26]. Diese jeweilige Verknüpfung mit § 1565 Abs. 1 BGB wird jedoch teilweise nicht deutlich genug beachtet, so daß verkürzt und damit nicht korrekt von § 1565 Abs. 1, 2, § 1566 Abs. 1, 2 BGB als den vier Scheidungstatbeständen gesprochen wird[27]. Dies erweckt dann den Anschein, als ob es doch mehrere Scheidungsgründe und nicht nur den des Scheiterns der Ehe (§ 1565 Abs. 1 Satz 1 BGB) gäbe.

Wegen der weiten Verbreitung dieser Terminologie und weil alle anderen Bezeichnungen entweder auch unklar oder aber umständliche Umschreibungen sind, werde ich mich ihr im folgenden anschließen, so daß auch ich von *vier "Scheidungstatbeständen"*[28] und *einem Scheidungsgrund* sprechen werde[29]. Diese "Tatbestände" sind (1) § 1565 Abs. 1 BGB in Verbindung mit § 1565 Abs. 2 BGB bei einer Trennungszeit (im Sinne von § 1567 BGB) von unter einem Jahr, (2) § 1565 Abs. 1 BGB allein bei Getrenntleben von mindestens einem Jahr, (3) § 1565 Abs. 1 BGB in Verbindung mit § 1566 Abs. 1 BGB bei einer Trennungsdauer von mindestens einem Jahr *und* Antrag beider Ehegatten oder Zustimmung des Antragsgegners und (4) § 1565 Abs. 1 BGB in Verbindung mit § 1566 Abs. 2 BGB bei Getrenntleben von drei Jahren oder länger[30].

---

zeichnet *Hartmut Linke* (Festschrift für Günther Beitzke, S. 269 ff. [285]) § 1565 Abs. 2 BGB als "Ausnahmeklausel mit qualifizierter Zerrüttungsprüfung".

26 MünchKomm-*Wolf* (1. Auflage) § 1564 Rdnr. 19.

27 So *Johannsen/Henrich/Sedemund-Treiber* § 616 ZPO Rdnr. 12. Auch *Wolfgang Brehm* (JZ 1977, 596) spricht von dem Scheidungstatbestand § 1566 Abs. 1 BGB; deutlich hingegen FamK-*Rolland* § 1564 BGB Rdnr. 21.

28 Um die genannten terminologischen Bedenken deutlich zu machen, werde ich "Scheidungstatbestand" jedoch immer in Anführungszeichen setzen.

29 Für *Wolfgang Jaeger* (*Johannsen/Henrich/Jaeger* § 1564 [BGB] Rdnr. 43) ist die Frage, ob man von der Differenzierung nach einzelnen "Scheidungstatbeständen" spricht oder den Begriff "Scheidungstatbestand" nur dem einzigen gesetzlichen Scheidungsgrund des Scheiterns der Ehe zuordnet und im übrigen von den gesetzlichen "Möglichkeiten, das Scheidungsrecht im subjektiven Sinn wirksam auszuüben", spricht, nur ein Sprach- und Definitionsproblem.

30 So auch *Walter Rolland* (FamK-*Rolland* § 1564 BGB Rdnr. 21).

Unter Zugrundelegung dieser materiellrechtlichen Erkenntnisse ist nun der prozessuale Anspruch des Ehescheidungsantrags zu untersuchen.

B. Ein Streitgegenstand

Eine verbreitete Literaturmeinung geht davon aus, daß nur *ein* Streitgegenstand der Scheidung existiert[31]. Dies wird aus der Tatsache, daß es nur *einen* materiellen Scheidungsgrund gibt, abgeleitet. Dieser Streitgegenstand wird dabei im einzelnen unterschiedlich definiert, notwendiger Bestandteil ist jedoch immer das Scheitern der Ehe. Für *Uwe Diederichsen*[32] beispielsweise ist der prozessuale Anspruch des Scheidungsverfahrens "der Antrag auf Scheidung und die Angabe, daß die Ehe gescheitert ist".

C. Mehrere Streitgegenstände

I. Subjektives Moment

Einige Stimmen in der Lehre[33] gehen zwar auch davon aus, daß der Streitgegenstand des Scheidungsverfahrens durch das Scheitern der Ehe bestimmt wird, sie unterscheiden sich von der oben genannten Ansicht aber dadurch, daß sie danach differenzieren, *wer* den Scheidungsantrag stellt. So erblickt *Wolfgang Jaeger*[34] den prozessualen Anspruch des Scheidungsverfahrens in

---

31 *Bergerfurth*, Ehescheidungsprozeß, Rdnr. 217; *Diederichsen* ZZP 91 (1978), 397 (441); *Johannsen/Henrich/Sedemund-Treiber* § 611 ZPO Rdnr. 9; *Linke*, Festschrift für Günther Beitzke, S. 269 ff. (281 f.); MünchKomm-*Wolf* § 1564 Rdnr. 43 ff. (deutlicher in der 1. Auflage § 1564 Rdnr. 53); MünchKommZPO-*Walter* § 611 Rdnr. 4; *Schlosser* FamRZ 1978, 319 (insbesondere S. 223 a. E.); *Stein/Jonas/Schlosser* § 611 Rdnr. 2; *Thomas-Putzo* § 630 Rdnr. 4; *Zöller-Philippi* § 630 Rdnr. 3; *Zöller-Vollkommer* Einleitung Rdnr. 81. Weiter *Jan Albers* (*Baumbach/Lauterbach/Albers* Einführung zu §§ 610-617 Rdnr. 2 f.), der im Sinne der alten globalen Theorie nicht zwischen Aufhebungs- und Scheidungsverfahren trennt und einen einheitlichen Streitgegenstand dieser Verfahren annimmt, da sowohl Scheidungsantrag als auch Aufhebungsklage den Bestand der Ehe der richterlichen Entscheidung unterwerfen, so daß die Erhebung eines Scheidungs- *oder* Aufhebungsbegehrens den Bestand der Ehe in vollem Umfang rechtshängig machen soll. Dazu auch unten § 5 sub II (S. 64 ff.) und § 6 sub I (S. 73).

32 *Diederichsen* ZZP 91 (1978), 397 (441).

33 Insbesondere *Johannsen/Henrich/Jaeger* § 1564 [BGB] Rdnr. 41; RGRK-*Graßhof* § 1564 Rdnr. 48; ebenso, wenn auch nicht ausdrücklich: *Gernhuber/Coester-Waltjen* § 25, 4.

34 *Johannsen/Henrich/Jaeger* § 1564 [BGB] Rdnr. 41.

dem "Zustand des Gescheitertseins der Ehe in Verbindung mit dem durch den Scheidungsantrag ausgeübten subjektiven Lossagungsrecht des antragstellenden Ehegatten". Er begründet dies damit, daß nach allgemeinen prozessualen Grundsätzen zur Identität einer Streitsache (eines Streitgegenstandes) die Übereinstimmung des Klagegrundes und des erhobenen Anspruchs gehöre, was aufgrund der Anerkennung je subjektiver Rechte der Ehegatten auf Scheidung zur Berücksichtigung des gerade durch den konkreten Scheidungsantrag erhobenen individuellen Scheidungsausspruchs bei der Streitgegenstandsbestimmung nötige.

Grundlage dieser Meinung ist somit die Anerkennung eines *subjektiven Scheidungsrechts*, das jedem Ehegatten unabhängig von dem des anderen Ehegatten zusteht[35]. Der Auffassung, daß ein subjektives Recht auf Scheidung besteht, hat sich auch der *Bundesgerichtshof*[36] angeschlossen. Das materiellrechtliche Gestaltungsrecht[37] auf Scheidung soll neben dem öffentlichrechtlichen Anspruch auf Erlaß eines Scheidungsurteils stehen[38].

Nicht immer ziehen jedoch die Befürworter eines subjektiven Rechts auf Scheidung *ausdrücklich* der Schluß auf das Vorliegen von *zwei* Streitgegenständen[39]. Auch der *Bundesgerichtshof* hat seine Rechtsprechung, in der er von *einem* prozessualen Anspruch des Ehescheidungsverfahrens ausgeht[40], trotz Anerkennung eines materiellrechtlichen subjektiven Rechts auf Scheidung, nicht geändert[41]. Die Entscheidung, in der der *Bundesgerichtshof* ein subjektives Recht auf Scheidung bejaht, befaßt sich auch *nicht* mit dem Streit-

---

35 Vgl. *Brüggemann* FamRZ 1977, 1 (7); *Gernhuber/Coester-Waltjen* § 25, 1; FamK-*Rolland* § 1564 BGB Rdnr. 17; *Johannsen/Henrich/Jaeger* § 1564 [BGB] Rdnr. 31; *Knütel* FamRZ 1985, 1089 (1091); RGRK-*Graßhof* § 1564 Rdnr. 26 ff.; *D. Schwab* FamRZ 1976, 491 (492); anderer Ansicht *Diederichsen* ZZP 91 (1978), 397 (437 ff.); MünchKomm-*Wolf* § 1564 Rdnr. 22; *Stein/Jonas/Schlosser* § 611 Rdnr. 2.

36 *BGHZ* 97, 304 (308).

37 *BGHZ* 97, 304 (308); *Johannsen/Henrich/Jaeger* § 1564 [BGB] Rdnr. 31.

38 *BGHZ* 97, 304 (308).

39 So aber *Johannsen/Henrich/Jaeger* § 1564 [BGB] Rdnr. 41.

40 Vgl. *BGH* LM § 261 ZPO Nr. 7 = FamRZ 1983, 366 (367).

41 Vgl. *BGH* LM § 261 ZPO Nr. 10 = FamRZ 1987, 580 (581). In dieser Entscheidung (Urteil vom 18.3.1987) vertritt der *IV b-Zivilsenat*, der durch das Urteil vom 9.4.1986 (*BGHZ* 97, 304, oben Fußn. 36 in diesem Paragraphen der Arbeit) ein subjektives Recht auf Scheidung anerkannt hat, weiterhin die Auffassung, daß dem Ehescheidungsantrag des einen Ehegatten die vorher eingetretene Rechtshängigkeit eines vom anderen Ehegatten bei einem anderen zuständigen Gericht (hier einem ausländischen Gericht) eingeleiteten Scheidungsverfahrens entgegensteht.

gegenstand, sondern mit der Frage, ob die Eheleute die Scheidung ausschließen können oder ob ein Ehegatte auf sein Scheidungsrecht verzichten kann. Das *Oberlandesgericht Frankfurt* hat dagegen schon 1980[42] eine selbständige prozessuale Bedeutung der einzelnen Scheidungsbegehren der Ehegatten anerkannt, wenn die Scheidungsbegehren sich nach verschiedenen Rechtsordnungen richten. Im Jahr 1981[43] erstreckte dieses Oberlandesgericht die von ihm vertretene Auffassung dann auf den Fall, daß die Scheidungsanträge beider Ehegatten nach deutschem Recht zu beurteilen sind.

2. Alle "Scheidungstatbestände" begründen einen eigenen Streitgegenstand

Für eine *Mindermeinung* stellt jeder "Scheidungstatbestand" einen eigenen Streitgegenstand dar.

So vertritt *Othmar Jauernig* in der 18. Auflage seines Lehrbuchs[44] die Auffassung, daß das Gesetz nicht nur den *einen* Scheidungsgrund des Scheiterns der Ehe kennt, sondern in Wirklichkeit *vier*: das einjährige Getrenntleben bei der einverständlichen Scheidung (§ 1566 Abs. 1 BGB), die dreijährige Trennung bei der Fristenscheidung (§ 1566 Abs. 2 BGB), das Scheitern der Ehe mit einjähriger Trennung bei der Scheidung aus wichtigem Grund (vgl. § 1565 Abs. 1, 2 BGB) und das Scheitern der Ehe ohne einjährige Trennung aber Unzumutbarkeit der Ehefortsetzung bei der Härtescheidung (§ 1565 Abs. 2 BGB). Dies führt dann auch zur Annahme von *vier Streitgegenständen*. In den Folgeauflagen fehlt zwar der Absatz mit dieser Aussage, dennoch hat *Othmar Jauernig* seine Meinung nicht aufgegeben. So sagt er beispielsweise in der 22. Auflage an anderer Stelle[45]: "Der Übergang von der Härtescheidung (BGB § 1565 Abs. 2) zur Scheidung wegen Zerrüttung (BGB § 1565 Abs. 1) oder zur einverständlichen Scheidung (BGB § 1566 Abs. 1) ist eine zulässige Verfahrensänderung; §§ 263, 269" [ZPO; Anm. des Verf.] "sind unanwendbar."[46]

---

42 *OLG Frankfurt* FamRZ 1980, 710.

43 *OLG Frankfurt* FamRZ 1982, 809 (811).

44 *Jauernig*, Zivilprozeßrecht (18. Auflage), § 91 IV; siehe auch schon oben Fußn. 8 dieses Paragraphen der Arbeit.

45 *Jauernig*, Zivilprozeßrecht, § 91 II 12.

46 Genauer zur Klageänderung unten sub D 3 (S. 46 ff.).

Auch *Jürgen Damrau*[47] ist dieser Auffassung. Er bejaht ebenfalls die Möglichkeit einer Klageänderung von der Scheidung, die auf § 1566 Abs. 1 BGB gestützt wird, zur streitigen Scheidung (auf § 1565 BGB gestützter Antrag). *Jürgen Damrau* erkennt zwar, daß es nach dem neuen Scheidungsrecht nur noch den Scheidungsgrund des Scheiterns der Ehe (§ 1565 Abs. 1 BGB) gibt, er schließt für § 1566 BGB aber aus der Tatsache, daß der Gesetzgeber die Vermutungen des § 1566 BGB für unwiderleglich erklärt, daß die beiden Tatbestände des § 1566 BGB selbständige Scheidungsgründe seien[48].

Ebenfalls eigene Streitgegenstände - ohne allerdings soweit zu gehen auch mehrere Scheidungsgründe anzunehmen - ergeben sich für *Klaus Roth-Stielow*[49] und *Walther Heintzmann*[50] aus den "Scheidungstatbeständen". Sie verwenden zwar statt des Begriffs "Scheidungstatbestand" die Bezeichnung "Sachverhaltsgestaltung"[51], sind aber der Ansicht, daß der Übergang von einer Sachverhaltsgestaltung zu einer anderen eine *Klageänderung* (Antragsänderung, §§ 263 und 264 ZPO) ist.

3. Unterschiedliche Streitgegenstände der einverständlichen und der streitigen Scheidung

Daneben wird die Ansicht vertreten, daß zwar nicht jeder "Scheidungstatbestand" zu einem eigenen prozessualen Anspruch führt, dennoch aber zwischen der einverständlichen Scheidung (Konventionalscheidung) und der streitigen Scheidung zu unterscheiden ist[52]. Die einverständliche Scheidung soll einen anderen Streitgegenstand haben als die streitige. Einverständliche Scheidung ist dabei *nur* die auf § 1565 Abs. 1 BGB in Verbindung mit § 1566 Abs. 1 BGB gestützte sog. *offene Konventionalscheidung*. Die ver-

---

47 NJW 1977, 1169 (1171 f.).

48 *Damrau* NJW 1977, 1169 (1172).

49 *Bastian-Roth=Stielow* § 1564 BGB Rdnr. 9; *Soergel-Roth=Stielow* (11. Auflage) § 1564 Rdnr. 11, 13.

50 *Soergel-Heintzmann* § 1564 Rdnr. 36, 38.

51 *Soergel-Roth=Stielow* (11. Auflage) § 1564 Rdnr. 11; *Soergel-Heintzmann* § 1564 Rdnr. 36.

52 *Ambrock* § 630 ZPO Anm. I 5; *Baumbach/Lauterbach/Albers* § 630 Rdnr. 4; *Bergerfurth* FamRZ 1976, 581 (583); *Hagena* FamRZ 1975, 379 (388); *Lüke*, Festschrift für Friedrich Wilhelm Bosch, S. 627 ff. (641); *K. H. Schwab* FamRZ 1976, 658 (662); weitere Nachweise bei *Schlosser* FamRZ 1977, 319 Fußn. 10.

deckte Konventionalscheidung (unechte einverständliche Scheidung) ist dagegen in Wirklichkeit eine streitige Scheidung[53].

Grundlage dieser Auffassung ist, daß § 630 ZPO Zulässigkeitsvoraussetzungen für den Antrag auf einverständliche Scheidung beinhaltet und der Antrag bei Fehlen der Voraussetzungen durch Prozeßurteil abzuweisen ist. Damit sind aber auch alle, die einen auf § 1565 Abs. 1 BGB in Verbindung mit § 1566 Abs. 1 BGB gestützten Scheidungsantrag, der nicht den Erfordernissen des § 630 ZPO genügt, wegen Unzulässigkeit abweisen wollen, zwangsläufig der Auffassung - wenn sie dies auch nicht immer ausdrücklich sagen[54] -, daß die streitige Scheidung einen anderen Streitgegenstand hat als die einverständliche[55].

D. Folgen der unterschiedlichen Auffassungen zum Streitgegenstand und kritische Würdigung

1. Rechtshängigkeit

a) Jeder "Scheidungstatbestand" hat einen eigenen Streitgegenstand

Wenn jeder "Scheidungstatbestand" einen eigenen Streitgegenstand hat[56] ist auch immer nur der geltend gemachte "Scheidungstatbestand" rechtshängig. Es kann also ein zweiter Scheidungsantrag gestellt werden während der erste rechtshängig ist, wenn sich der Antragsteller nur auf einen anderen "Tatbestand" beruft. Das Gericht darf den zweiten Antrag dann nicht als unzulässig abweisen[57], sondern muß über beide Anträge verhandeln und entscheiden.

---

53 *Baumbach/Lauterbach/Albers* § 630 Rdnr. 1; *Stein/Jonas/Schlosser* § 630 Rdnr. 1.

54 Expressis verbis aber *Heinz Thomas* und *Hans Putzo* in der 17. Auflage ihres Kommentars (*Thomas-Putzo* [17. Auflage] Vorbemerkung § 622 Anm. IV). In der 18. Auflage haben *Thomas* und *Putzo* ihre Meinung dann geändert. Sie sind nun der Auffassung, daß eine einverständliche Scheidung keinen anderen Streitgegenstand hat als eine streitige Scheidung (*Thomas-Putzo* § 630 Rdnr. 4).

55 So auch *Schlosser* FamRZ 1978, 319.

56 Siehe oben sub C 2 (S. 33 f.).

57 Zur grundsätzlichen Verpflichtung des Gerichts bei Rechtshängigkeit die Klage durch Prozeßurteil von Amts wegen abzuweisen: *Stein-Jonas-Schumann* § 261 Rdnr. 52 f.

Unter Umständen können für beide Scheidungsanträge dann verschiedene Gerichte zuständig sein. Wenn beispielsweise die Parteien zum Zeitpunkt der Antragstellung ihren (gemeinsamen) Aufenthaltsort im Bezirk des Familiengerichts X haben, ist dieses Gericht nach § 606 Abs. 1 Satz 1 ZPO ausschließlich zuständig. Zieht nun der eine Ehegatte mit den minderjährigen Kindern in einen anderen Gerichtsbezirk (Y) und wird dann ein zweiter Scheidungsantrag, gestützt auf einen anderen "Scheidungstatbestand", gestellt, so berührt der Aufenthaltswechsel wegen § 261 Abs. 3 Nr. 2 ZPO (perpetuatio fori) zwar nicht den rechtshängigen Antrag; für den *neuen* Antrag ist dann aber das Gericht Y zuständig, § 606 Abs. 1 Satz 2 ZPO. Dies hat zur Folge, daß dann zwei verschiedene Gerichte den Zustand der Ehe zu untersuchen haben, d. h. sich (im Grundsatz) mit der gleichen Sache, der Zerrüttung der Ehe, beschäftigen. Dies soll die Regelung des § 261 Abs. 3 Nr. 1 ZPO aber gerade verhindern. Eine Partei soll nicht durch mehrere gleichzeitige Prozesse desselben Inhalts belästigt werden[58]. Ein Nebeneinander der Prozesse führt zu unnötiger Anrufung der Gerichte[59], bedingt unnötigen Kostenaufwand und kann schließlich zu einander sich widersprechenden Entscheidungen führen[60].

Probleme treten vor allem auf, wenn mit der Scheidung noch andere Familiensachen des § 621 Abs. 1 ZPO geltend gemacht werden. Wegen des Verbundes nach § 623 ZPO werden diese Familiensachen dann zu Folgesachen über die gleichzeitig und zusammen mit der Scheidungssache zu verhandeln ist, § 623 Abs. 1 Satz 1 ZPO. Ja selbst ohne Antrag ist bezüglich der elterlichen Sorge über ein gemeinschaftliches Kind und für die Durchführung des Versorgungsausgleichs in den Fällen des § 1587 b BGB im Verbund zu entscheiden, § 623 Abs. 3 Satz 1 ZPO. In bezug auf die Folgesachen tritt dann *doppelte Rechtshängigkeit* ein. Da für die Folgesachen gemäß § 621 Abs. 1 ZPO das Familiengericht ausschließlich zuständig ist, und zwar das für die Scheidungssache örtlich zuständige Familiengericht[61], würde dies zu einer *doppelten ausschließlichen Zuständigkeit* führen.

Eine Konkurrenz von mehreren ausschließlichen Gerichtsständen ist zwar auch in anderen Fällen möglich (z. B. bei mehrfachem Wohnsitz, wenn der allge-

58 *Baumbach/Lauterbach/Hartmann* § 261 Rdnr. 24.

59 *Baumbach/Lauterbach/Hartmann* § 261 Rdnr. 24.

60 *Stein-Jonas-Schumann* § 261 Rdnr. 3.

61 *Stein/Jonas/Schlosser* § 621 Rdnr. 55; *Thomas-Putzo* § 621 Rdnr. 5.

meine Gerichtsstand als ausschließlich bestimmt ist)[62], für diese Fälle greift aber § 35 ZPO ein[63], der dem Kläger eine Wahlmöglichkeit einräumt. Wenn man nun hier dem Antragsteller *für die Folgesachen* die Wahl geben würde, würde damit die zwingende Zusammenfassung der Scheidungssache mit den Folgesachen in ein und demselben Verfahren[64] unterlaufen. Damit würde der Zweck des Verbundverfahrens nicht erreicht. Durch die Bestimmungen der §§ 623, 629 ZPO, nach denen zugleich mit der Scheidung die wichtigsten Scheidungsfolgen zu regeln sind, soll den Ehegatten vor Augen geführt werden, welche Auswirkungen die Scheidung ihrer Ehe haben wird[65]. Außerdem dient der Verbund dem Schutz des sozial schwächeren Ehepartners; der Verbund kann verhindern, daß die Ehe geschieden wird, ohne daß die Rechte dieses Partners angemessen geregelt sind[66]. Wenn das Gericht, das dann wegen der Wahl des Antragstellers nicht über die Folgesachen zu entscheiden hätte, zuerst ein Urteil erließe - was bei kurz nacheinander eingereichten Scheidungsanträgen regelmäßig der Fall sein würde - erginge ein Scheidungsausspruch, der auch die *notwendigen Folgesachen*[67] (elterliche Sorge über ein gemeinschaftliches Kind und öffentlichrechtlicher Versorgungsausgleich) nicht gleichzeitig regeln würde[68].

---

62 *Stein/Jonas/Schumann* § 35 Rdnr. 2.

63 *Stein/Jonas/Schumann* § 35 Rdnr. 2; *Zöller-Vollkommer* § 35 Rdnr. 1.

64 *Thomas-Putzo* § 623 Rdnr. 1.

65 *BGH* LM § 1587 b BGB Nr. 20 = FamRZ 1983, 461 (462); *OLG Düsseldorf* FamRZ 1988, 312; *Zöller-Philippi* § 623 Rdnr. 2.

66 *Zöller-Philippi* § 623 Rdnr. 2.

67 *Maurer*, in: *Schwab*, Handbuch des Scheidungsrechts, Teil I Rdnr. 380.

68 § 35 ZPO ist nicht etwa unanwendbar, weil die Gerichtsstandsregelungen (§§ 12 ff. ZPO) immer nur die jeweilige Klage betreffen, d. h. auch das Wahlrecht des § 35 ZPO *nur* dann besteht, wenn für *eine Klage* mehrere Gerichte zuständig sind. Denn es liegen zwar unter Zugrundelegung der Auffassung, daß jeder "Scheidungstatbestand" einen eigenen Streitgegenstand hat, *mehrere* Klagen vor, für die *Folgesachen* besteht jedoch ein (jeweils) eigener Streitgegenstand. Daran ändern auch die Vorschriften über den Verfahrensverbund nach §§ 623, 629 ZPO nichts (vgl. *BGH* LM § 261 ZPO Nr. 7 = FamRZ 1983, 366 [367]). Für die identische *Folgesache* (*ein* prozessualer Anspruch) sind dann *mehrere* Gerichte ausschließlich zuständig.

b) Unterschiedliche Streitgegenstände bei der einverständlichen und der streitigen Scheidung

Bei unterschiedlichen Streitgegenständen von streitiger und einverständlicher Scheidung[69] ergeben sich in bezug auf die Rechtshängigkeit die gleichen Probleme, auch hier können dann zwei Scheidungsverfahren zur gleichen Zeit rechtshängig sein. Ebenso kann auch hier der (notwendige) Verbund unterlaufen werden.

c) Eigener Streitgegenstand jedes Ehegatten

Wenn man wegen der Anerkennung eines subjektiven Scheidungsrechts bei zwei Anträgen, die jeweils von einem der Ehegatten gestellt werden, für die *eine* durchzuführende Scheidung *zwei* Streitgegenstände annimmt[70], müßten die genannten Probleme ebenfalls auftreten. Die Zuständigkeit von zwei verschiedenen Gerichten wäre allerdings dann nicht gegeben, wenn § 606 Abs. 2 Satz 3 ZPO eingreifen würde. Dann wäre im Falle von Anträgen beider Ehegatten bei verschiedenen Gerichten das Familiengericht ausschließlich zuständig, hinsichtlich dessen Verfahren Rechtshängigkeit zuerst eingetreten ist[71]. § 606 Abs. 2 Satz 3 ZPO kommt jedoch *nur dann* zur Anwendung, wenn sich der Gerichtsstand, lägen nicht Anträge beider Ehegatten vor, nach § 606 Abs. 2 Satz 2 ZPO richten würde. Im Falle der oben[72] gebildeten Konstellation, bei der sich die Zuständigkeit nach § 606 Abs. 1 Satz 1 und Satz 2 ZPO richtet, greift deswegen § 606 Abs. 2 Satz 3 ZPO nicht ein. Es wären also wiederum zwei verschiedene Gerichte ausschließlich zuständig.

Der Einwand der Rechtshängigkeit (§ 261 Abs. 3 Nr. 1 ZPO) besteht allerdings, *ohne* daß es auf die Parteirolle ankommt[73]. Dies gilt jedoch nur, falls der Streitgegenstand identisch ist[74]. Macht man den prozessualen Anspruch vom subjektiven Recht des Ehegatten auf Scheidung abhängig, kann trotz der

69 Siehe oben sub C 3 (S. 34 f.).

70 Siehe oben sub C 1 (S. 31 ff.).

71 *Maurer*, in: *Schwab*, Handbuch des Scheidungsrechts, Teil I Rdnr. 35.

72 Sub a (S. 36).

73 MünchKommZPO-*Lüke* § 261 Rdnr. 43, 51; *Stein-Jonas-Schumann* § 261 Rdnr. 55; *Thomas-Putzo* § 261 Rdnr. 11.

74 MünchKommZPO-*Lüke* § 261 Rdnr. 56; *Stein-Jonas-Schumann* § 261 Rdnr 56; siehe auch *Thomas-Putzo* § 261 Rdnr. 12; *Zöller-Stephan* § 261 Rdnr. 9.

allgemeinen Aussage, daß die Parteirolle für die Rechtshängigkeit unerheblich ist, ein Scheidungsantrag auch dann gestellt werden, wenn ein Antrag des anderen Ehegatten schon rechtshängig ist.

Das Problem der doppelten Rechtshängigkeit *der Folgesachen* im Widerspruch zu § 261 Abs. 3 Nr. 1 ZPO mit den genannten Nachteilen tritt also auch hier auf. Die Gefahr der Umgehung des Verhandlungs- und Entscheidungsverbundes nach §§ 623, 629 ZPO besteht jedoch *nicht*. Zwar können auch hier zwei verschiedene Gerichte für die beiden Scheidungsanträge zuständig sein, eine Wahlmöglichkeit für die Zuständigkeit der Folgesachen nach § 35 ZPO ist jedoch von vornherein ausgeschlossen, wenn der identische prozessuale Anspruch (Folgesache) von beiden Parteien geltend gemacht wird, jede Partei aber nur befugt ist, *einen einzigen* Scheidungsantrag zu stellen.

d) Ein Streitgegenstand

Bei Annahme nur *eines* Streitgegenstandes der Scheidung[75] steht einem zweiten Antrag der Einwand der Rechtshängigkeit entgegen. Dies gilt sowohl für einen weiteren Antrag des Antragstellers als auch, wegen der Unabhängigkeit des § 261 Abs. 3 Nr. 1 ZPO von der Parteirolle[76], für einen Antrag des Antragsgegners[77]. Davon gibt es jedoch eine scheinbare Ausnahme: § 1564 Abs. 1 Satz 1 BGB bestimmt, daß die Ehe auch auf Antrag *beider* Ehegatten geschieden werden kann. Da das Verfahrensrecht *einen gemeinsamen* Antrag nicht zuläßt, vgl. §§ 622, 630 ZPO[78], ist § 1564 Abs. 1 Satz 1 BGB so zu verstehen, daß *jeder* Ehegatte den Antrag stellen kann, die Ehe zu scheiden[79]. Diese *zwei Scheidungsanträge* sind nicht nur bei der einverständlichen Scheidung nach § 1565 Abs. 1, § 1566 Abs. 1 BGB zulässig, sondern in allen Gestaltungsmöglichkeiten[80]. Nur damit kann der Gefahr vorgebeugt werden, daß bei Rücknahme des Scheidungsantrags die Wirkungen der Rechtshängigkeit[81]

---

75 Siehe oben sub B (S. 31).

76 Siehe soeben sub c (S. 38) mit Nachweisen in Fußn. 73 dieses Paragraphen der Arbeit.

77 Vgl. *BGH* LM § 261 ZPO Nr. 10 = FamRZ 1987, 580 (581).

78 *Johannsen/Henrich/Jaeger* § 1566 [BGB] Rdnr. 7; *Johannsen/Henrich/Sedemund-Treiber* § 630 ZPO Rdnr. 13; MünchKomm-*Wolf* § 1565 Rdnr. 62.

79 MünchKomm-*Wolf* § 1565 Rdnr. 62.

80 MünchKomm-*Wolf* § 1564 Rdnr. 35 mit weiteren Nachweisen.

81 Zu den materiellrechtlichen Folgen der Rechtshängigkeit des Scheidungsverfahrens *Soergel-Heintzmann* § 1564 Rdnr. 14.

entfallen[82] und der andere Ehegatte, was ihm nicht zugemutet werden darf, von den Entscheidungen des Antragstellers des ersten Antrags abhängig ist[83]. Die Einleitung eines neuen Scheidungsverfahrens ist zudem immer mit vermehrten Kosten und zusätzlichem Zeitaufwand verbunden[84].

§ 1564 Abs. 1 Satz 1 BGB meint aber nur den Antrag beider Ehegatten *im gleichen Verfahren*. Dies folgt daraus, daß eine Ehe nur einheitlich aufgelöst werden kann[85], so daß auch über die beiden Anträge der Eheleute nur gemeinsam verhandelt und entschieden werden kann[86]. Beide Anträge sind auch auf das gleiche Ziel, die Scheidung der Ehe, gerichtet.

Obwohl das zweite Scheidungsbegehren in ein und demselben Verfahren zwischen den gleichen Parteien vorgebracht wird, stellt dieser Antrag aber *keine Widerklage* ("Widerantrag"[87]) dar[88]. Eine zulässige Widerklage erfordert einen von der Klage *verschiedenen* Streitgegenstand[89]; wegen des identischen Ziels (die Scheidung der Ehe) und des einzigen Scheidungsgrundes Zerrüttung der Ehe wird aber gerade *ein einziger* prozessualer Anspruch der Ehescheidung angenommen[90].

---

82 *Soergel-Heintzmann* Vor § 1564 Rdnr. 21.

83 MünchKomm-*Wolf* § 1564 Rdnr. 35.

84 *Johannsen/Henrich/Jaeger* § 1564 [BGB] Rdnr. 41.

85 Vgl. *BGH* LM § 261 ZPO Nr. 7 = FamRZ 1983, 366 (367); *Rosenberg-Schwab-Gottwald* § 166 V 6.

86 *Johannsen/Henrich/Jaeger* § 1564 [BGB] Rdnr. 47; *Rosenberg-Schwab-Gottwald* § 166 V 6.

87 *Gernhuber/Coester-Waltjen* § 25, 4.

88 *Diederichsen* ZZP 91 (1978), 397 (442); *Schwab*, Handbuch des Scheidungsrechts (1. Auflage), Rdnr. 47; vgl. auch *Gernhuber/Coester-Waltjen* § 25, 4; anderer Ansicht *Baumbach/Lauterbach/Albers* § 622 Rdnr. 2; *Bergerfurth* FamRZ 1982, 563 (564); *Brüggemann* FamRZ 1977, 1 (7 f.); FamK-*Rolland* § 1564 BGB Rdnr. 27; *Johannsen/Henrich/Sedemund-Treiber* § 606 ZPO Rdnr. 13; *Wieczorek* § 610 Anm. B II b; *Zöller-Philippi* § 622 Rdnr. 9; *OLG Bamberg* FamRZ 1984, 302 (303).

89 MünchKommZPO-*Patzina* § 33 Rdnr. 8; *Stein/Jonas/Schumann* § 33 Rdnr. 2; *Zöller-Vollkommer* § 33 Rdnr. 6.

90 *Hans-Ulrich Maurer* (in: *Schwab*, Handbuch des Scheidungsrechts, Teil I Rdnr. 361) will die Scheidungswiderklage gegen einen Scheidungsantrag zulassen, wenn der Widerkläger die *Abweisung* des Scheidungsantrags der anderen Partei verfolgt. Als Grund hierfür führt er, obwohl es nach dem Zerrüttungsprinzip gleichgültig ist, auf wessen Antrag hin die Ehe geschieden wird, schützenswerte außerrechtliche, etwa religiöse Motive an. Da er trotzdem annimmt, daß Scheidungsantrag und Scheidungswiderklage auf dasselbe Ziel, nämlich die Auflösung der Ehe gerichtet sind (Rdnr. 362), will *Maurer* dann eine Widerklage mit dem gleichen Streitgegenstand zulassen.

Häufig wird der dem Antrag des einen Ehegatten nachfolgende Antrag des anderen Ehegatten *Gegenantrag* genannt[91]. Besser ist jedoch meines Erachtens die Bezeichnung *Anschlußantrag* [92], da es sich bei den beiden Anträgen ja gerade nicht um gegensätzliche, sondern um zwei gleichgerichtete Anträge[93] handelt. Eine echte Gegnerschaft kann es zwischen den Ehegatten auch nicht geben, wenn *beide* die Scheidung beantragen[94].

Einem Antrag auf Scheidung *in einem besonderen Verfahren*, wofür § 1564 Abs. 1 Satz 1 BGB ja nicht gilt, steht aber der bereits erhobene Scheidungsantrag mit der Sperrwirkung der anderweitigen Rechtshängigkeit entgegen[95]. Dieser Antrag müßte dann als unzulässig abgewiesen werden. Da der Antragsteller im Zweifel keinen unzulässigen Antrag stellen will, wird ein späterer Scheidungsantrag des anderen Ehegatten im allgemeinen als Gegenantrag (Anschlußantrag) aufzufassen sein und das Gericht erforderlichenfalls auf eine entsprechende Klarstellung hinzuwirken haben[96]. Dies ist jedoch nicht möglich, wenn der Anschlußantrag vor einem anderen (zuständigen) Gericht gestellt wird. Da bei unterschiedlicher Zuständigkeit immer getrennte Verfahren gegeben sind, steht dem später gestellten Scheidungsantrag die Rechtshängigkeit des ersten Antrags entgegen[97].

---

91 *BGH* LM Art. 17 EGBGB Nr. 12 = FamRZ 1982, 795; LM § 1587 BGB Nr. 20 = FamRZ 1983, 38 (40); FamK-*Roth* § 611 ZPO Rdnr. 15; MünchKomm-*Wolf* § 1565 Rdnr. 62; *Soergel-Heintzmann* Vor § 1564 Rdnr. 21; § 1564 Rdnr. 37.

92 So auch *OLG Frankfurt* FamRZ 1982, 809 (810); RGRK-*Graßhof* § 1564 Rdnr. 48; § 1566 Rdnr. 19; *Thomas-Putzo* (17. Auflage) § 630 Anm. 1 d für den später zugestellten Antrag bei der Konventionalscheidung nach § 1565 BGB in Verbindung mit § 1566 Abs. 1 BGB.
Zu beachten ist hierbei freilich, daß der Anschlußantrag ein prozessual selbständiger Antrag mit den prozessualen Erfordernissen des § 622 ZPO ist (RGRK-*Graßhof* § 1566 Rdnr. 19) und nicht mit der Anschlußberufung (§ 521 ZPO) oder der Anschlußrevision (§ 556 ZPO) verglichen werden kann. Als Anschlußantrag wird der Antrag des anderen Ehegatten nur deshalb bezeichnet, weil er später als der erste gestellt wurde (RGRK-*Graßhof* § 1566 Rdnr. 19). Den Anschlußantrag kann der Antragsgegner auch im Verlaufe eines rechtshängigen Scheidungsverfahrens in der Form des § 261 Abs. 2 ZPO, also auch mündlich stellen (MünchKomm-*Wolf* § 1564 Rdnr. 36a; *OLG Frankfurt* FamRZ 1982, 809).

93 *Soergel-Heintzmann* § 1564 Rdnr. 13.

94 *Diederichsen* ZZP 91 (1978), 397 (442). Zur "Problematik der Terminologie" vgl. auch MünchKomm-*Wolf* § 1564 Fußn. 117.

95 *BGH* LM § 1587 BGB Nr. 20 = FamRZ 1983, 38 (40); LM § 261 ZPO Nr. 7 = FamRZ 1983, 366 (367).

96 *BGH* FamRZ 1983, 38 (40) für den Fall eines Antrags des anderen Ehegatten nach jahrelangem Stillstand des Scheidungsverfahrens.

97 Vgl. *BGH* LM § 261 ZPO Nr. 10 = FamRZ 1987, 580 (581); *Johannsen/Henrich/Jaeger* § 1564 [BGB] Rdnr. 47.

Verschiedene Gerichte können für die beiden Anträge der Ehegatten nicht nur in dem oben[98] gebildeten Fall des Aufenthaltswechsels eines Ehegatten zuständig sein, sondern vor allem auch dann, wenn *inländische und ausländische Zuständigkeit* gegeben ist. Insbesondere bei gemischt-nationalen Ehen, bei denen ein Ehegatte Deutscher ist, kann sowohl ein ausländisches als auch ein inländisches Gericht zuständig sein. Die *internationale Zuständigkeit* ergibt sich dabei entweder aus staatsvertraglichen Regelungen oder (subsidiär) aus § 606 a ZPO[99]. Nach § 606 a ZPO ist die internationale Zuständigkeit auch nicht ausschließlich.

Wenn das Verfahren im Ausland rechtshängig ist, so ist diese ausländische Rechtshängigkeit wegen § 261 Abs. 3 Nr. 1 ZPO zu beachten, falls die ausländische Entscheidung im Inland anerkannt werden muß oder müßte[100]. Dies gilt jedoch nur, wenn Identität des Streitgegenstandes besteht[101]. Ohne hier im einzelnen auf Ehescheidungsverfahren nach ausländischem Recht einzugehen, kann festgestellt werden, daß die Streitgegenstände eines ausländischen und eines inländischen Verfahrens auf Ehescheidung jedenfalls dann in aller Regel nicht identisch sein können, wenn man für eine Ehescheidung nach deutschem Recht nach den "Scheidungstatbeständen", nach streitiger und einverständlicher Scheidung oder nach der Person des Antragstellers differenziert. Nur bei Annahme eines einzigen prozessualen Anspruchs für die Scheidung nach §§ 1564 ff. BGB - *dem* Streitgegenstand des Ehescheidungsverfahrens -, kann man die Streitgegenstände von Scheidungsverfahren nach inländischem und ausländischem Recht als identisch betrachten.

---

98 Sub a (S. 36).

99 Vgl. *Luther* IPRax 1984, 141 (142); *Stein-Jonas-Schumann* Einleitung Rdnr. 758; *Zöller-Geimer* § 606 a Rdnr. 21.

100 *BGH* LM § 261 ZPO Nr. 10 = FamRZ 1987, 580 (581); *Baumbach/Lauterbach/Albers* § 606 a Rdnr. 13; *Schumann* IPRax 1986, 14; *Thomas-Putzo* § 606 a Rdnr. 5; *Stein-Jonas-Schumann* § 261 Rdnr. 11 mit weiteren Nachweisen.
Die Anerkennung ausländischer Entscheidungen in Ehesachen richtet sich nach den §§ 328, 606 a ZPO, Art. 7 § 1 Abs. 1 Satz 2 FamRÄndG (*Maurer*, in: *Schwab*, Handbuch des Scheidungsrechts, Teil I Rdnr. 1129). Ausführlich zur Anerkennung ausländischer Entscheidungen: *Maurer*, in: *Schwab*, Handbuch des Scheidungsrechts, Teil I Rdnr. 1127 ff.
Zur ausländischen Rechtshängigkeit im Geltungsbereich des EuGVÜ (Unzuständigkeit des später angerufenen Gerichts nach Art. 21 Abs. 1 EuGVÜ) und bei bilateralen Regelungen: *Stein-Jonas-Schumann* § 261 Rdnr. 24 ff.

101 *BGH* LM § 261 ZPO Nr. 10 = FamRZ 1987, 580 (581); *Baumbach/Lauterbach/Albers* § 606 a Rdnr. 13; *Schumann* IPRax 1986, 14 (15); *Stein-Jonas-Schumann* § 261 Rdnr. 12; *Thomas-Putzo* § 606 a Rdnr. 5.

Die Annahme *eines* prozessualen Anspruchs kann also auch bei Auslandsberührung verhindern, daß zwei Scheidungsverfahren vor verschiedenen Gerichten rechtshängig sind. So können vor allem widersprechende Entscheidungen vermieden werden. Außerdem begünstigt die Auffassung, daß eine ausländische Rechtshängigkeit zu beachten ist, den internationalen Rechtsverkehr[102].

e) Ergebnis

Nur wenn man einen einzigen Streitgegenstand des Scheidungsverfahrens annimmt, kann es nicht dazu kommen, daß sich zwei verschiedene Familiengerichte mit der Zerrüttung der Ehe befassen. Insbesondere gibt es dann weder doppelte Rechtshängigkeit der Scheidungsfolgesachen noch kann eine Entscheidung ohne die notwendigen Folgesachen ergehen. Dies spricht, unter dem Gesichtspunkt der Rechtshängigkeit betrachtet, für die Annahme eines einzigen Streitgegenstandes der Scheidung.

2. Klagenhäufung

a) Jeder "Scheidungstatbestand" hat einen eigenen Streitgegenstand

Wenn der "Scheidungstatbestand" mit dem prozessualen Anspruch der Scheidung gleichzusetzen ist[103], liegt beim Geltendmachen mehrerer "Scheidungstatbestände" eine objektive Klagenhäufung (§ 260 ZPO) vor. Diese ist dann zulässig, wenn für mehrere prozessuale Ansprüche gegen denselben Beklagten (Antragsgegner) das Prozeßgericht zuständig und dieselbe Prozeßart zulässig ist. In aller Regel werden die Voraussetzungen des § 260 ZPO erfüllt sein. Eine Anpruchshäufung ist nur dann ausnahmsweise nicht möglich, wenn der zweite prozessuale Anspruch geltend gemacht werden soll, nachdem eine Zuständigkeitsänderung eingetreten ist[104] oder wenn von vornherein zwei Gerichte zuständig sind[105].

---

102 *Luther* IPRax 1984, 141 (142).

103 Siehe oben sub C 2 (S. 33 f.).

104 Vgl. das Beispiel oben sub 1 a (S. 36).

105 Vor allem wenn Gerichtsstände im In- und Ausland bestehen, vgl. oben sub 1 d (S. 42).

Ausgehend vom Regelfall, ergeben sich aber Probleme für den Richter, wie er zu entscheiden hat. Wenn keine Eventualhäufung vorliegt muß ein Urteil ergehen, das jeden prozessualen Anspruch verbescheidet[106]. Infolgedessen müßte das Gericht die Ehe entweder aus mehreren Gründen scheiden oder aber, wenn ein "Scheidungstatbestand" nicht erfüllt ist, den Antrag insoweit abweisen[107]. So müßte das Gericht, wenn sich der Antragsteller, aus welchen Gründen auch immer, z. B. sowohl auf § *1565 Abs. 1 BGB allein* als auch *auf* § *1565 Abs. 1 BGB in Verbindung mit* § *1566 Abs. 2 BGB* beruft, auch wenn es ein dreijähriges Getrenntleben feststellt noch die Zerrüttung nach § 1565 Abs. 1 BGB prüfen. Ein Ergebnis, das dem Sinn des § 1566 BGB widerspricht. Die Zerrüttungsvermutung des § 1566 Abs. 2 BGB[108] soll ja gerade die richterliche Entscheidung erleichtern und zum Schutz der Ehegatten vermeiden, daß die ehelichen Verhältnisse dem Gericht bis in Einzelheiten offengelegt werden müssen[109]. Auch die Teilabweisung ist eine Rechtsfolge, die zumindest befremdlich ist. Die Teilabweisung müßte nämlich ergehen, *obwohl* die Ehe geschieden wird[110].

b) Unterschiedliche Streitgegenstände bei der einverständlichen und der streitigen Scheidung

Eine Verbindung von streitiger und einverständlicher Scheidung in einem Antrag nach § 260 ZPO ist bei Annahme von verschiedenen Streitgegenständen[111] grundsätzlich möglich. Bei kumulativer Häufung widersprechen sich die An-

---

106 *Stein-Jonas-Schumann* § 260 Rdnr. 12; *Zöller-Stephan* § 260 Rdnr. 6.

107 Anders aber, wenn man hier eine alternative Häufung des Klagegrundes annimmt, die unter Zugrundelegung der zweigliedrigen Streitgegenstandslehre (dazu oben § 2 sub II [S. 8]) eine zulässige Klagenhäufung ist, bei der jedoch nicht zum Zuge kommende Scheidungsgründe nicht eigens aberkannt werden müssen (dazu genauer unten § 5 sub III B [S. 68 f.]).

108 Dazu oben sub A (S. 27 ff.).

109 Vgl. Bundestagsdrucksache 7/650 S. 109.

110 Kritisch zu diesem Ergebnis auch *Schwab*, Streitgegenstand, S. 96.
Trotz Teilabweisung müßte dann meines Erachtens allerdings die Kostenregelung des § 93 a Abs. 1 Satz 1 ZPO eingreifen. Da jeder Ehegatte die Scheidung beantragen kann, diese keine Sanktion für ehewidriges Verhalten darstellt und beide Ehegatten nicht in der Lage sind, den erstrebten Erfolg außerprozessual herbeizuführen, wären im Eheprozeß die allgemeinen Kostenregeln der §§ 91-93 ZPO nicht angemessen (*Stein/Jonas/Bork* § 93 a Rdnr. 1). Deswegen - und dies ist auch durch den Wortlaut des § 93 a Abs. 1 Satz 1 ZPO gedeckt - bliebe es *trotz Teilunterliegens* bei der gegenseitigen Kostenaufhebung nach § 93 a Abs. 1 Satz 1 ZPO.

111 Siehe oben sub C 3 (S. 34 f.).

träge jedoch, so daß mindestens ein Antrag immer unbegründet sein wird. Deshalb kommt nur eine Eventualhäufung in Frage. Der Antragsteller wird hilfsweise die streitige Scheidung begehren, wenn er mit dem Antrag auf einverständliche Scheidung nicht durchdringt. Haupt- und Hilfsantrag dürfen sich dabei auch widersprechen[112].

Zwar ist über den Hilfsantrag nicht mehr zu entscheiden, wenn der Hauptantrag Erfolg hat[113], wenn der Hauptantrag allerdings unbegründet ist, ist dies im Urteilstenor auszusprechen[114]. Bei Erfolg des Hilfsantrags kommt es also auch hier dazu, daß die Ehe zwar geschieden wird, der Scheidungsantrag aber dennoch teilweise abgewiesen werden muß.

c) Eigener Streitgegenstand jedes Ehegatten / Ein einziger Streitgegenstand

Wenn nur *ein* prozessualer Anspruch auf Scheidung[115] oder zumindest *für jeden Ehegatten* nur ein Scheidungsstreitgegenstand[116] existiert, ist eine Anspruchshäufung nach § 260 ZPO nicht möglich; eventuell damit zusammenhängende Probleme können nicht auftreten. Daß die Annahme unterschiedlicher Streitgegenstände bei Anträgen beider Ehegatten zu keiner objektiven Klagenhäufung führt, folgt daraus, daß § 260 ZPO mehrere prozessuale Ansprüche *der gleichen Partei* gegenüber dem Gegner voraussetzt. Deswegen führt auch der Fall des Anschlußantrags[117] nie zur Streitgegenstandshäufung im Sinne von § 260 ZPO.

---

112 *Thomas-Putzo* § 260 Rdnr. 8; *Zöller-Stephan* § 260 Rdnr. 4.

113 *Stein-Jonas-Schumann* § 260 Rdnr. 22; *Zöller-Stephan* § 260 Rdnr. 4; vgl. auch MünchKommZPO-*Lüke* § 260 Rdnr. 11.
Eine sogenannte *uneigentliche Eventualhäufung*, bei der der Hilfsantrag für den Fall erhoben ist, daß der Hauptantrag durchdringt (vgl. *Stein-Jonas-Schumann* § 260 Rdnr. 15, 24), ist nicht denkbar.

114 *Baumbach/Lauterbach/Hartmann* § 260 Rdnr. 21; MünchKommZPO-*Lüke* § 260 Rdnr. 49; *Schellhammer* Rdnr. 1252; *Zöller-Stephan* § 260 Rdnr. 4.

115 Siehe oben sub B (S. 31).

116 Siehe oben sub C 1 (S. 31 ff.).

117 Siehe oben sub 1 d (S. 39 ff. [insbesondere S. 40]).

d) Ergebnis

Nur wenn man *einen* Streitgegenstand des Ehescheidungsverfahrens oder zumindest einen Streitgegenstand jeweils für den Ehegatten annimmt, ist keine Klagenhäufung möglich und nötig; die bei der Klagenhäufung auftretenden Probleme entstehen nicht.

3. Klageänderung

a) Jeder "Scheidungstatbestand" hat einen eigenen Streitgegenstand

Wenn mit den vier "Scheidungstatbeständen" auch vier prozessuale Ansprüche angenommen werden[118] stellt der Übergang von einem "Tatbestand" zu einem anderen eine Klageänderung (Antragsänderung) nach § 263 ZPO dar. Ein Wechsel des "Tatbestandes" wäre demzufolge nach Eintritt der Rechtshängigkeit nur bei Einwilligung des Antragsgegners möglich oder wenn das Gericht die Änderung für sachdienlich erachtet. Diese Beschränkung der Klageänderung wird jedoch für den Eheprozeß durch *§ 611 Abs. 1 ZPO* ausgeschlossen[119]. Das gilt dann auch für den Übergang von einem "Scheidungstatbestand" zu einem anderen, wenn man mehrere Streitgegenstände bei der Scheidung für möglich hält[120].

b) Unterschiedliche Streitgegenstände bei der einverständlichen und der streitigen Scheidung

Wenn man zwar nicht in jedem "Scheidungstatbestand" einen eigenen Streitgegenstand sieht, aber dennoch zwischen dem Streitgegenstand der streitigen und der einverständlichen Scheidung unterscheidet[121], ist der Übergang von der streitigen zur Konventionalscheidung oder umgekehrt eine Antragsänderung im

---

118 Siehe oben sub C 2 (S. 33 f.).

119 Vgl. *Stein/Jonas/Schlosser* § 611 Rdnr. 7.

120 *Jauernig*, Zivilprozeßrecht, § 91 II 12; siehe auch schon oben sub C 2 (S. 33 f.). So auch die ganz herrschende Meinung zur Rechtslage vor dem 1. EheRG nach § 614 Abs. 1 ZPO a. F., vgl. nur *Stein-Jonas-Schlosser* (19. Auflage) § 614 Anm. II 1.

121 Siehe oben sub C 3 (S. 34 f.).

Sinne des § 263 ZPO. Auch hier greift dann aber wieder § 611 Abs. 1 ZPO ein; der Übergang ist eine *zulässige Verfahrensänderung*.

Da Grundlage der Auffassung von unterschiedlichen Streitgegenständen der streitigen und der einverständlichen Scheidung die Qualifikation der Erfordernisse des § 630 Abs. 1 ZPO als Zulässigkeitsvoraussetzungen darstellt[122], ist zwar der Übergang von der Konventional- zur streitigen Scheidung ohne weiteres möglich, nicht jedoch umgekehrt. Diese Änderung ist vielmehr nur zulässig, wenn der Änderungsantrag auch den Erfordernissen des § 630 Abs. 1 ZPO genügt.

c) Eigener Streitgegenstand jedes Ehegatten / Ein einziger Streitgegenstand

Bei Annahme eines einzigen Streitgegenstandes[123] oder jeweils eines prozessualen Anspruchs der Ehegatten[124] kann es eine Klageänderung innerhalb dieses Streitgegenstandes nicht geben. Dies gilt sowohl, wenn man den Streitgegenstand durch den gestellten Antrag bestimmt (eingliedrige Streitgegenstandslehre[125]) als auch wenn man den Lebenssachverhalt (Tatsachenkomplex, Lebensvorgang) neben dem Antrag heranzieht (zweigliedrige Streitgegenstandslehre[126]). Der Lebenssachverhalt bei der Ehescheidungsklage ist dann nämlich weit zu fassen. Lebensvorgang ist die Ehe in ihrem notleidenden Zustand[127].

Im Schrifttum sprechen sich viele trotz Bejahung des einheitlichen Streitgegenstandes des Scheiterns der Ehe für die Zulässigkeit des *Wechsels* von einem "Scheidungstatbestand" zu einem anderen aus. Für diesen Wechsel sagen sie dann, er stelle keine Klageänderung dar[128]. Die Aussage, daß ein Wechsel von einem "Tatbestand" zu einem anderen möglich ist, beruht darauf, daß auch die

---

122 Siehe oben sub C 3 (S. 35).

123 Siehe oben sub B (S. 31).

124 Siehe oben sub C 1 (S. 31 ff.).

125 Oben § 2 sub III (S. 9 f.).

126 Oben § 2 sub II (S. 8).

127 *Thomas-Putzo* Einleitung II Rdnr. 31.

128 Vgl. *Johannsen/Henrich/Jaeger* § 1564 [BGB] Rdnr. 45; MünchKomm-*Wolf* § 1564 Rdnr. 44; besser RGRK-*Graßhof* § 1564 Rdnr. 45: "Wechsel des Parteivortrags zu einer anderen Hilfsnorm".

Beschränkung des Scheidungsantrags auf einen "Scheidungstatbestand" und eine entsprechende Bindung des Gerichts an den vorgetragenen "Scheidungstatbestand" zugelassen wird[129]. Obwohl dies dem Grundsatz widerspricht, daß das Gericht innerhalb eines Streitgegenstandes in der Rechtsanwendung nicht beschränkt werden kann[130], begründen es insbesondere *Alfred Wolf*[131] und *Wolfgang Jaeger*[132] mit der Regelung des § 616 Abs. 2 ZPO. Außerdem argumentieren sie mit dem Grundgedanken der möglichsten Schonung der ehelichen Privat- und Intimsphäre. *Walter Rolland*[133] beruft sich auf den Zweck der Vermutungen des § 1566 BGB. *Karin Graßhof*[134] zieht zur Begründung ergänzend § 611 ZPO heran.

Ob dies so richtig ist, bedarf einer näheren Prüfung. Auszugehen ist dabei von § 616 Abs. 1 ZPO, der die Amtsermittlung anordnet[135].

Da die "Scheidungstatbestände" immer die gleiche Rechtsfolge (Scheidung der Ehe) nach sich ziehen und jeweils auf dem einzigen Scheidungsgrund Scheitern der Ehe (§ 1565 Abs. 1 BGB) aufbauen, kann die Ehe auch immer nur wegen Scheiterns geschieden werden. Beantragt der Antragsteller also Scheidung der Ehe, hat das Gericht immer zu prüfen, ob die Ehe zerrüttet ist. Wegen § 616 Abs. 1 ZPO muß es dabei seine Ermittlungen, *auch wenn der Antragsteller dazu nichts vorbringt*, darauf erstrecken, ob die Lebensgemeinschaft der Ehegatten nicht mehr besteht und nicht erwartet werden kann, daß die Ehegatten sie wiederherstellen (§ 1565 Abs. 1 Satz 2 BGB)[136]. Kann es dies nicht fest-

---

129 *Bergerfurth*, Ehescheidungsprozeß, Rdnr. 217; FamK-*Rolland* § 1564 BGB Rdnr. 20; *Gernhuber/Coester-Waltjen* § 25, 4; *Johannsen/Henrich/Jaeger* § 1564 [BGB] Rdnr. 44; *Johannsen/Henrich/Sedemund-Treiber* § 616 ZPO Rdnr. 12; MünchKomm-*Wolf* § 1564 Rdnr. 17, 44 ff.; RGRK-*Graßhof* § 1564 Rdnr. 46.

130 Vgl. *Stein-Jonas-Schumann* Einleitung Rdnr. 297; zur Anspruchs- bzw. Anspruchsnormenkonkurrenz siehe auch oben § 2 sub IV B (S. 11 ff.).

131 MünchKomm-*Wolf* § 1564 Rdnr. 44.

132 *Johannsen/Henrich/Jaeger* § 1564 [BGB] Rdnr. 44.

133 FamK-*Rolland* § 1564 BGB Rdnr. 20.

134 RGRK-*Graßhof* § 1564 Rdnr. 45.

135 *Zöller-Philippi* § 616 Rdnr. 1; vgl. auch *Stein/Jonas/Schlosser* § 616 Rdnr. 9.

136 So auch *Peter Schlosser* (*Stein/Jonas/Schlosser* § 630 Rdnr. 2), der bei einem Antrag auf einverständliche Scheidung, dem die Voraussetzungen des § 630 ZPO fehlen, das Gericht verpflichtet sieht zu prüfen, ob dem Scheidungsantrag nach § 1565 BGB zu entsprechen ist (vgl. auch *Peter Schlosser* FamRZ 1978, 319 [322 f.]). Ebenso *Schwab*, in: *Schwab*, Handbuch des Scheidungsrechts, Teil II Rdnr. 76. Einschränkend *Hartmut Linke* (Festschrift für Günther Beitzke, S. 269 ff. [287]), der bei einem globalen Antrag auf Scheidung das Gericht *nur* für verpflichtet hält, den Ablauf der Trennungsfristen zu prüfen. Eine Zerrüttungsprüfung von Amts wegen soll dem Ge-

stellen, ist der Antrag abzuweisen[137]. Will der Antragsteller dies vermeiden, so empfiehlt es sich für ihn, trotz des Untersuchungsgrundsatzes entsprechende Tatsachen vorzutragen und gegebenenfalls dem Gericht Beweisvorschläge zu unterbreiten. Denn wenn er Zerrüttungstatsachen nicht vorbringt und das Gericht diese auch nicht von Amts wegen feststellen kann, so hat sein Antrag keinen Erfolg. Der Antragsteller trägt also die *objektive Beweislast* für das Scheitern der Ehe[138].

Genügt der Antragsteller beispielsweise der Beweislast dadurch, daß er, statt unmittelbar das Scheitern nachzuweisen, den Richter vom Getrenntleben von

---

richt verwehrt sein, so daß der nicht konkretisierte Antrag nur bei dreijähriger Heimtrennung Erfolg haben könne. Die Ehe sei dann auf der Grundlage von § 1565 Abs. 1, § 1566 Abs. 2 BGB zu scheiden. Anders *Bergerfurth*, Ehescheidungsprozeß, Rdnr. 213; *Johannsen/Henrich/Jaeger* § 1565 [BGB] Rdnr. 33; MünchKomm-*Wolf* § 1565 Rdnr 61, die trotz des Untersuchungsgrundsatzes einen umfassenden Tatsachenvortrag des Antragstellers verlangen.
Bernhard Wieczorek (*Wieczorek* § 616 Anm. A II a) sieht § 616 ZPO als reine Ermessensvorschrift an. Das Gericht soll ein Ermittlungs*recht*, aber *keine* Ermittlungs*pflicht* haben. Ähnlich *Peter Philippi* (*Zöller-Philippi* § 616 Rdnr. 3), der zwar von einer Amtsermittlungs*pflicht* ausgeht, deren Umfang aber davon abhängig macht, inwieweit öffentliche Interessen zu berücksichtigen sind. Solche bejaht er an der Aufrechterhaltung nicht gescheiterter Ehen. Ansonsten soll ein öffentliches Interesse nur daran bestehen, daß das Urteil gemessen an den von den Parteien vorgetragenen Tatsachen richtig ist.
Für die Notwendigkeit der Mitteilung der Umstände, aus denen das Scheitern der Ehe abgeleitet wird, *in der Antragsschrift* auch *Johannsen/Henrich/Sedemund-Treiber* § 622 Rdnr. 3; *Maurer*, in: *Schwab*, Handbuch des Scheidungsrechts, Teil I Rdnr. 262; MünchKommZPO-*Klauser* § 622 Rdnr. 11; *OLG Bremen* FamRZ 1977, 808; *KG* FamRZ 1978, 34. Dagegen *Stein/Jonas/Schlosser* § 622 Rdnr. 4; *Zöller-Philippi* § 622 Rdnr. 5 f. Wenn *Hartmut Maurer* (in: *Schwab*, Handbuch des Scheidungsrechts, Teil I Rdnr. 262) dies aus der Verweisung des § 622 Abs. 2 Satz 2 ZPO auf § 253 Abs. 2 ZPO ("Angabe des Grundes") herleiten will und mit der Möglichkeit des Widerspruchs nach § 616 Abs. 2 ZPO argumentiert, so übersieht er zum einen, daß § 253 Abs. 2 ZPO nur *entsprechend* anzuwenden ist, d. h. nur soweit Besonderheiten des Scheidungsverfahrens nicht entgegenstehen. Zum anderen läßt sich aus § 616 Abs. 2 ZPO, der eine Widerspruchsmöglichkeit *nur* in bezug auf Tatsachen, die *nicht vorgebracht* sind, eröffnet, gerade *nicht* ableiten, daß der Antragsteller alle Tatsachen vortragen muß. Außerdem verlangt § 253 ZPO keine Substantiierung; es genügt die Angabe des Tatsachenkomplexes, aus dem der Antragsteller die behauptete Rechtsfolge herleiten will. Dem ist aber im Scheidungsverfahren mit der Behauptung genügt, die Ehe sei gescheitert (*Linke*, Festschrift für Günther Beitzke, S. 269 ff. [287]; *Stein/Jonas/Schlosser* § 622 Rdnr. 4; vgl. auch *Zöller-Philippi* § 622 Rdnr. 5).
Zum Verfahren bei der Amtsermittlung im einzelnen *Stein/Jonas/Schlosser* § 616 Rdnr. 9 ff.

137 *Johannsen/Henrich/Jaeger* § 1565 [BGB] Rdnr. 39; MünchKomm-*Wolf* § 1565 Rdnr. 61.

138 Vgl. schon oben sub A (S. 28) mit den Nachweisen in Fußn. 11 in diesem Paragraphen der Arbeit. Die objektive Beweislast ist von den Verfahrensmaximen unabhängig. Bei einem non liquet hat das Gericht *auch* im Verfahren mit Untersuchungsmaxime über die vorliegende Frage positiv oder negativ zu entscheiden (*Stein-Jonas-Leipold* § 286 Rdnr. 26 mit weiteren Nachweisen).

drei Jahren (1566 Abs. 2 BGB) oder von einem Jahr und dem Vorhandensein der Zustimmung des Antragsgegners (§ 1566 Abs. 1 BGB) überzeugt, so muß das Gericht dem Antrag auf Scheidung stattgeben, soweit nicht die Härteklausel des § 1568 BGB eingreift. Deswegen sind die beiden Absätze von § 1566 BGB auch Beweisregeln und Beweiserleichterungen[139].

Trägt der Antragsteller zur Trennungsdauer (im Sinne von § 1567 BGB) nichts vor, bleibt es dem Gericht überlassen, wie es sich vom Gescheitertsein der Ehe überzeugt. Das bedeutet, daß es dem Gericht frei steht, ob es Tatsachen ermittelt (und Beweise erhebt), die *unmittelbar* dafür sprechen, daß die Lebensgemeinschaft nicht mehr besteht und daß nicht mehr erwartet werden kann, daß die Ehegatten sie wieder herstellen, oder ob es die Dauer des Getrenntlebens feststellen will[140]. Wenn sich allerdings Anhaltspunkte dafür ergeben, daß mit Hilfe einer Scheiternsvermutung die Zerrüttung nachgewiesen werden kann, muß man das Gericht verpflichtet sehen, aus Gründen der Prozeßökonomie und wegen des Sinns der Zerrüttungsvermutungen[141] *zunächst* seine Untersuchungstätigkeit auf die Dauer des Getrenntlebens zu richten[142]. Wenn das Scheitern der Ehe nicht mit Hilfe des § 1566 BGB nachzuweisen ist, ist das Gericht dann verpflichtet, die konkrete Zerrüttung gemäß § 1565 Abs. 1 BGB zu prüfen.

Entsprechend verhält es sich, wenn der Antragsteller zwar ein Getrenntleben von drei Jahren vorträgt, das Gericht aber zu der Auffassung gelangt, dieser Zeitraum sei (noch) nicht erreicht. Auch dann muß das Gericht wegen § 616 Abs. 1 ZPO ermitteln, ob die Ehe gescheitert ist. Tut es dies mit Hilfe von Tatsachen, die der Antragsteller vorbringt, nachdem er erkannt hat (eventuell nach richterlichem Hinweis gemäß § 139 ZPO), daß das Gericht ein Getrenntleben von drei Jahren nicht als gegeben ansieht, so stellt weder das anfängliche Vorbringen nur der Tatsachen zum Getrenntleben eine Beschränkung auf einen

---

139 Oben sub A (S. 28) mit Nachweisen in Fußn. 9 und 10 in diesem Paragraphen der Arbeit.

140 Einschränkend *Hartmut Linke* (Festschrift für Günther Beitzke, S. 269 ff. [287]), der das Gericht zwar zur Prüfung der Trennungsfristen verpflichtet sieht, ihm jedoch eine (unmittelbare) Zerrüttungsprüfung von Amts wegen verwehrt. Die Einschränkung begründet er mit dem Eheerhaltungsgedanken (S. 289). Vgl. dazu auch schon oben Fußn. 136 dieses Paragraphen der Arbeit.

141 Siehe oben sub 2 a (S. 44) mit Nachweisen in Fußn. 109 in diesem Paragraphen der Arbeit für § 1566 Abs. 2 BGB, was aber für alle Vermutungen gilt.

142 Vgl. allgemein zum Vorrang der Zerrüttungsvermutungen *Deubner* NJW 1978, 2585; *Johannsen/Henrich/Jaeger* § 1564 [BGB] Rdnr. 44; RGRK-*Graßhof* § 1564 Rdnr 47.

"Scheidungstatbestand" (§ 1565 Abs. 1, § 1566 Abs. 2 BGB) dar, noch ist das spätere Vorbringen der unmittelbaren Scheiternstatsachen ein *Wechsel* zu einem anderen "Scheidungstatbestand" (§ 1565 Abs. 1 BGB allein). Einen Wechsel von einem "Scheidungstatbestand" zu einem anderen in dem Sinne, daß der Antragsteller wie bei einer Klageänderung von einem Anspruch zu einem anderen Anspruch übergeht, gibt es innerhalb des Streitgegenstandes der Scheidung also gar nicht.

Eine *Beschränkung* auf einen "Scheidungstatbestand" kann der Antragsteller aber *über § 616 Abs. 2 ZPO* erreichen. Ist er z. B. der Meinung, seine Ehe könne nach § 1565 Abs. 1 BGB in Verbindung mit § 1566 Abs. 2 BGB geschieden werden und will er auf jeden Fall vermeiden, daß die ehelichen Verhältnisse dem Gericht bis in Einzelheiten offengelegt werden müssen[143], so muß er, wenn das Gericht die Voraussetzungen des § 1566 Abs. 2 BGB für nicht gegeben hält, der Verwertung sonstiger Tatsachen gemäß § 616 Abs. 2 ZPO widersprechen[144].

Dieser Widerspruch bewirkt nicht nur, daß das Gericht Zerrüttungstatsachen, die ihm bislang bekannt geworden sind, nicht berücksichtigen darf, sondern auch, daß es dem Gericht trotz seiner Untersuchungspflicht nach § 616 Abs. 1 ZPO verwehrt ist, weitere Ermittlungen zum Scheitern der Ehe anzustellen. Dies ergibt sich aus § 616 Abs. 2 ZPO, der streng genommen zwar nur ein Verwertungsverbot begründet[145], dennoch aber das Gericht auch in der Amtsermittlung und Beweiserhebung einschränkt[146]. Zudem würde es der Prozeßökonomie widersprechen, wenn das Gericht aufgrund seiner Amtsermittlungspflicht gezwungen wäre, weitere Ermittlungen zum Scheitern der Ehe anzustellen, obwohl der Antragsteller der *Verwertung* der Erkenntnisse, die es dann noch gewinnt, schon widersprochen hat[147].

143 Bundestagsdrucksache 7/650 S. 109; siehe auch schon oben sub 2 a (S. 44).

144 So auch RGRK-*Graßhof* § 1564 Rdnr. 46; im Grundsatz ebenso *Hartmut Linke* (Festschrift für Günther Beitzke, S. 269 ff. [291]), der allerdings meint, es bestehe keinerlei Bedürfnis, daß der Antragsteller auf diesem Wege das Gericht zu einem abweisenden Urteil zwinge. Der Antragsteller solle vielmehr seinen Antrag zurücknehmen.

145 *Johannsen/Henrich/Sedemund-Treiber* § 616 ZPO Rdnr. 9.

146 So auch *Johannsen/Henrich/Sedemund-Treiber* § 616 ZPO Rdnr. 4; MünchKomm-ZPO-*Walter* § 616 Rdnr. 15; vgl. auch *Stein/Jonas/Schlosser* § 616 Rdnr. 1.

147 So auch *Peter Schlosser* (*Stein/Jonas/Schlosser* § 616 Rdnr. 10), der es für erforderlich hält, daß eine Partei, welcher möglicherweise ein Widerspruchsrecht nach § 616 Abs. 2 ZPO zusteht, schon angehört wird, bevor das Gericht zu Amtsermittlungen schreitet. Widerspricht sie, so hat das Gericht sein Vorhaben aufzugeben.

Die Beschränkung kann dabei nur über einen *ausdrücklichen* Widerspruch erfolgen. Daß sich *nur* aus dem Vorbringen des Antragstellers ergibt, daß er die Scheidung aufgrund von § 1565 Abs. 1 BGB in Verbindung mit § 1566 Abs. 2 BGB begehrt, genügt nicht. Solange der Antragsteller sich nicht äußert, ist Amtsermittlung in vollem Umfang zulässig; "widerspricht" ist nicht gleichbedeutend mit "ohne Zustimmung"[148].

Eine Beschränkung des Untersuchungsgrundsatzes dergestalt, daß das Gericht nur ehefreundliche Tatsachen von Amts wegen ermitteln darf, ehefeindliche Tatsachen aber einen entsprechenden Tatsachenvortrag des Antragstellers verlangen[149], kann also aus § 616 ZPO nicht abgeleitet werden. Auch Art. 6 Abs. 1 GG braucht nicht als Argument herangezogen zu werden[150]. Dem grundgesetzlichen Schutz der Ehe ist mit der Widerspruchsbefugnis nach § 616 Abs. 2 ZPO Genüge getan.

Darüber hinaus sind Erwägungen, daß sich die Bindung des Gerichts an einen "Scheidungstatbestand" aus dem Grundgedanken der möglichsten Schonung der ehelichen Privat- und Intimsphäre und aus dem Zweck der Vermutungen des § 1566 BGB ergibt[151], nicht erforderlich. Daß die Bindung dem soeben genannten Grundgedanken und dem Zweck des § 1566 BGB entspricht, ist zwar richtig, unterstützt aber nur das ohne diese Argumente gewonnene Ergebnis, daß sich die Möglichkeit der Beschränkung des Scheidungsbegehrens *allein* aus § 616 Abs. 2 ZPO ergibt.

---

148 *Stein/Jonas/Schlosser* § 616 Rdnr. 3.
Für einen *ausdrücklichen* Widerspruch auch *Ambrock* § 616 ZPO Rdnr. 5; *Staudinger-Klippel* Vorbemerkungen zu §§ 28 ff. EheG Rdnr. 16; *Zöller-Philippi* § 616 Rdnr. 5. Ebenso *Maurer*, in: *Schwab*, Handbuch des Scheidungsrechts, Teil I Rdnr. 338 bei Beschränkung auf die einverständliche Scheidung. Ansonsten ist *Hartmut Maurer* (in: *Schwab*, Handbuch des Scheidungsrechts, Teil I Rdnr. 294) der Ansicht, der Widerspruch müsse *nicht ausdrücklich* erfolgen. *Othmar Jauernig* (Zivilprozeßrecht, § 91 II 10 b) meint aber, daß praktisch ehefeindliche Tatsachen nur berücksichtigt werden, wenn sie von den Ehegatten vorgetragen worden sind. Ähnlich *Gerhard Walter* (MünchKommZPO-*Walter* § 616 Rdnr. 13), der eine Äußerung der betreffenden Partei, die mit der vom Gericht selbst ermittelten ehefeindlichen Tatsache nicht in Einklang steht, als ausreichend erachtet. Anderer Ansicht *Alfred Wolf* (MünchKomm-*Wolf* § 1564 Rdnr. 48), der für den Fall, daß sich die Ehegatten auf die formalisierte einverständliche Scheidung nach § 1565 Abs. 1 BGB in Verbindung mit § 1566 Abs. 1 BGB, § 630 ZPO geeinigt haben und ein entsprechender Antrag vorliegt, dem Gericht auch ohne Widerspruch verwehrt, die Ehe "streitig" zu scheiden.

149 Oben Fußn. 136 in diesem Paragraphen der Arbeit.

150 So *Johannsen/Henrich/Jaeger* § 1565 [BGB] Rdnr. 33.

151 Vgl. oben im Text (S. 48) mit Nachweisen in Fußn. 132 und 133 dieses Paragraphen der Arbeit.

Ebenso wie vom *Wechsel* der "Scheidungstatbestände" gesprochen wird, ist häufig der Satz zu lesen, der *Übergang von der einverständlichen zur streitigen Scheidung* oder umgekehrt sei ohne weiteres zulässig[152]. Da dies nur ein Unterfall des sogenannten "Wechsels" ist, gilt das gefundene Ergebnis auch hierfür. Ebenso wie es einen Wechsel im eigentlichen Sinne nicht gibt, gibt es auch keinen Übergang von der einverständlichen zur streitigen Scheidung oder umgekehrt[153]. Wenn der Antragsteller erkennt, daß nach der Auffassung des Gerichts die Voraussetzungen des § 1566 Abs. 1 BGB oder des § 630 ZPO nicht erfüllt sind, kann er Tatsachen vortragen, die eine Scheidung - gestützt auf § 1565 Abs. 1 BGB allein oder eventuell in Verbindung mit § 1566 Abs. 2 BGB - rechtfertigen[154]. Ja selbst wenn der Antragsteller dazu nichts vorträgt, - das Gericht wird ihn auf seine Bedenken allerdings hinzuweisen haben (§ 139 ZPO) - muß der Richter von sich aus prüfen, ob nicht eine streitige Scheidung möglich ist[155]. Wenn der Antragsteller nur einverständlich geschieden werden will, muß er einer streitigen Scheidung *ausdrücklich widersprechen* [156]. Im Falle des "Übergangs" von der *streitigen zur einverständlichen* Scheidung sind allerdings vom Antragsteller die in § 630 Abs. 1 ZPO geforderten Erklärungen nachzuholen[157].

Aus dem gleichen Grund ist auch kein Raum für eine *Umdeutung oder Umstellung* des Antrags[158]. Wenn § 1566 Abs. 1 BGB nicht zum Zuge kommt, ist der Scheidungsantrag nach § 1565 Abs. 1 BGB oder § 1566 Abs. 2 BGB zu prüfen[159]. *Dieter Schwab* [160] weist zutreffend darauf hin, daß es fraglich ist, was überhaupt umgedeutet werden soll. Der Antragsteller hat Scheidung beantragt; sein Antrag wird kein anderer, wenn der andere Teil *auch* Scheidung

152 Vgl. nur *Gernhuber/Coester-Waltjen* § 25, 4; MünchKomm-*Wolf* § 1564 Rdnr. 50; *Palandt-Diederichsen* § 1564 Rdnr. 7.

153 So auch *Maurer*, in: *Schwab*, Handbuch des Scheidungsrechts, Teil I Rdnr. 338.

154 So auch *Zöller-Philippi* § 630 Rdnr. 3.

155 Ebenso *Schwab*, in: *Schwab*, Handbuch des Scheidungsrechts, Teil II Rdnr. 76; anders *Johannsen/Henrich/Sedemund-Treiber* § 616 ZPO Rdnr. 12; § 630 ZPO Rdnr. 12; MünchKomm-*Wolf* § 1564 Rdnr. 48.

156 So auch *Maurer*, in: *Schwab*, Handbuch des Scheidungsrechts, Teil I Rdnr. 338; dazu schon oben im Text (S. 52) und in Fußn. 148 dieses Paragraphen der Arbeit.

157 Vgl. auch *Bergerfurth*, Ehescheidungsprozeß, Rdnr. 226; MünchKomm-*Wolf* § 1564 Rdnr. 50; § 1566 Rdnr. 12.

158 So aber Bundestagsdrucksache 7/650 S. 214; *Baumbach/Lauterbach/Albers* § 630 Rdnr. 4; *Bergerfurth* FamRZ 1976, 581 (583); *K. H. Schwab* FamRZ 1976, 658 (662).

159 *Schwab*, in: *Schwab*, Handbuch des Scheidungsrechts, Teil II Rdnr. 76.

160 *Schwab*, Handbuch des Scheidungsrechts (1. Auflage), Rdnr. 140 Fußn. 10.

beantragt oder der Scheidung zustimmt oder wenn dieser seine Zustimmung wieder zurückzieht.

d) Ergebnis

In bezug auf die Klageänderung spielt die Frage, welcher Theorie des Scheidungsstreitgegenstandes man folgt, im Ergebnis keine Rolle. Zwar liegt nur bei Annahme von mehreren Streitgegenständen eine Klageänderung vor, diese ist jedoch immer nach § 611 Abs. 1 ZPO zulässig. Nach allen Auffassungen ist der Antragsteller an den ursprünglich vorgebrachten "Scheidungstatbestand" nicht gebunden.

Bei Annahme eines einzigen Streitgegenstandes oder jeweils eines Streitgegenstandes der Ehegatten ergibt sich allerdings die Besonderheit, daß das Gericht die Ehe von Amts wegen aus einem anderen "Scheidungstatbestand" scheiden kann und sogar muß, wenn die Voraussetzungen vorliegen. Einschränkungen ergeben sich nur durch die Erfordernisse des § 630 Abs. 1 ZPO, die *der Antragsteller* erfüllen muß. Will der Antragsteller nur aus einem *bestimmten* "Tatbestand" geschieden werden, so muß er einer Scheidung aufgrund eines anderen "Tatbestandes" *ausdrücklich widersprechen.*

4. Materielle Rechtskraft

Es ist (inzwischen) anerkannt, daß auch Urteile, die eine Gestaltung aussprechen, materielle Rechtskraft entfalten[161]. Es ergeben sich aber bezüglich der Rechtskraft *keine Unterschiede*, egal welcher Theorie man bei der Frage des Streitgegenstandes des Scheidungsverfahrens folgt, wenn dem Scheidungsantrag *stattgegeben* wird[162]. Entscheidend ist, daß mit der *formellen* Rechtskraft des dem Scheidungsantrag stattgebenden Urteils mit konstitutiver Wirkung eine

---

161 *Jauernig*, Zivilproßezrecht, § 65 II; *Rosenberg-Schwab-Gottwald* § 94 III 2; *Schlosser*, Gestaltungsklagen, S. 406; *Stein-Jonas-Leipold* § 322 Rdnr. 65 ff.; *Zeiss* Rdnr. 564; *Zöller-Vollkommer* § 322 Rdnr. 4 mit weiteren Nachweisen.

162 Nur für den Fall, daß der Antragsgegner Schadensersatz- oder Bereicherungsansprüche mit der Begründung erhebt, die Gestaltung sei zu Unrecht erfolgt, kann es auf die verschiedenen Auffassungen zum Streitgegenstand einmal ankommen, da die materielle Rechtskraft *zusprechender* Gestaltungsurteile nur insoweit Bedeutung erlangt (*Jauernig*, Zivilprozeßrecht, § 65 II; *Stein-Jonas-Leipold* § 322 Rdnr. 66; *Zöller-Vollkommer* § 322 Rdnr. 4).

neue Rechtslage geschaffen wird. An diese *Gestaltungswirkung* sind nicht nur ein später mit der Angelegenheit befaßter Richter sowie die Parteien und ihre Rechtsnachfolger (§ 325 ZPO) gebunden, sondern jedermann[163].

Unterschiede bei der Rechtskraftwirkung ergeben sich aber bei *Abweisung* des Scheidungsantrags.

a) Ein Streitgegenstand

Bei Annahme nur eines Streitgegenstandes der Ehescheidung[164] steht, nachdem der Scheidungsantrag abgewiesen wurde, einem erneuten Antrag auf Scheidung der Ehe die Rechtskraft der ersten Entscheidung gemäß § 322 Abs. 1 ZPO entgegen[165]. Da die Rechtskraft den geltend gemachten prozessualen Anspruch ergreift, ist der Antragsteller nicht nur mit dem seinerzeit vorgebrachten "Scheidungstatbestand", sondern mit allen "Scheidungstatbeständen" rechtskräftig ausgeschlossen[166].

Dies gilt jedoch nicht, wenn man der Lehre vom *Urteilsgegenstand* folgt, nach der der Gegenstand der Rechtskraft durch den vorgetragenen Tatsachenkomplex begrenzt wird[167]. Zwar braucht der Antragsteller wegen des Amtsermitt-

---

163 *Rosenberg-Schwab-Gottwald* § 94 III 1; *Stein-Jonas-Leipold* § 325 Rdnr. 7; *Zeiss* Rdnr. 564; *Zöller-Vollkommer* § 322 Rdnr. 3.

164 Siehe oben sub B (S. 31).

165 Bei Identität des Streitgegenstandes ist nach heute nahezu einhelliger Meinung die materielle Rechtskraft eine *negative Prozeßvoraussetzung*, die zur Prozeßabweisung führt (*Jauernig*, Zivilprozeßrecht, § 62 III 1; *Rosenberg-Schwab-Gottwald* § 152 III 1 a; *Stein-Jonas-Leipold* § 322 Rdnr. 22; *Zeiss* Rdnr. 559; vgl. auch *BGHZ* 34, 337 [339]; *BGHZ* 36, 365 [367]; *BGH* LM § 1011 BGB Nr. 3 = NJW 1985, 2825 [2826]; LM § 211 BGB Nr. 20 = NJW 1987, 371).

166 Vgl. *Johannsen/Henrich/Jaeger* § 1564 [BGB] Rdnr. 53.

167 So *Stein-Jonas-Schumann* Einleitung Rdnr. 285, 294; *Stein-Jonas-Leipold* § 322 Rdnr. 103 ff.; vgl. auch Brox JuS 1962, 121 (127). Für Gestaltungsprozesse siehe auch *Stein-Jonas-Schumann* Vor § 253 Rdnr. 59. Zum Urteilsgegenstand auch schon oben § 2 sub VI B und D (S. 18 f., 21 ff.). Im Ergebnis ebenso *Alfred Wolf* (MünchKomm-*Wolf* § 1564 Rdnr. 87; Festschrift für Kurt Rebmann, S. 703 ff. [718]).
Der Umfang des Tatsachenkomplexes ist *im Bereich des Beibringungsgrundsatzes* um die Tatsachen zu erweitern, die die Parteien zwar nicht vorgetragen haben, die aber bei einer natürlichen, von ihrem Standpunkt ausgehenden Betrachtungsweise zum zur Entscheidung gestellten Tatsachenkomplex gehört hätten (vgl. *Stein-Jonas-Leipold* § 322 Rdnr. 230 [ohne *ausdrückliche* Beschränkung auf den Verhandlungsgrundsatz]; siehe auch oben § 2 sub VI D [S. 22]). Anders aber *Alfred Wolf* (Festschrift für Kurt Rebmann, S. 703 ff. [718]), der die Rechtskraft des abweisenden Urteils nur auf die

lungsgrundsatzes im Scheidungsverfahren keine Tatsachen vorzutragen[168]. Bei Verfahren, in denen der Sachverhalt von Amts wegen zu ermitteln ist, muß als Gegenstand des Urteils aber - in entsprechender Anwendung der Lehre vom Urteilsgegenstand - der vom Gericht herausgefundene und der Entscheidung zugrundegelegte Tatsachenkomplex angesehen werden. Anderenfalls wäre dem Antragsteller das Geltendmachen *der* Tatsachen im Folgeprozeß abgeschnitten, die zwar im ersten Prozeß schon vorlagen, die das Gericht aber nicht ermittelt hat. Der Antragsteller wäre selbst mit solchen Tatsachen präkludiert, die *ihm* unbekannt und unerkennbar waren und die er deswegen dem Gericht nicht vortragen konnte[169]. Dies ist durch die materielle Rechtskraft aber nicht bezweckt. Deshalb ist es meines Erachtens richtig, *für die Rechtskraft* den Tatsachenkomplex, der dem Urteil zugrunde liegt, zur Bestimmung des Streitgegenstandes (Urteilsgegenstandes) mit heranzuziehen.

Wenn man dem nicht folgt, ist ein weiterer Scheidungsantrag aber *aufgrund neuer Tatsachen* möglich. Tatsachen, die erst nach Schluß der letzten Tatsachenverhandlung entstanden sind, werden von der Rechtskraft nicht erfaßt[170]. So ist ein zweiter Scheidungsantrag zulässig, wenn der Antragsteller das Scheitern der Ehe zu einem späteren Zeitpunkt als dem der letzten mündlichen Verhandlung geltend macht[171]. Die Zerrüttung muß sich dabei *nicht allein* aus den *neu* vorgetragenen Tatsachen ergeben. Vielmehr ist der neue Antrag dann zulässig, wenn die Feststellung, daß die Ehe nunmehr gescheitert ist, sich aus einer *Gesamtwürdigung* der neuen Tatsachen in Verbindung mit den alten Tatsachen ergeben kann[172]. Wurde ein Antrag nur deshalb abgewiesen, weil die erforderliche Trennungszeit noch nicht abgelaufen war, kann der Antrag wiederholt werden, sobald die Trennungszeit verstrichen ist. Die erforderliche

---

Merkmale erstrecken will, über die in den Entscheidungsgründen Feststellungen getroffen wurden.

168 Oben sub 3 c (S. 48 f.).

169 Zur objektiven Beweislast des Antragstellers oben sub A (S. 28) und sub D 3 c (S. 48 f.).

170 *Rosenberg-Schwab-Gottwald* § 155 I; *Thomas-Putzo* § 322 Rdnr. 43; *Zöller-Vollkommer* Vor § 322 Rdnr. 53.

171 RGRK-*Graßhof* § 1564 Rdnr. 59 und 62; siehe auch MünchKomm-*Wolf* § 1564 Rdnr. 87.

172 Vgl. *Johannsen/Henrich/Jaeger* § 1564 [BGB] Rdnr. 53; RGRK-*Graßhof* § 1564 Rdnr. 62.
Entsprechend können bei der Lehre vom Urteilsgegenstand die Fakten in einem zweiten Verfahren berücksichtigt werden, die zu dem Tatsachenkomplex gehören, den das Gericht seiner (Erst)Entscheidung zugrunde gelegt hat, wenn der Antragsteller nur zusätzlich andere, nicht von der Urteilsrechtskraft erfaßte Tatsachen vorträgt.

Zeit (z. B. ein Jahr) muß dabei nicht vollständig neu ablaufen. Es ist vielmehr die *Gesamt*trennungszeit maßgeblich[173]; d. h. der Beginn des tatsächlichen Getrenntlebens ist für die Beurteilung der Trennungszeit entscheidend. Die Tatsache, daß vorher schon ein Antrag abgewiesen wurde, spielt keine Rolle.

Will man einen anderen Weg der Berechnung gehen, kann man auch zu der schon zum Zeitpunkt der letzten mündlichen Verhandlung des ersten Rechtsstreits abgelaufenen Zeit, die ja zu kurz war, die jetzt neu verstrichene Zeit *addieren*. Wurde beispielsweise der Antrag deswegen abgewiesen, weil die Ehegatten statt des erforderlichen Jahres (bei § 1566 Abs. 1 BGB) erst neun Monate getrennt waren, so kann der Antragsteller (oder der damalige Antragsgegner) drei Monate später mit Aussicht auf Erfolg Scheidung beantragen. Er muß nicht ein weiteres ganzes Jahr warten. Ja er kann sogar schon früher den Antrag stellen, da es genügt, wenn im Zeitpunkt der letzten mündlichen Verhandlung die Jahresfrist abgelaufen ist.

b) Eigener Streitgegenstand jedes Ehegatten

Bei Anerkennung eines subjektiven Scheidungsrechts und eines entsprechend subjektiv beeinflußten Streitgegenstandes[174] steht einem erneuten Antrag *desselben Antragstellers* ebenfalls die Rechtskraft des ersten Urteils entgegen, soweit er nicht neue Tatsachen vorträgt oder solche offensichtlich vorliegen.

Ein Scheidungsantrag *des anderen Ehegatten* müßte jedoch wegen des verschiedenen Streitgegenstandes selbst bei identischem Tatsachenvortrag zulässig sein. Zwar wirkt die materielle Rechtskraft in einem späteren Prozeß immer, wenn der rechtskräftig entschiedene Streit *zwischen denselben Parteien* wiederholt wird[175], was hier der Fall zu sein scheint; dies gilt jedoch nur, wenn der prozessuale Anspruch identisch ist. Wenn zwar mit dem zweiten Antrag - gestützt auf dieselben Tatsachen - dasselbe Ziel erreicht werden soll, dennoch aber ein anderer Streitgegenstand angenommen wird, weil den zweiten Scheidungsantrag der Antrags*gegner* des ersten Verfahrens stellt, so kann die materielle Rechtskraft nicht wirken.

---

173 Vgl. MünchKomm-*Wolf* § 1564 Rdnr. 89; *Soergel-Heintzmann* § 1565 Rdnr. 53.

174 Siehe oben sub C 1 (S. 31 ff.).

175 *Stein-Jonas-Leipold* § 322 Rdnr. 196; *Zöller-Vollkommer* Vor § 322 Rdnr. 52.

Dieses Ergebnis steht mit dem Sinn der materiellen Rechtskraft in Widerspruch. Durch das Institut der materiellen Rechtskraft sollen an die Stelle des Rechtsstreits zwischen den Parteien Rechtsfrieden und Rechtsgewißheit treten. Gleichzeitig verhindert die materielle Rechtskraft eine wiederholte Inanspruchnahme der staatlichen Gerichte zur Entscheidung desselben Streits[176] und begegnet so der Gefahr einer zweiten, widersprechenden Entscheidung[177].

Obwohl sich das soeben gefundene Ergebnis zwingend aus der Annahme eigener Streitgegenstände jedes Ehegatten ergibt, ziehen die Anhänger des "subjektiven Streitgegenstandes" diese Konsequenz nicht. So vertritt *Karin Graßhof* zwar die Auffassung, mit dem Scheidungsantrag eines jeden Ehegatten werde ein selbständiger Verfahrensgegenstand rechtshängig[178]; für die Rechtskraft differenziert sie jedoch *nicht* nach der Person des Antragstellers und sagt, Streitgegenstand sei der Zustand des Scheiterns der Ehe im Zeitpunkt der letzten mündlichen Verhandlung[179]. *Wolfgang Jaeger*[180] behandelt die Rechtskraftwirkung eines Urteils, das den Antrag abweist, ebenfalls nur in bezug auf den Antragsteller.

Als Ergebnis bleibt festzuhalten, daß die Annahme eigener Streitgegentände der Eheleute bei der materiellen Rechtskraft zu unerwünschten Ergebnissen führen kann.

c) Jeder "Scheidungstatbestand" hat einen eigenen Streitgegenstand

Nimmt man für jeden "Scheidungstatbestand" einen eigenen prozessualen Anspruch an[181], so steht nach Abweisung des Scheidungsantrags einem erneuten Antrag, der auf einen anderen "Scheidungstatbestand" gestützt wird, die Rechtskraft *nicht* entgegen. So soll ein zweiter Scheidungsantrag aus § 1566 Abs. 1 BGB begründet werden können, wenn das auf das konkrete Scheitern der Ehe nach § 1565 Abs. 1 BGB gestützte Scheidungsverlangen abgewiesen

---

176 *Stein-Jonas-Leipold* § 325 Rdnr. 1.

177 *Rosenberg-Schwab-Gottwald* § 149 II und § 151 I.

178 RGRK-*Graßhof* § 1564 Rdnr. 48.

179 RGRK-*Graßhof* § 1564 Rdnr. 58 ff.

180 *Johannsen/Henrich/Jaeger* § 1564 [BGB] Rdnr. 53.

181 Siehe oben sub C 2 (S. 33 f.).

worden ist[182]. Dies soll selbst dann gelten, wenn die Voraussetzungen des jetzt geltend gemachten "Scheidungstatbestandes" bereits im ersten Verfahren vorlagen und sogar den Parteien und dem Gericht bekannt waren. Wegen der Beschränkung des Urteils auf den Streitgegenstand konnte der Richter diesen ersten Antrag aber trotzdem nur abweisen. Damit hat es der Antragsteller aber in der Hand, den anderen Ehepartner nacheinander mit mehreren Scheidungsanträgen zu überziehen, was durch das prozessuale Institut der materiellen Rechtskraft gerade verhindert werden soll.

Die Möglichkeit nacheinander mit unterschiedlichen Gründen mehrere Scheidungsverfahren zu betreiben sollte durch § 616 ZPO a. F. vermieden werden. Diese Bestimmung verwehrte dem abgewiesenen Kläger das Recht, die Scheidung (oder die Aufhebung) der Ehe auf Tatsachen zu stützen, die er in dem früheren Rechtsstreit geltend gemacht hatte oder hätte geltend machen können. Die zusätzliche (rechtskraftfremde) Präklusion[183] wurde durch das 1. EheRG aber ersatzlos gestrichen, da der Gesetzgeber mit der Einführung der Zerrüttung als einzigem Scheidungsgrund kein echtes Bedürfnis mehr für eine rechtskraftfremde Präklusion sah[184].

d) Unterschiedliche Streitgegenstände bei der einverständlichen und der streitigen Scheidung

Keine Probleme bezüglich der materiellen Rechtskraft ergeben sich, wenn man die Streitgegenstände der einverständlichen und der streitigen Scheidung unterscheidet[185]. Zwar erfaßt hier die rechtskräftige Abweisung z. B. eines Antrags auf streitige Scheidung nicht den späteren Antrag auf einverständliche Scheidung. Da jedoch die Zustimmung des Antraggegners zur Scheidung eine neue Tatsache ist, die im ersten Prozeß noch nicht geltend gemacht werden konnte, ist der zweite Antrag auch sinnvoll. Er widerspricht nicht den mit dem Institut der materiellen Rechtskraft verfolgten Zielen. Auch bei Annahme eines einzi-

---

182 *Soergel-Heintzmann* § 1564 Rdnr. 38.

183 *BGHZ* 45, 329 (332); *Habscheid* FamRZ 1966, 486; *Stein-Jonas-Schlosser* (19. Auflage) § 616 Anm. 1 mit weiteren Nachweisen in Fußn. 4; anders *Bötticher* FamRZ 1957, 409 (413): lex specialis zu § 322 Abs. 1 ZPO; weitere Nachweise dazu bei *Stein-Jonas-Schlosser* (19. Auflage) § 616 Anm. 1 Fußn. 3.

184 So die Begründung der Bundesregierung zum Entwurf des 1. EheRG, Bundestagsdrucksache 7/650 S. 203.

185 Siehe oben sub C 3 (S. 34 f.).

gen Scheidungsstreitgegenstandes würde ein Antrag auf Konventionalscheidung nach Abweisung einer streitigen Scheidung durch die materielle Rechtskraft nicht gehindert werden.

e) Ergebnis

Setzt man den "Scheidungstatbestand" mit dem Streitgegenstand gleich oder nimmt man unterschiedliche Streitgegenstände der Eheleute an, so bedingt dies eine unerwünschte Einschränkung der materiellen Rechtskraft. Bei Annahme eines einzigen prozessualen Anspruchs oder zumindest jeweils eines Streitgegenstandes der streitigen und der einverständlichen Scheidung führt dies dagegen zu Ergebnissen in bezug auf die materielle Rechtskraft, die dem Sinn dieses Rechtsinstituts entsprechen.

Allerdings ist hier anzumerken, daß der materiellen Rechtskraft eines abgewiesenen Antrags wegen des einzigen Scheidungsgrundes "Scheitern der Ehe" wenig Bedeutung zukommt. Das Scheitern läßt sich nur durch eine Gesamtwürdigung aller Umstände feststellen, so daß der Richter zwangsläufig - dies ist aber eine Folge des materiellen Rechts - Tatsachen, die der rechtskräftigen Entscheidung zugrunde liegen, im Rahmen eines zulässigen neuen Antrags erneut zu würdigen hat[186].

E. Gesamtergebnis

Betrachtet man die unterschiedlichen Auswirkungen der verschiedenen Auffassungen zum Streitgegenstand des Ehescheidungsverfahrens, so muß man zu dem Ergebnis kommen, daß *nur die Annahme eines einzigen prozessualen Anspruchs* zu sachgerechten Ergebnissen führt. Dabei ist es unerheblich, ob man *allein* auf den *Antrag* zur Bestimmung dieses einen Streitgegenstandes abstellt (eingliedrige Streitgegenstandslehre) oder ob man den *Lebenssachverhalt*, der alle Tatsachen des notleidenden Zustands der Ehe umfaßt, neben dem Antrag mit heranzieht (zweigliedrige Streitgegenstandslehre).

Weder in bezug auf die *Rechtshängigkeit* noch auf die *Klagenhäufung* ergeben sich dann Probleme. Die anderen Auffassungen können zu Folgen führen, die

186 Vgl. oben sub a (S. 56) und *Diederichsen* ZZP 91 (1978), 397 (443 ff.).

entweder den genannten Rechtsinstituten zuwiderlaufen oder aber von den §§ 1565, 1566 BGB nicht bezweckt sind[187].

Auch führt die Annahme nur eines Streitgegenstandes *nicht* zu einer Einschränkung der *materiellen Rechtskraft*, was bei Annahme jeweils eigener Streitgegenstände der Ehegatten oder von vier prozessualen Ansprüchen (entsprechend den vier "Scheidungstatbeständen") der Fall ist[188]. Für die Bestimmung des *Urteilsgegenstandes* sollte allerdings der Tatsachenkomplex, der dem Urteil zugrunde liegt, mit herangezogen werden. So kann vermieden werden, daß der Antragsteller mit im ersten Verfahren vorliegenden, dem Gericht aber nicht bekannt gewordenen Zerrüttungstatsachen präkludiert ist. Wegen der vorzunehmenden *Gesamtwürdigung* des Zustandes der Ehe im neuen Verfahren, ist die Gefahr der Präklusion allerdings gering.

Nur in bezug auf die *Klageänderung* spielt die Frage, welcher Theorie des Scheidungsstreitgegenstandes man folgt, im Ergebnis *keine* Rolle. Die Annahme nur eines prozessualen Anspruchs führt aber dort nach meiner Ansicht dazu, daß wegen der Amtsermittlungspflicht nach § 616 Abs. 1 ZPO das Gericht auch ohne entsprechenden Antrag oder Vortrag alle "Scheidungstatbestände" prüfen muß, wenn der Antragsteller nicht *ausdrücklich* widerspricht. Dies mag zwar dem Eheerhaltungsgedanken zuwiderlaufen, die Gegenansicht widerspricht aber der gesetzlichen Regelung[189].

Insbesondere die Annahme *eigener Streitgegenstände der Ehegatten*[190] ist durch das Prozeßrecht *nicht* geboten. Zwar bestimmt sich der prozessuale Anspruch durch den Antrag (eingliedriger Streitgegenstandsbegriff) oder durch Antrag und Lebenssachverhalt (zweigliedriger Streitgegenstandsbegriff)[191], so daß normalerweise der Person des Antragstellers (Klägers) eine wichtige Rolle zukommt. Für das Scheidungsverfahren ist es jedoch nicht von entscheidender Bedeutung, *wer* den Antrag stellt; geschieden wird immer wegen Scheiterns der Ehe (§ 1564 Abs. 1 Satz 1 BGB). Die Diagnose des derzeitigen Zustandes der Ehe und die Prognose hinsichtlich der Wiederherstellung der ehelichen

187 Vgl. oben sub D 1 und 2 (S. 35 ff.).

188 Vgl. oben sub D 4 (S. 54 ff.).

189 Vgl. oben sub D 3 (S. 50 ff.).

190 Vgl. oben sub C 1 (S. 31 ff.).

191 Dazu oben § 2 sub II und III (S. 8 ff.).

Lebensgemeinschaft, die § 1565 Abs. 1 Satz 2 BGB erfordert[192], sind unabhängig von der Person des Antragstellers durchzuführen.

Auch bedarf es nicht eines *"subjektiven Streitgegenstandes"*, um über den Anwendungsbereich des § 1566 Abs. 1 BGB hinaus einen gleichlaufenden Antrag des anderen Ehegatten (Anschluß- oder Gegenantrag) zuzulassen. Dieser ist auch bei Annahme nur eines einzigen Streitgegenstandes möglich. Damit ist der Antragsgegner auch in diesem Fall gegen die Folgen einer Rücknahme des Scheidungsantrags geschützt[193].

Eine Ausnahme ergibt sich nur bei *Auslandsberührung* (und bei dem selten vorkommenden Fall des Wechsels der örtlichen Zuständigkeit nach Erhebung des ersten Antrags[194]). Nimmt man auch dann, wenn Gerichte verschiedener Staaten zuständig sind und sich die Scheidung nach verschiedenen Rechtsordnungen richtet, nur *einen* Streitgegenstand an, steht die Rechtshängigkeit des Scheidungsverfahrens im Ausland dem gerichtlichen Geltendmachen des Scheidungsantrags im Inland entgegen[195]. Der Antragsgegner kann die Scheidung nicht betreiben. Er ist vor einer Rücknahme des Scheidungsantrags im Ausland nur dann geschützt, wenn das anzuwendende ausländische Prozeßrecht die Klagerücknahme nicht in das Belieben der Klagepartei stellt, sondern z. B. eine Einwilligung entsprechend § 269 Abs. 1 ZPO verlangt. Da bei Annahme nur eines Streitgegenstandes zwei parallele Scheidungsverfahren vor verschiedenen Gerichten mit allen negativen Folgen[196] vermieden werden können, ist der Nachteil, daß der Antragsgegner vor einer Klagerücknahme möglicherweise nur unzureichend geschützt ist, jedoch in Kauf zu nehmen.

Die Differenzierung nach *streitiger und einverständlicher Scheidung* ist, was den Streitgegenstand betrifft, ebenfalls nicht erforderlich. § 630 ZPO regelt zwar Antragserfordernisse, die eine Antragsschrift im Falle der Konventionalscheidung neben den Voraussetzungen des § 622 Abs. 2 ZPO zusätzlich enthalten muß. Deswegen die einverständliche Scheidung als etwas grundlegend anderes anzusehen als die streitige Scheidung, ist jedoch verfehlt. Auch die einverständliche Scheidung erfolgt immer wegen Scheiterns der Ehe, § 1564

---

192 *Johannsen/Henrich/Jaeger* § 1565 [BGB] Rdnr. 6 ff., 19 ff.

193 Oben sub D 1 d (S. 39 ff.).

194 Vgl. das Beispiel oben sub D 1 a (S. 36).

195 Vgl. oben sub D 1 d (S. 42).

196 Siehe oben sub D 1 a (S. 35 ff.).

Abs. 1 Satz 1 BGB. § 630 ZPO will nur die Ehegatten vor einer übereilten einverständlichen Scheidung warnen[197] und soll verhindern, daß die Eheleute auf eine Regelung der Scheidungsfolgesachen verzichten, die zu einer ordnungsgemäßen Abwicklung ihrer bisherigen Lebensgemeinschaft erforderlich sind[198].

---

197 *Zöller-Philippi* § 630 Rdnr. 1.

198 *Johannsen/Henrich/Sedemund-Treiber* § 630 ZPO Rdnr. 1; vgl. auch Bundestagsdrucksache 7/650 S. 89 f.

§ 5
Eheaufhebungsverfahren

Außer durch Scheidung oder durch den Tod eines Ehegatten kann eine Ehe durch Aufhebung oder Nichtigerklärung beendet werden. Diese beiden Rechtsinstitute sind im Ehegesetz (EheG) geregelt. Die Eheaufhebungsklage, vgl. §§ 28, 29 EheG, ist wegen der in den §§ 30 bis 34 und § 39 Abs. 1 EheG (abschließend) aufgeführten Gründe möglich.

I. Mehrere Streitgegenstände

Im Unterschied zum Scheidungsverfahren, wo nur *ein* Scheidungsgrund existiert[1] und deswegen nach verbreiteter Ansicht, der auch ich folge, nur *ein* Streitgegenstand besteht[2], wird der prozessuale Anspruch bei der Eheaufhebungsklage überwiegend vom geltend gemachten Sachverhalt abhängig gemacht. Streitgegenstand ist danach das konkrete, auf einen bestimmten *Sachverhalt und Aufhebungsgrund* (§§ 30 bis 34, § 39 Abs. 1 EheG) gestützte Begehren[3].

II. Ein Streitgegenstand

Anders die Lehre vom *globalen Streitgegenstand* im Eheauflösungsverfahren. Für diese Lehre, die vor dem 1. EheRG vor allem für die Scheidung und für das Verhältnis der Scheidungs- zur Aufhebungsklage[4] verbreitet war, ist prozessualer Anspruch des Eheauflösungsverfahrens die "notleidende Ehe" schlechthin[5]. Heute wird diese Ansicht noch von *Lutz Aderhold*[6] und *Jan Albers*[7] vertreten.

---

1 Oben § 4 sub II (S. 27) mit Nachweisen in Fußn. 8 des § 4 der Arbeit.

2 Oben § 4, insbesondere sub II B und E (S. 31, 60 ff.).

3 FamK-*Roth* § 611 ZPO Rdnr. 7; *Johannsen/Henrich/Sedemund-Treiber* § 611 ZPO Rdnr. 11; MünchKommZPO-*Walter* § 611 Rdnr. 5; *Stein/Jonas/Schlosser* § 611 Rdnr. 4; vgl. auch MünchKomm-*Müller=Gindullis* § 29 EheG Rdnr. 8; *Soergel-Heintzmann* § 29 EheG Rdnr. 5.

4 Dazu unten § 6 (S. 73 ff.).

5 Oben § 4 sub I (S. 27) mit Nachweisen in Fußn. 5 des § 4 der Arbeit.

Diese Meinung besagt nicht nur, daß im Verhältnis des Scheidungsantrags zur Aufhebungsklage nur *ein Streitgegenstand* existiert, sondern auch, daß der geltend gemachte *Aufhebungsgrund* für die Bestimmung des prozessualen Anspruchs der Eheaufhebungsklage *nicht* maßgeblich ist[8].

In ihrer Gesamtheit ist diese Auffassung meines Erachtens nach Inkrafttreten des 1. EheRG abzulehnen[9], da Ehescheidung und Eheaufhebung unterschiedlich ausgestaltet wurden, wenn auch die Rechtsfolgen weitgehend gleich sind, § 37 Abs. 1 EheG[10]. Neben der rein äußerlichen Trennung - Regelung der Scheidung wieder im Bürgerlichen Gesetzbuch, Regelung der Eheaufhebung im Ehegesetz - ist vor allem bedeutsam, daß der Verfahrens- und Entscheidungsverbund von Scheidungs- und anderen Familiensachen (Folgesachen), §§ 623, 629 ZPO, nicht für die Eheaufhebung gilt[11]. Darüber hinaus hat die Lehre vom globalen Streitgegenstand des Ehescheidungs- und -aufhebungsverfahrens, die sich vor allem auf § 616 ZPO a. F.[12] stützte, mit der Streichung des § 616 ZPO a. F. ihre wesentliche Grundlage verloren[13]. Des weiteren ist zu beachten, daß für die Bestimmung des Streitgegenstandes der *Antrag* von entscheidender Bedeutung ist. Dies gilt sowohl wenn man der Lehre vom eingliedrigen Streitgegenstandsbegriff[14] folgt als auch wenn man den zweigliedrigen Streitgegenstandsbegriff[15] zugrunde legt. Wegen der unterschiedlichen ge-

6 *Erman-Aderhold* § 29 EheG Rdnr. 7. Auch *Maximilian Ronke*, der Bearbeiter der Kommentierung zum Ehegesetz bis zur siebten Auflage des Kommentars von *Erman*, war dieser Ansicht (*Erman-Ronke* [7. Auflage] § 29 EheG Rdnr. 7).

7 *Baumbach/Lauterbach/Albers* Einführung zu §§ 610-617 Rdnr. 2 f.; vgl. auch oben Fußn. 31 des § 4 der Arbeit.

8 Vgl. auch *Johannsen/Henrich/Sedemund-Treiber* § 610 ZPO Rdnr. 9.

9 So auch *Bergerfurth*, Ehescheidungsprozeß, Rdnr. 218; FamK-*Roth* § 611 ZPO Rdnr. 7; § 610 ZPO Rdnr. 15; *Johannsen/Henrich/Sedemund-Treiber* § 610 ZPO Rdnr. 9; MünchKommZPO-*Walter* § 611 Rdnr. 3; *Schlosser* IPRax 1985, 16; *Staudinger-Klippel* Vorbemerkungen zu §§ 28 ff. EheG Rdnr. 18; § 28 EheG Rdnr. 2; § 29 EheG Rdnr. 15; *Stein/Jonas/Schlosser* § 611 Rdnr. 4; *Zöller-Philippi* § 610 Rdnr. 6.

10 Zu den Unterschieden in den Rechtsfolgen § 37 Abs. 2 EheG und *D. Schwab*, Festschrift für Günther Beitzke, S. 357 (359 ff.).

11 So die nahezu einhellige Meinung in Rechtsprechung und Literatur, vgl. *BGH* LM § 1587 BGB Nr. 57 = FamRZ 1989, 153 (154); LM § 78 ZPO Nr. 24 = FamRZ 1982, 586; *Stein/Jonas/Schlosser* § 623 Rdnr. 2; *Thomas-Putzo* § 623 Rdnr. 5; *Zöller-Philippi* § 623 Rdnr. 3; ausführlich (mit zahlreichen Nachweisen) *Staudinger-Klippel* Vorbemerkungen zu §§ 28 ff. EheG Rdnr. 21.

12 Dazu oben § 4 sub II D 4 c (S. 59).

13 *Johannsen/Henrich/Sedemund-Treiber* § 610 ZPO Rdnr. 9; § 611 ZPO Rdnr. 9; vgl. auch MünchKommZPO-*Walter* § 611 Rdnr. 3.

14 Oben § 2 sub III (S. 9 f.).

15 Oben § 2 sub II (S. 8).

setzlichen Regelung ist ein Antrag, der nur lautet, die Ehe aufzulösen, aber zu unbestimmt. Der Kläger muß einen Antrag stellen, der deutlich macht, ob er geschieden werden will oder ob er Aufhebung der Ehe begehrt.

Zu untersuchen bleibt aber, ob nicht wie beim prozessualen Anspruch des Scheidungsverfahrens auch ein *einheitlicher Streitgegenstand* des Eheaufhebungsverfahrens besteht.

Anders als bei der Scheidung, wo es nur noch den Scheidungsgrund *Zerrüttung* gibt, existieren allerdings *mehrere Aufhebungsgründe*, §§ 30 bis 34, § 39 Abs. 1 EheG. Dies führt aber nicht notwendigerweise zu verschiedenen prozessualen Ansprüchen der Eheaufhebung. Entscheidendes Kriterium bei der Bestimmung des Streitgegenstandes ist der gestellte *Antrag*. Dieser geht dahin, die konkret bezeichnete Ehe aufzuheben (vgl. § 29 EheG). Das ist *Ziel* des Klägers. Der *Grund*, warum die Ehe aufgehoben wird, ist von untergeordneter Bedeutung[16]. Deswegen ist es meines Erachtens *nicht* erforderlich, den vorgebrachten Aufhebungsgrund, einschließlich des entsprechenden Sachverhalts, zur Bestimmung des Streitgegenstandes der Eheaufhebungsklage heranzuziehen. Es ist also der *eingliedrigen Streitgegenstandslehre* zu folgen. Dies gilt zumindest für *Rechtshängigkeit, Klagenhäufung und Klageänderung*[17], wo diese Lehre auch zu sachgerechten Ergebnissen führt.

III. Auswirkungen auf Rechtshängigkeit, Klagenhäufung, Klageänderung und materielle Rechtskraft

A. Rechtshängigkeit

Nimmt man *verschiedene Streitgegenstände* des Eheaufhebungsverfahrens an - was gleichzeitig bedeutet, daß man der *zweigliedrigen Streitgegenstandslehre* folgt -, so steht nach Erhebung einer Aufhebungsklage, die auf einen bestimmten Aufhebungsgrund gestützt ist, einer zweiten Klage, die auf einem anderen Aufhebungsgrund beruht, die *Rechtshängigkeit* der ersten Klage *nicht* entgegen. Wegen des identischen Klageziels (Aufhebung der Ehe) ist dies je-

16 So auch schon *Eduard Bötticher* (Festgabe für Leo Rosenberg, S. 73 ff. [85 f.]), noch unter Einbeziehung der Scheidungsklage nach altem Recht. Ihm grundsätzlich zustimmend *K. H. Schwab* ZZP 65 (1952), 101.

17 Zur Relativität des Streitgegenstandsbegriffs oben § 2 sub VI (S. 16 ff.), insbesondere sub VI D (S. 21 ff.).

doch unerwünscht. Die Regelung des § 261 Abs. 3 Nr. 1 ZPO soll verhindern, daß eine Partei durch mehrere Prozesse desselben Inhalts belästigt wird[18]. Ein Nebeneinander der Prozesse führt außerdem zu unnötiger Anrufung der Gerichte[19], bedingt unnötigen Kostenaufwand und kann schließlich zu einander sich widersprechenden Entscheidungen führen[20].

Anders bei Annahme nur *eines Streitgegenstandes* des Eheaufhebungsverfahrens für die Rechtshängigkeit. Einer zweiten Klage steht dann die Regelung des § 261 Abs. 3 Nr. 1 ZPO entgegen.

Die Wirkung des § 261 Abs. 3 Nr. 1 ZPO versuchen die Anhänger der zweigliedrigen Streitgegenstandslehre dadurch zu erreichen, daß sie trotz Annahme verschiedener Streitgegenstände den sogenannten *Grundsatz der Einheitlichkeit der Entscheidung*[21] zu Hilfe nehmen. Mit Erhebung der Aufhebungsklage sollen sämtliche Gründe, aus denen Aufhebung begehrt werden kann, rechtshängig werden[22]. Die Anwendung des Grundsatzes der Einheitlichkeit der Entscheidung, um die Wirkung des § 261 Abs. 3 Nr. 1 ZPO zu erzielen, halte ich *innerhalb des Eheaufhebungsverfahrens* für eine unnötige Hilfskonstruktion. Dogmatisch sauberer ist die Annahme eines einzigen Streitgegenstandes.

B. Klagenhäufung

Ordnet man dem Eheaufhebungsverfahren nur *einen Streitgegenstand* zu, d. h. folgt man der *eingliedrigen Streitgegenstandslehre*, liegt keine *objektive Klagenhäufung* (§ 260 ZPO) vor, wenn der Kläger mehrere Eheaufhebungsgründe geltend macht. So kann sich der Kläger beispielsweise auf einen Irrtum nach § 31 EheG und auf arglistige Täuschung nach § 33 EheG berufen. Das Gericht hat dann den Zustand der Ehe (in bezug auf mögliche Eheaufhebungsgründe) *umfassend* zu prüfen. Dies gilt wegen der Amtsermittlungspflicht nach § 616

18 *Baumbach/Lauterbach/Albers* § 261 Rdnr. 24; siehe auch schon oben § 4 sub II D 1 a (S. 36).

19 *Baumbach/Lauterbach/Albers* § 261 Rdnr. 24; siehe auch schon oben § 4 sub II D 1 a (S. 36).

20 *Stein-Jonas-Schumann* § 261 Rdnr. 3; siehe auch schon oben § 4 sub II D 1 a (S. 36).

21 Dazu genauer für das Verhältnis Eheaufhebungs- und Scheidungsverfahren unten § 6 (S. 73 ff.), dort insbesondere sub II A 1 (S. 74 f.).

22 *Palandt-Diederichsen* Einführung vor § 28 EheG Rdnr. 2 mit der Einschränkung, daß sie dem Berechtigten bekannt sein müssen; vgl. auch MünchKomm-*Müller=Gindullis* § 29 EheG Rdnr. 8.

Abs. 1 ZPO auch dann, wenn der Kläger sich zwar nicht auf mehrere Aufhebungsgründe beruft, das Gericht aber das Vorliegen entsprechender Tatsachen erkennt. Die Prüfung des Gerichts kann sich aber auf einen Aufhebungsgrund beschränken, auch wenn der Kläger mehrere vorbringt, wenn der eine Grund genügt, um der Klage stattzugeben.

Bei Annahme *verschiedener Streitgegenstände* stellt das Geltendmachen mehrerer Eheaufhebungsgründe eine *objektive Klagenhäufung* (§ 260 ZPO) dar. Bestimmt der Kläger dabei die Reihenfolge, in welcher das Gericht über sie befinden soll, ist eine *Eventualhäufung* gegeben[23]. Diese ist zulässig, obwohl die Anträge auf verschiedenen Sachverhalten (Tatsachenkomplexen) beruhen, da sie auf das gleiche Ziel (Aufhebung der Ehe) gerichtet sind[24].

Denkbar ist aber auch der Fall, daß der Kläger sich auf mehrere Aufhebungsgründe beruft, *ohne* ein *Rangverhältnis* anzugeben. Legt man der Auffassung von mehreren Eheaufhebungsstreitgegenständen zugrunde, daß zwar der *Antrag identisch* ist (Aufhebung der Ehe), eine Mehrzahl von Streitgegenständen sich unter Anwendung der zweigliedrigen Streitgegenstandslehre aber wegen der *unterschiedlichen Sachverhalte (Klagegründe)* ergibt, so liegt *keine kumulative Klagenhäufung* (im eigentlichen Sinne) vor[25]. Der Kläger möchte nämlich nur *einen* Urteilsausspruch, die Aufhebung seiner Ehe, erreichen. Diese *alternative Häufung des Klagegrundes* wird im Gegensatz zur *alternativen Klagenhäufung*[26] für zulässig erachtet[27].

Dem Gericht steht es dann frei, aus welchem vorgetragenen Klagegrund es dem Begehren stattgibt[28]. Die nicht zum Zuge kommenden Aufhebungsgründe,

---

23 Vgl. MünchKomm-*Müller=Gindullis* § 29 EheG Rdnr. 8.

24 Vgl. *Rosenberg-Schwab-Gottwald* § 99 III 2; *Stein-Jonas-Schumann* § 260 Rdnr. 19 f.

25 Die Existenz mehrerer Streitgegenstände begründen die Vertreter der zweigliedrigen Streitgegenstandslehre mit den verschiedenen Aufhebungsgründen des Ehegesetzes oder mit dem Vorbringen verschiedener Sachverhalte (vgl. *Johannsen/Henrich/Sedemund-Treiber* § 611 ZPO Rdnr. 11; *Stein/Jonas/Schlosser* § 611 Rdnr. 4). Sie gehen also *nicht* davon aus, daß die Aufhebung aus einem bestimmten Aufhebungsgrund einen *anderen Antrag* bedingt als die Aufhebung aus einem anderen der Gründe der §§ 30 bis 34, § 39 EheG.

26 Dazu *Habscheid*, Streitgegenstand, S. 254; *Thomas-Putzo* § 260 Rdnr. 7; *Zöller-Stephan* § 260 Rdnr. 5. Dort jeweils auch zur ausnahmsweisen Zulässigkeit der alternativen Klagenhäufung bei der Wahlschuld nach § 262 BGB.

27 *Habscheid*, Streitgegenstand, 251 ff. (insbesondere S. 255); *Henckel*, Parteilehre, S. 291; *Nikisch* AcP 154 (1955), 269 (267 f.); *Thomas-Putzo* § 260 Rdnr. 3.

28 *Thomas-Putzo* § 260 Rdnr. 3.

deren Vorliegen das Gericht auch nicht mehr prüfen muß, brauchen nicht eigens aberkannt zu werden[29].

Eine umfassende Überprüfung der Ehe nach allen möglichen Aufhebungsgründen - auch wenn sie der Kläger nicht vorbringt - ist meines Erachtens von Vorteil. Wenn sich Anhaltspunkte für die Fehlerhaftigkeit der Ehe ergeben, soll das Gericht die Möglichkeit haben, dies *im laufenden Verfahren* zu klären. Deshalb sollte man auch bei der Klagenhäufung nur *einen* Streitgegenstand des Eheaufhebungsverfahrens annehmen. Diese umfassende Überprüfungsmöglichkeit widerspricht auch nicht dem *Zweck* der Eheaufhebung. Zwar trägt die Aufhebung vornehmlich privaten Belangen des einzelnen Ehegatten Rechnung und dient im Unterschied zur Nichtigkeit der Ehe (§§ 16 ff. EheG) nicht der Wahrung der allgemeinen Eheordnung[30], der Kläger kann der Verwertung nicht vorgebrachter Tatsachen aber gemäß § 616 Abs. 2 ZPO widersprechen. Damit ist seinem, aus welchen Gründen auch immer bestehendem Interesse, daß die Ehe nur wegen eines *bestimmten* Aufhebungsgrundes aufgelöst wird, Genüge getan[31].

C. Klageänderung

Bestimmt man den Streitgegenstand der Eheaufhebungsklage in bezug auf die Klageänderung nach der *eingliedrigen Lehre* und nimmt deshalb *einen einzigen Streitgegenstand* an, kann es eine *Klageänderung* (§ 263 ZPO) innerhalb dieses prozessualen Anspruchs *nicht* geben. Der Kläger kann ohne weiteres zuerst Tatsachen beispielsweise für eine Irrtumsanfechtung nach § 31 EheG vortragen, sich später dann aber auf arglistige Täuschung nach § 33 EheG berufen. Das zweite Vorbringen kann auch nicht wegen Verspätung zurückgewiesen

---

29 Vgl. *Nikisch* AcP 154 (1955), 269 (288); *Stein/Jonas/Schlosser* § 611 Rdnr. 4. *Arthur Nikisch* und *Peter Schlosser* sprechen - wie andere auch - allerdings von *alternativer Klagenhäufung*, meinen aber im Sinne der oben im Text gewählten Terminologie damit die *alternative Häufung des Klagegrundes*. Widersprüchlich aber *Peter Schlosser*, der es auf der einen Seite nicht für notwendig erachtet, daß nicht zum Zuge kommende Aufhebungsgründe eigens aberkannt werden müssen (*Stein/Jonas/Schlosser* § 611 Rdnr. 4), auf der anderen Seite aber wegen § 37 Abs. 2 EheG das Gericht verpflichtet sieht, über alle Aufhebungsgründe zu entscheiden (*Stein/Jonas/Schlosser* § 610 Rdnr. 8).

30 MünchKomm-*Müller=Gindullis* § 28 EheG Rdnr. 1; *Palandt-Diederichsen* Einführung vor § 28 EheG Rdnr. 1. Zum Ehenichtigkeitsverfahren unten § 7 (S. 81 ff.).

31 Zu § 616 Abs. 2 ZPO und dem Erfordernis des *ausdrücklichen Widerspruchs* schon oben § 4 sub II D 3 c (S. 51 f.) für die Scheidung.

werden. Aufgrund der Amtsermittlungspflicht des Gerichts nach § 616 Abs. 1 ZPO ist die Präklusionsvorschrift des § 615 ZPO, die eine Sonderregelung zu § 296 ZPO und §§ 527, 528 ZPO darstellt[32], generell eingeschränkt[33].

Nimmt man dagegen *mehrere Streitgegenstände* an, stellt der Übergang von einem geltend gemachten Aufhebungsgrund zu einem anderen eine *Klageänderung* dar. Die Beschränkungen in § 263 ZPO werden für den Eheprozeß jedoch durch § 611 Abs. 1 ZPO ausgeschlossen[34].

Für die Klageänderung spielt die Frage, welcher Theorie des Streitgegenstandes im Eheaufhebungsverfahren man folgt, im Ergebnis also keine Rolle. Der Kläger ist in keinem Fall an den ursprünglich vorgebrachten Aufhebungsgrund gebunden. Der Annahme eines einzigen prozessualen Anspruchs der Eheaufhebungsklage stehen demnach auch in bezug auf die Klageänderung keine Hinderungsgründe entgegen.

Ebenso wie im Scheidungsverfahren[35] bin ich aber der Ansicht, daß das Gericht wegen seiner Amtsermittlungspflicht nach § 616 Abs. 1 ZPO bei Zugrundelegung eines einzigen prozessualen Anspruchs die Ehe sogar aus einem Aufhebungsgrund auflösen muß, auf den sich der Kläger nicht beruft, wenn dafür Anhaltspunkte vorliegen[36]. Einer Eheaufhebung aus einem nicht vorgebrachten Aufhebungsgrund muß der Kläger nach § 616 Abs. 2 ZPO *ausdrücklich* widersprechen. Geht man dagegen von mehreren Streitgegenständen aus, ist dem Gericht eine Amtsermittlung *über* den geltend gemachten Aufhebungsgrund *hinaus* verwehrt. § 616 Abs. 1 ZPO gilt nur im Rahmen der Anträge (§ 308 Abs. 1 ZPO) und des Streitgegenstandes[37].

32 *Baumbach/Lauterbach/Albers* § 615 Rdnr. 1; *Thomas-Putzo* § 615 Rdnr. 1.

33 *Stein/Jonas/Schlosser* § 615 Rdnr. 3; *Zöller-Philippi* § 615 Rdnr. 3.

34 Vgl. *Stein/Jonas/Schlosser* § 611 Rdnr. 7 und oben § 4 sub II D 3 a (S. 46).

35 Oben § 4 sub II D 3 c (S. 48 ff.).

36 Vgl. auch schon oben sub B (S. 67 ff.).

37 *Stein/Jonas/Schlosser* § 611 Rdnr. 4; § 616 Rdnr. 12; *Thomas-Putzo* § 616 Rdnr. 2; vgl. auch *Soergel-Heintzmann* § 29 EheG Rdnr. 5.

D. Rechtskraft

Bei der *materiellen Rechtskraft* würde die Bestimmung des prozessualen Anspruchs der Eheaufhebungsklage nur aufgrund des Antrags *(eingliedrige Lehre)* dazu führen, daß der Kläger bei Abweisung seiner Klage mit allen Eheaufhebungsgründen rechtskräftig ausgeschlossen wäre[38].

Um dies zu vermeiden, wäre der Kläger genötigt im ersten Verfahren alle denkbaren Aufhebungsgründe vorzubringen, und würde so das Gericht zwingen, umfassende Ermittlungen anzustellen. Damit diese Ausuferung des Rechtsstreits[39] verhindert wird, ist es angebracht, den Streitgegenstand in bezug auf die Rechtskraft *auch* mit Hilfe des *Aufhebungsgrundes* zu bestimmen[40]. Der für den Umfang der Rechtskraft maßgebliche *Urteilsgegenstand* ist also nach Antrag *und* Aufhebungsgrund (Lebenssachverhalt bzw. -vorgang, Tatsachenkomplex) zu bestimmen. Wegen der Amtsermittlungspflicht des Gerichts ist dabei *nicht* der vom Kläger *vorgebrachte* Aufhebungsgrund entscheidend, sondern es ist der Aufhebungsgrund und damit der Tatsachenkomplex maßgeblich, den *das Gericht* ermittelt und seinem Urteil zugrundegelegt hat[41].

IV. Ergebnis

Auch beim Aufhebungsverfahren sind *nicht* mehrere Streitgegenstände je nach Aufhebungsgrund anzunehmen. Es besteht vielmehr *ein einziger* prozessualer Anspruch unabhängig vom Aufhebungsgrund nach dem Ehegesetz. Deswegen ist bei Rechtshängigkeit, Klagenhäufung und Klageänderung der Streitgegenstand *nur* nach dem *Antrag* zu bestimmen (eingliedriger Streitgegenstandsbe-

---

38 Vgl. oben § 4 sub II D 4 a (S. 55) für die Scheidung.

39 *Stein-Jonas-Schumann* Einleitung Rdnr. 294.

40 Dies steht nicht im Widerspruch zu meiner Auffassung (oben sub B [S. 69]), daß eine umfassende Überprüfung der Ehe nach allen möglichen Aufhebungsgründen *in einem Verfahren* von Vorteil ist, *wenn* sich entsprechende *Anhaltspunkte* für die Fehlerhaftigkeit der Ehe ergeben.

41 Vgl. auch schon oben § 4 sub II D 4 a (S. 56) bezüglich des Scheidungsverfahrens. Ungenau insofern *Walther Heintzmann* (*Soergel-Heintzmann* § 29 EheG Rdnr. 5), der die Rechtskraft auf die *vorgetragenen* Aufhebungsgründe beschränken will. *Uwe Diederichsen* (*Palandt-Diederichsen* Einführung vor § 28 EheG Rdnr. 2) stellt für die Rechtskraft des auf die Aufhebungsklage ergehenden Urteils auf die *Kenntnis* des Klägers von den Aufhebungsgründen ab.

griff). Allein bei der materiellen Rechtskraft ist der Aufhebungsgrund für die Bestimmung des prozessualen Anspruchs mit heranzuziehen.

§ 6
Das Verhältnis des Scheidungsverfahrens zum Eheaufhebungsverfahren

I. Unterschiedliche Streitgegenstände

Schon mehrmals wurde im Rahmen dieser Arbeit die Lehre vom *globalen Streitgegenstand* angesprochen[1], nach der Ehescheidung und Eheaufhebung denselben Streitgegenstand haben. Da diese Auffassung jedoch spätestens seit Inkrafttreten des 1. EheRG abzulehnen ist[2], haben das Ehescheidungs- und das Eheaufhebungsverfahren *unterschiedliche prozessuale Ansprüche.*

II. Bedeutung für Rechtshängigkeit, Klageänderung, Klagenhäufung und materielle Rechtskraft

A. Rechtshängigkeit

Für die *Rechtshängigkeit* hat dies zur Folge, daß ein rechtshängiger Scheidungsantrag die Erhebung der Aufhebungsklage nicht ausschließt und umgekehrt[3]. Wie schon im Rahmen der Behandlung des Scheidungs-[4] und des Eheaufhebungsverfahrens[5] ausgeführt, ist ein Nebeneinander von Prozessen mit identischem Klageziel unerwünscht und soll durch § 261 Abs. 3 Nr. 1 ZPO verhindert werden. Wegen unterschiedlicher Streitgegenstände kommt § 261 Abs. 3 Nr. 1 ZPO jedoch für das Verhältnis von Scheidungsantrag und Eheaufhebungsklage *nicht* zur Anwendung. Da mit beiden Anträgen aber Auflösung der Ehe begehrt wird, sollen Eheaufhebung und Ehescheidung nicht in getrennten Prozessen untersucht werden[6], wenn auch die Verfahren unterschiedlich ausgestaltet und die Wirkungen *nicht völlig* identisch sind[7].

---

1 § 4 sub I (S. 27), Fußn. 31 des § 4 der Arbeit und § 5 sub II (S. 64 ff.).

2 Oben § 5 sub II (S. 65) mit Nachweisen in Fußn. 9 des § 5 der Arbeit.

3 Vgl. auch *Zöller-Philippi* § 610 Rdnr. 6.

4 Oben § 4 sub II D 1 a (S. 36).

5 Oben § 5 sub III A (S. 67).

6 Vgl. auch *Rolland* § 610 ZPO Rdnr. 8: "Dem Nebeneinander mehrerer Verfahren steht entgegen, daß die Ehe mit ihren gravierenden Rechtswirkungen es nicht verträgt, in der Frage ihres Bestandes der Rechtsunsicherheit ausgesetzt zu sein."

7 Oben § 5 sub II (S. 65).

1. Der Grundsatz der Einheitlichkeit der Entscheidung

Aus diesem Grund wird weiterhin die Geltung des *Grundsatzes der Einheitlichkeit der Entscheidung in Ehesachen* [8] für das Verhältnis von Scheidungsantrag und Aufhebungsklage bejaht[9], obwohl § 616 ZPO a. F. durch das 1. EheRG aufgehoben worden ist[10]. Das *Reichsgericht* hatte den Grundsatz der Einheitlichkeit der Entscheidung ursprünglich aus der Regelung des § 616 ZPO a. F. abgeleitet[11].

Die Anwendung dieses Grundsatzes bewirkt, daß mit Rechtshängigkeit einer Aufhebungsklage oder eines Scheidungsantrags eine solche Klage oder ein solcher Antrag von keiner Partei *anderweitig* anhängig gemacht werden kann. Damit haben nie zwei verschiedene (zuständige) Gerichte über den Bestand der Ehe zu urteilen[12]. Des weiteren besagt der Grundsatz der Einheitlichkeit der Entscheidung, daß über mehrere Anträge auf Auflösung (Scheidung, Aufhebung) der Ehe durch dasselbe Urteil zu entscheiden ist[13] und getrennt begonnene Verfahren auf Scheidung und Aufhebung der Ehe zusammenzufassen sind[14]. Außerdem verbietet der Grundsatz der Einheitlichkeit der Entscheidung

---

8 Vgl. auch schon oben § 5 sub III A (S. 67).

9 *Ambrock* § 610 ZPO Anm. 1; *Baumbach/Lauterbach/Albers* Einführung zu §§ 610-617 Rdnr. 3; FamK-*Roth* § 610 ZPO Rdnr. 15; *Jauernig*, Zivilprozeßrecht, § 91 II 13; *Johannsen/Henrich/Sedemund-Treiber* § 610 ZPO Rdnr. 9; *Maurer*, in: *Schwab*, Handbuch des Scheidungsrechts, Teil I Rdnr. 283; *Rosenberg-Schwab-Gottwald* § 165 V 6; *Staudinger-Klippel* Vorbemerkungen zu §§ 28 ff. EheG Rdnr. 15; *Wieczorek* § 611 Anm. A; *Zöller-Philippi* § 610 Rdnr. 6; anderer Ansicht *Stein/Jonas/Schlosser* § 610 Rdnr. 5 ff.

10 *Zöller-Philippi* § 610 Rdnr. 6; vgl. auch FamK-*Roth* § 610 ZPO Rdnr. 7. Zur Streichung des § 616 ZPO a. F. auch schon oben § 4 sub II D 4 c (S. 59) und § 5 sub II (S. 65). *Peter Philippi* (*Zöller-Philippi* § 610 Rdnr. 6) will diesen Grundsatz heute aus § 629 Abs. 2 Satz 2 ZPO herleiten. *Uwe Diederichsen*, den er für diese Ansicht zitiert (*Diederichsen* ZZP 91 [1978], 397 [446]), meint jedoch nur, daß durch § 629 Abs. 2 Satz 2 ZPO die Möglichkeit, den Prozeß in zwei Instanzen zu führen, ausgeschlossen wird.

11 Vgl. insbesondere *RGZ* 58, 307 (310) und *RGZ* 104, 155 (156).

12 Zu diesem Problem auch schon in bezug auf das Scheidungsverfahren oben § 4 sub II D 1 a (S. 35 ff.).

13 *Wieczorek* § 611 Anm. A I; *Zöller-Philippi* § 610 Rdnr. 7; vgl. auch FamK-*Roth* § 610 ZPO Rdnr. 15; *Johannsen/Henrich/Sedemund-Treiber* § 610 ZPO Rdnr. 9.

14 FamK-*Roth* § 610 ZPO Rdnr. 15 in Verbindung mit Rdnr. 13; *Johannsen/Henrich/Sedemund-Treiber* § 610 ZPO Rdnr. 10; *Maurer*, in: *Schwab*, Handbuch des Scheidungsrechts, Teil I Rdnr. 283; *Zöller-Philippi* § 610 Rdnr. 7; vgl. auch *Wieczorek* § 610 Anm. A IV.

die Aussetzung oder Abtrennung eines der Verfahren[15]. Auch ein Teilurteil ist nicht zulässig, weder als kontradiktorisches Urteil noch als Versäumnisurteil[16].

2. Die "Bestandstheorie"

Das *Reichsgericht*[17] hat wegen der durch § 616 ZPO a. F. bedingten *erweiterten Rechtskraftwirkung* des Urteils[18] einen *erweiterten Begriff der Rechtshängigkeit* angenommen. Danach sollte sowohl durch die Eheanfechtungs-(jetzt: Eheaufhebungs-) als auch durch die Ehescheidungsklage der *Bestand* der Ehe in seinem ganzen Umfang ergriffen und rechtshängig werden. Auf die Entscheidung des *Reichsgerichts* beruft sich auch der *Bundesgerichtshof*[19]. Unnötig ist dies jedoch seit Inkrafttreten des 1. EheRG, soweit es um zwei Scheidungsbegehren geht[20], da in diesem Fall auch *ohne Erweiterung* der Rechtshängigkeit einem zweiten Scheidungsantrag das rechtshängige erste Scheidungsverfahren entgegensteht[21]. Auch der *Bundesgerichtshof* geht schließlich von *einem Streitgegenstand* des Ehescheidungsverfahrens aus[22].

Aber auch für das Verhältnis von Scheidungsantrag und Eheaufhebungsklage geht die Aussage, daß durch jede der bezeichneten Klagen der *Bestand* der Ehe in seinem ganzen Umfang angegriffen (und rechtshängig) wird[23] meines Er-

---

15 FamK-*Roth* § 610 ZPO Rdnr. 15 in Verbindung mit Rdnr. 12; *Johannsen/Henrich/Sedemund-Treiber* § 610 ZPO Rdnr. 10; *Rosenberg-Schwab-Gottwald* § 165 V 6 e; *Wieczorek* § 611 Anm. A I a; vgl. auch *Zöller-Philippi* § 610 Rdnr. 8.

16 *Ambrock* § 610 ZPO Anm. 1; *Arens* ZZP 76 (1963), 423 (425); FamK-*Roth* § 610 ZPO Rdnr. 15 in Verbindung mit Rdnr. 9; *Johannsen/Henrich/Sedemund-Treiber* § 610 ZPO Rdnr. 10; *Rosenberg-Schwab-Gottwald* § 165 V 6 a, b; *Wieczorek* § 611 Anm. A I b und A I c 2; vgl. auch *Zöller-Philippi* § 610 Rdnr. 8; anderer Ansicht *Peter Schlosser* (*Stein/Jonas/Schlosser* § 610 Rdnr. 11), der ein Teilurteil - und zwar auch als Versäumnisurteil - grundsätzlich für zulässig erachtet. Nur wenn einer Aufhebungsklage stattzugeben ist, darf nach seiner Ansicht wegen § 18 1. DVO zum EheG ein Teilurteil nicht ergehen.

17 *RGZ* 104, 155 (156).

18 Nach anderer Ansicht bewirkt § 616 ZPO a. F. eine *rechtskraftfremde* Präklusion, vgl. oben § 4 sub II D 4 c (S. 59) mit Nachweisen in Fußn. 183 des § 4 der Arbeit.

19 *BGH* FamRZ 1967, 460 (461); LM § 281 ZPO Nr. 7 = FamRZ 1983, 366 (367).

20 So in der Entscheidung *BGH* LM § 281 ZPO Nr. 7 = FamRZ 1983, 366.

21 Vgl. oben § 4 sub II D 1 d (S. 39 ff.).

22 Vgl. *BGH* LM § 281 ZPO Nr. 7 = FamRZ 1983, 366 (367) und oben § 4 sub II C 1 (S. 32).

23 So *BGH* LM § 1587 BGB Nr. 57 = FamFZ 1989, 153 (155); ebenso *Zöller-Philippi* § 610 Rdnr. 7.

achtens zu weit. Ansonsten müßte das Gericht wegen seiner Amtsermittlungspflicht nach § 616 Abs. 1 ZPO bei jedem Scheidungsantrag auch immer die Möglichkeit der Eheaufhebung nach dem Ehegesetz prüfen und umgekehrt. Dies entspräche dann der Sachlage beim globalen Streitgegenstand des Eheauflösungsverfahrens. Die erweiterte Rechtshängigkeit ist vielmehr nur (noch) wegen der Notwendigkeit einer einheitlichen Entscheidung von Bedeutung. Sie verhindert zwar, daß eine Aufhebungsklage oder ein Scheidungsantrag von einer Partei anderweitig anhängig gemacht werden kann (vgl. auch den Wortlaut des § 261 Abs. 3 Nr. 1 ZPO), führt aber *nicht* dazu, daß der Bestand der Ehe in seinem ganzen Umfang angegriffen wird.

3. Ergebnis

Es ist der Grundsatz der Einheitlichkeit der Entscheidung anzuwenden, da dieser verhindern kann, daß Eheaufhebung und Ehescheidung in verschiedenen Prozessen untersucht werden und deswegen unerwünschte Folgen eintreten. Die "Bestandstheorie" des Reichsgerichts (erweiterte Rechtshängigkeit) ist jedoch abzulehnen.

B. Klageänderung und Klagenhäufung

Da Scheidungs- und Eheaufhebungsverfahren unterschiedliche Streitgegenstände haben, sind auch *Klageänderung* und *Klagenhäufung* möglich. Die *Klageänderung*, d. h. der Übergang vom Scheidungs- zum Aufhebungsverfahren und umgekehrt ist dabei ohne die Beschränkung aus § 263 ZPO gemäß § 611 Abs. 1 ZPO zulässig[24].

Für die *Klagenhäufung* enthält § 610 ZPO eine Sonderregelung zu § 260 ZPO, die durch § 18 der 1. Durchführungsverordnung zum Ehegesetz (1. DVO zum EheG)[25] ergänzt wird. § 18 der 1. DVO zum EheG lautet:

---

24 *Staudinger-Klippel* Vorbemerkungen zu §§ 28 ff. EheG Rdnr. 15; *Stein/Jonas/Schlosser* § 611 Rdnr. 7 f.; *Zöller-Philippi* § 611 Rdnr. 2 f. Der *Bundesgerichtshof* (LM § 1587 BGB Nr. 57 = FamRZ 1989, 153 [155]) läßt ausdrücklich offen, ob mit dem Übergang eine Klageänderung verbunden ist.

25 Vom 27. Juni 1938 (RGBl. I S. 923).

"Wird in demselben Rechtsstreit Aufhebung und Scheidung der Ehe begehrt und sind die Begehren begründet, so ist nur auf Aufhebung der Ehe zu erkennen."[26]

Da Scheidungs- und Aufhebungsantrag sich unterscheiden, gibt es hier, anders als innerhalb des Eheauflösungsverfahrens[27], *keine alternative Häufung des Klagegrundes*[28]. Bei der *kumulativen Häufung* wäre aber über jeden Antrag zu urteilen[29]; dies wird durch § 18 1. DVO zum EheG aber, zumindest bei "doppelter Begründetheit", ausgeschlossen.

Unter Geltung des *alten* Rechts mußte sich bei *"doppelter Begründetheit"* aus den Urteilsgründen ergeben, daß sowohl Aufhebungs- als auch Scheidungsgründe durchgreifen. Wenn in diesem Fall allein das Scheidungsbegehren einen Schuldausspruch rechtfertigte, war der Beklagte im Rahmen des Eheaufhebungsurteils für schuldig zu erklären, vgl. § 18 S. 2 1. DVO zum EheG a. F.[30]. Wegen der beinahe identischen Rechtsfolgen von Eheaufhebung und -scheidung ist es aber nicht mehr einzusehen, warum das Gericht bei Stattgabe der Aufhebungsklage das Scheidungsbegehren in den Urteilsgründen behandeln muß. Insbesondere die Möglichkeit der *Retorsion* nach § 37 Abs. 2 EheG[31] gibt es gerade bei der Eheaufhebung und *nicht* bei der Scheidung.

Eine Behandlung des Scheidungsantrags trotz Eheaufhebung widerspräche darüber hinaus der Prozeßökonomie. Außerdem fehlt es dem Kläger am schutzwürdigen Interesse[32], da im Falle der Begründetheit der Eheaufhebungsklage keinesfalls ein Scheidungsausspruch ergeht, und der Kläger aus der Aussage in den Entscheidungsgründen, daß auch sein Scheidungsantrag begründet ist, keine weiteren Rechtsfolgen herleiten kann.

---

26 Ursprünglich war dies nur Satz 1 des § 18 1. DVO zum EheG, die Sätze 2 bis 4 wurden jedoch durch Art. 11 Nr. 2 1. EheRG aufgehoben.

27 Dazu oben § 5 sub III B (S. 68 f.).

28 Anderer Meinung mit der Begründung, daß jeweils Auflösung der Ehe erstrebt wird: *Gernhuber/Coester-Waltjen* § 14 VIII 1; ebenso *Hoffmann-Stephan* § 18 1. DVO zum EheG Rdnr. 2 (vgl. auch unten Fußn. 33 dieses Paragraphen der Arbeit).

29 Vgl. oben § 4 sub II D 2 a (S. 44) mit Nachweisen in Fußn. 106 des § 4 der Arbeit.

30 *Hoffmann-Stephan* § 18 1. DVO zum EheG Rdnr. 9; *Dölle* § 28 IV 1 mit weiteren Nachweisen.

31 *Gernhuber/Coester-Waltjen* § 14 VII 2.

32 So auch *Stein/Jonas/Schlosser* § 610 Rdnr. 6.

Bei *Unbegründetheit* des Scheidungsverlangens ist eine Abweisung des Scheidungsantrags neben der Aufhebung der Ehe ebenfalls nicht erforderlich[33].

Da im Falle des Erfolgs des Eheaufhebungsbegehrens über das Scheidungsverlangen weder zu urteilen ist noch dieses in den Entscheidungsgründen des Richterspruchs behandelt werden muß, hat das Gericht zuerst die Möglichkeit der Eheaufhebung zu prüfen; *nur* wenn die Aufhebungsklage unzulässig oder unbegründet ist, ist dem Scheidungsantrag nachzugehen[34]. *Peter Schlosser*[35] bezeichnet dies als *gesetzliches Eventualverhältnis zugunsten der Aufhebungsklage*. Dem Kläger bleibt es allerdings unbenommen, selbst ein Rangverhältnis festzulegen. Er kann beispielsweise das Scheidungsbegehren als Haupt- und die Aufhebungsklage als Eventualantrag stellen[36]. § 18 der 1. DVO zum EheG ist dann nicht anwendbar[37].

§ 18 1. DVO zum EheG betrifft neben der Häufung von Aufhebungs- und Scheidungsantrag durch *eine* Prozeßpartei auch den Fall, daß *ein Ehepartner Scheidung* und der *andere* im selben Rechtsstreit *Eheaufhebung* begehrt[38]. Anders als beim Scheidungsverfahren allein, wo der Antrag des anderen Ehegatten, der ebenfalls die Scheidung möchte, wegen des einheitlichen Streitgegen-

---

33 So auch schon zum alten Recht *Hoffmann-Stephan* § 18 1. DVO zum EheG Rdnr. 2, allerdings mit der Begründung, daß zwar zwei verschiedene Anträge gestellt wurden, dennoch aber *keine Klagenhäufung* vorliegen soll, sondern nur eine *Häufung der Klagegründe* (vgl. auch schon oben Fußn. 28 dieses Paragraphen der Arbeit). Ohne Begründung ebenso *Dölle* § 28 IV 1.

34 So auch *Stein/Jonas/Schlosser* § 610 Rdnr. 6. Im Tenor des die Scheidung aussprechenden Urteils hat dann hinsichtlich des Antrags auf Eheaufhebung ein Abweisungsausspruch zu erfolgen. Ein Teilurteil mit der die Aufhebungsklage abgewiesen wird, ist wegen des *Grundsatzes der Einheitlichkeit der Entscheidung* nicht zuläsig (vgl. oben sub A. 1. [S. 75] mit Nachweisen in Fußn. 16 dieses Paragraphen der Arbeit).

35 *Stein/Jonas/Schlosser* § 610 Rdnr. 6.

36 *Ambrock* § 610 ZPO Anm. 1; *Hoffmann-Stephan* § 18 1. DVO zum EheG Rdnr. 3; MünchKommZPO-*Walter* § 610 Rdnr. 2; *Stein/Jonas/Schlosser* § 610 Rdnr. 6; *Wieczorek* § 610 Anm. C II b 1 und § 611 Anm. A II c 2; *Gernhuber/Coester-Waltjen* § 14 VIII 2 mit weiteren Nachweisen; anderer Auffassung *Baumbach/Lauterbach/Albers* Einführung zu §§ 610-617 Rdnr. 5. *Karl Heinz Schwab* (ZZP 65 [1952], 101 [109] und Streitgegenstand, S. 97 f.) ist der Auffassung, daß bei Verbindung einer Scheidungsklage mit einer Aufhebungsklage zwei *notwendigerweise* im Eventualverhältnis stehende prozessuale Ansprüche vorliegen.

37 MünchKomm-*Müller=Gindullis* § 29 EheG Rdnr. 9; *Stein/Jonas/Schlosser* § 610 Rdnr. 6.

38 *Dölle* § 28 IV 1; vgl. auch *Stein/Jonas/Schlosser* § 610 Rdnr. 7.
Wegen des Grundsatzes der Einheitlichkeit der Entscheidung, der auch für diesen Fall gilt, sind die beiden Begehren *immer* im selben Rechtsstreit zu behandeln.

standes *keine Widerklage* darstellt[39], muß man hier wegen zweier prozessualer Ansprüche trotz des identischen Ziels der Eheauflösung von einer *Widerklage* sprechen, wenn der Kläger Eheaufhebung, der Beklagte und Widerkläger aber Ehescheidung anstrebt.

Auch in diesem Fall widerspricht es aber der Prozeßökonomie[40], wenn sich das Gericht trotz Aufhebung der Ehe auf Antrag des einen Ehegatten auch noch mit dem Scheidungsantrag des anderen Ehegatten befaßt und diesen entweder in den Urteilsgründen erörtert[41] oder sogar abweist[42]. Zwar muß grundsätzlich über jeden gestellten Antrag eine Entscheidung ergehen[43], wegen des identischen Ziels der beiden Anträge - beide Ehegatten wollen die Auflösung der Ehe - und aufgrund der Regelung des § 18 1. DVO zum EheG ist der Scheidungsantrag jedoch als Eventualantrag für den Fall anzusehen, daß die Auflösunsklage keinen Erfolg hat[44]. Deshalb ist bei dieser Art der Klagenhäufung vom Gericht ebenfalls zuerst die Möglichkeit der Eheaufhebung zu prüfen und dem Scheidungsbegehren *nur* nachzugehen, wenn die Aufhebungsklage unzulässig oder unbegründet ist.

C. Rechtskraft

Für die *Rechtskraft* ergibt sich aus der Verschiedenheit der Streitgegenstände von Scheidungs- und Eheaufhebungsverfahren, daß die rechtskräftige Abweisung einer Eheaufhebungsklage der Erhebung eines Scheidungsantrags und umgekehrt *nicht* entgegensteht[45]. Aus diesem Grunde ist der Kläger im ersten

---

39 Oben § 4 sub II D 1 d (S. 40) mit Nachweisen (auch zur Gegenansicht) in Fußn. 88 des § 4 der Arbeit.

40 So wohl auch das *Amtsgericht Krefeld* FamRZ 1987, 815.

41 *Friedrich Wilhelm Bosch* (FamRZ 1987, 816 [817]) sieht das Gericht dazu verpflichtet.

42 So *Baumbach/Lauterbach/Albers* Einführung zu §§ 610-617 Rdnr. 4 und (für die Rechtslage vor dem 1. EheRG) *Hoffmann-Stephan* § 18 1. DVO zum EheG Rdnr. 15.

43 Vgl. *Bosch* FamRZ 1987, 816 (817). Allgemein zum Justizgewährungsanspruch *Stein-Jonas-Schumann* Einleitung Rdnr. 204 ff.

44 So auch *Peter Schlosser* (*Stein/Jonas/Schlosser* § 610 Rdnr. 7).

45 Ebenso *Bergerfurth*, Ehescheidungsprozeß, Rdnr. 194, 218; *Staudinger-Klippel* § 28 EheG Rdnr. 2.
Selbst ein rechtskräftiger Scheidungsausspruch hindert wegen der Verschiedenheit der Streitgegenstände nicht ein Eheaufhebungsverfahren, *Schlosser* IPRax 1985, 16 (18). Vgl. hierzu auch MünchKomm-*Müller=Gindullis* § 28 EheG Rdnr. 4; *Staudinger-Klippel* § 28 EheG Rdnr. 2; anderer Ansicht (allerdings nicht aus Gründen des Streit-

Verfahren, in dem er beispielsweise nur Eheaufhebung geltend macht, nicht gezwungen, auch mögliche Scheidungsgründe vorzutragen, die zu diesem Zeitpunkt schon vorhanden waren, um in einem folgenden Scheidungsverfahren nicht mit diesen Tatsachen präkludiert zu sein. Ihm ist dann auch *nicht* das Vorbringen der Scheidungstatsachen im Folgeprozeß abgeschnitten, die zwar im Aufhebungsprozeß schon vorlagen, ihm aber unbekannt und unerkennbar waren[46].

Daß trotz rechtskräftiger Abweisung eines Scheidungsantrags oder einer Eheaufhebungsklage das jeweils andere - bislang nicht bei Gericht anhängig gewesene - Begehren erneut gerichtlich geltend gemacht werden kann, ist sinnvoll, weil den Parteien nicht das Recht beschnitten werden soll, aus einem anderen Grund gegen den Bestand der Ehe vorzugehen.

III. Ergebnis

Eheaufhebungs- und Scheidungsverfahren haben unterschiedliche Streitgegenstände. Da aber nicht mehrere Prozesse, die auf Eheauflösung gerichtet sind, parallel laufen sollen, ist der *Grundsatz der Einheitlichkeit der Entscheidung* anzuwenden.

Werden Eheaufhebung und Ehescheidung in *einem* Verfahren - auch von verschiedenen Parteien - geltend gemacht, ist wegen § 18 1. DVO zum EheG immer zuerst die Aufhebungsklage zu prüfen. Wenn diese begründet ist, wird die Ehe ohne Entscheidung über das Scheidungsbegehren aufgehoben. Der Scheidungsantrag ist nur zu prüfen, wenn der Kläger mit der Eheaufhebungsklage nicht durchdringt.

---

gegenstandes) *Erman-Aderhold* § 28 EheG Rdnr. 1; *Johannsen/Henrich/Henrich* § 28 EheG Rdnr. 2.

46 Vgl. auch *Bergerfurth*, Ehescheidungsprozeß, Rdnr. 194.

§ 7
Ehenichtigkeitsverfahren

Die Ehenichtigkeitsklage, vgl. § 16 EheG, ist wegen der in den §§ 17 bis 21 EheG aufgeführten Gründe möglich. Sie besteht aufgrund öffentlichen Interesses und dient der Wahrung der allgemeinen Eheordnung[1].

I. Mehrere Streitgegenstände

Ebenso wie bei der Eheaufhebungsklage[2] wird der Streitgegenstand bei der Ehenichtigkeitsklage überwiegend auf den Nichtigkeits*grund* bezogen. Jeder der Nichtigkeitsgründe des Ehegesetzes führt danach zu einem anderen prozessualen Anspruch[3]. Begründet wird dies ähnlich wie beim Eheaufhebungsverfahren damit, daß das Gesetz den Eheleuten mehrere Nichtigkeitsgründe zur Wahl stellt[4].

II. Ein Streitgegenstand

Auch hier ist zu untersuchen, ob nicht *ein einziger (einheitlicher) Streitgegenstand* des Ehenichtigkeitsverfahrens der gesetzlichen Regelung besser entspricht. Der Kläger will, daß die Ehe für nichtig erklärt wird. Aus welchem Grund dies geschieht, ist zweitrangig. Deswegen genügt meines Erachtens zur Bestimmung des prozessualen Anspruchs des Ehenichtigkeitsverfahrens der Klage*antrag* auf Nichtigerklärung *ohne* daß ein bestimmter Nichtigkeits*grund* den Streitgegenstand beeinflußt[5]. Das bedeutet, daß der prozessuale Anspruch

---

1 Vgl. schon oben § 5 sub III B (S. 69) mit Nachweisen in Fußn. 30 des § 5 der Arbeit. Siehe außerdem MünchKomm-*Müller=Gindullis* § 16 EheG Rdnr. 3; § 28 EheG Rdnr. 1.

2 Oben § 5 sub I (S. 64).

3 *Bergerfurth*, Ehescheidungsprozeß, Rdnr. 381; *Johannsen/Henrich/Sedemund-Treiber* § 611 ZPO Rdnr. 13; MünchKomm-*Müller=Gindullis* § 23 EheG Rdnr. 5; MünchKommZPO-*Walter* § 611 Rdnr. 6; *Stein/Jonas/Schlosser* § 611 Rdnr. 5; *Zöller-Philippi* § 633 Rdnr. 2 und § 636 a Rdnr. 2; vgl. auch *Baumbach/Lauterbach/Albers* § 633 Rdnr. 1 und § 636 a Rdnr. 1; *Johannsen/Henrich/Johannsen* § 24 EheG Rdnr. 7.

4 *Stein/Jonas/Schlosser* § 611 Rdnr. 5.

5 So auch *Jauernig*, Verhandlungsmaxime, S. 56 f.; *ders.*, Zivilprozeßrecht, § 37 VIII 2.

nach der *eingliedrigen Streitgegenstandslehre* [6] zu bestimmen ist. Wiederum gilt dies jedoch nicht für die materielle Rechtskraft[7].

III. Auswirkungen

A. Für Rechtshängigkeit und Klagenhäufung

Die Annahme nur eines Streitgegenstandes führt dazu, daß *alle* Nichtigkeitsgründe durch *eine* Klage rechtshängig werden, so daß nicht mehrere Ehenichtigkeitsprozesse gleichzeitig rechtshängig sein können[8]. Dies ist erstrebenswert[9].

Darüber hinaus hat ein einziger Streitgegenstand zur Folge, daß das Gericht alle Nichtigkeitsgründe von Amts wegen überprüfen kann und wegen § 616 Abs. 1 ZPO sogar muß[10]. Die *umfassende Überprüfung* der Ehe in bezug auf ihre mögliche Nichtigkeit *in einem Verfahren* ist von Vorteil. Diese wäre bei Heranziehen des jeweiligen Nichtigkeitsgrundes zur Streitgegenstandsbestimmung aber nur möglich, wenn sich der Kläger auf alle Nichtigkeitsgründe beruft, d. h. wenn eine *objektive Klagenhäufung* vorliegt[11].

Auch gilt der Amtsermittlungsgrundsatz im Nichtigkeitsverfahren uneingeschränkt[12]; das Widerspruchsrecht nach § 616 Abs. 2 ZPO findet für die Ehenichtigkeitsklage keine Anwendung. Dies bedeutet, daß der Kläger bei Annahme nur *eines* Streitgegenstandes der Verwertung sämtlicher nicht vorgebrachter Tatsachen *nicht* widersprechen kann, was mit dem Zweck der Ehe-

---

6 Vgl. oben § 2 sub III (S. 9).

7 Dazu bei der Eheaufhebungsklage oben § 5 sub III D (S. 71).

8 Wenn jeder Nichtigkeitsgrund einen besonderen Streitgegenstand mit sich bringt, werden durch Erhebung einer auf einen *bestimmten* Grund gestützten Klage die übrigen Nichtigkeitsgründe dagegen *nicht* rechtshängig (*Stein/Jonas/Schlosser* § 633 Rdnr. 6).

9 Vgl. oben § 5 sub III A (S. 66 f.) für die Eheaufhebungsklage. Zum gleichen Ergebnis kommt *Bernhard Wieczorek* (*Wieczorek* § 611 Anm. A I a 1) mit der Erwägung, daß wegen des Grundsatzes der Einheitlichkeit der Entscheidung (dazu ausführlich oben § 6 sub II A 1 [S. 74 f.]) ein Zwang zur einheitlichen Behandlung besteht und es ein Gebot der Gerechtigkeit ist, den Rechtshängigkeitseinwand hierauf zu erstrecken.

10 So auch *Jauernig*, Zivilprozeßrecht, § 37 VIII 2.

11 Vgl. auch *Stein/Jonas/Schlosser* § 633 Rdnr. 6.

12 *Johannsen/Henrich/Sedemund-Treiber* Vorbemerkung § 631 ZPO Rdnr. 1; *Rosenberg-Schwab-Gottwald* § 165 V 7 a; *Stein/Jonas/Schlosser* § 616 Rdnr. 2.

nichtigkeitsklage[13] im Einklang steht. Dagegen dürfte das Gericht ihm bekannt gewordene Nichtigkeitsgründe nicht berücksichtigen, wenn der Kläger die Nichtigkeitsklage wegen eines anderen Nichtigkeitsgrundes erhoben hat und man den Streitgegenstand darauf beschränkt. Das Gericht müßte dann trotz Vorliegen eines Nichtigkeitsgrundes die Klage abweisen, wenn nicht der Kläger seinen Antrag erweitert oder ändert[14]. Da dann aber der andere Ehegatte oder der Staatsanwalt (vgl. § 24 EheG, § 632 ZPO) wegen dieses neu bekannt gewordenen Grundes eine erneute Ehenichtigkeitsklage erheben könnte, würde dies zu einer unerwünschten Verdoppelung der Verfahren führen.

B. Keine Nichtigkeitswiderklage bei einem einheitlichen Streitgegenstand

Aus der Bestimmung des Streitgegenstandes *allein anhand des Antrags* folgt außerdem, daß eine Nichtigkeits*widerklage* gegen eine Nichtigkeitsklage nicht zulässig ist. § 633 Abs. 2 ZPO betrifft somit nur die Nichtigkeitswiderklage gegen eine Feststellungsklage und die Feststellungswiderklage gegen eine Nichtigkeitsklage[15]. Eine Nichtigkeitswiderklage gegen eine Nichtigkeitsklage ist auch nicht nötig, da das Gericht die Nichtigkeit umfassend zu prüfen hat und der Beklagte dem Gericht selbst ohne weiteres Tatsachen auch für einen nicht vom Kläger geltend gemachten Nichtigkeitsgrund vortragen kann.

Peter Schlosser[16], der von mehreren Streitgegenständen des Nichtigkeitsverfahrens ausgeht, will allerdings eine Widerklage auch als eine auf denselben Grund gestützte Ehenichtigkeitsklage zulassen[17]. Er begründet dies damit, daß

---

13 Vgl. oben vor I (S. 81).

14 Die Klageänderung wäre gemäß § 611 Abs. 1 ZPO ohne weiteres möglich. *Peter Schlosser* (*Stein/Jonas/Schlosser* § 611 Rdnr. 5) bejaht eine Einschränkung der Amtsermittlungspflichten des Gerichts durch Parteidisposition auf bestimmte Nichtigkeitsgründe auch dann, wenn man für die Nichtigkeitsklage an die Lehre vom globalen Streitgegenstand anknüpft. Er begründet dies damit, daß es das Gesetz in das Belieben der Ehegatten stellt, ob sie Klage erheben und welchen Nichtigkeitsgrund sie gegebenenfalls selbst geltend machen wollen. Dagegen *Jauernig* (Zivilprozeßrecht, § 37 VIII 2) mit dem Hinweis auf § 24 Abs. 1 EheG.

15 Auch eine *negative* Bestandsfeststellungsklage als Widerklage gegen eine *positive* Bestandsfeststellungsklage oder umgekehrt ist wegen Identität des Streitgegenstandes unzulässig (*Stein/Jonas/Schlosser* § 633 Rdnr. 5 sub c).

16 *Stein/Jonas/Schlosser* § 611 Rdnr. 5 und § 633 Rdnr. 5 sub d.

17 *Antje Sedemund-Treiber* (*Johannsen/Henrich/Sedemund-Treiber* § 632 ZPO Rdnr. 4 und § 633 ZPO Rdnr. 1) läßt eine Nichtigkeitswiderklage *des Staatsanwalts* gegen die

der selbst an der Nichtigerklärung interessierte Beklagte vor den Folgen einer Klagerücknahme oder eines Klageverzichts zu schützen sei[18]. Entsprechend müßte man dann die Nichtigkeitswiderklage auch bei einem einheitlichen Streitgegenstand für zulässig erachten. Dies halte ich aber nicht für richtig. Nicht nur, daß die Zulassung einer Widerklage trotz gleichen Streitgegenstandes dem System der Zivilprozeßordnung widerspricht[19], sie ist auch unnötig.

Gegen eine *Klagerücknahme* ist der Beklagte grundsätzlich durch § 269 Abs. 1 ZPO geschützt. Daneben gibt es für das Ehenichtigkeitsverfahren die Vorschrift des § 635 ZPO, nach der ein Versäumnisurteil gegen den Kläger dahin zu erlassen ist, daß die Klage als zurückgenommen gilt. Für ein Versäumnisurteil gegen den Kläger ist nach § 330 ZPO aber ein entsprechender Antrag des Beklagten erforderlich, so daß der Beklagte, der selbst an der Nichtigerklärung interessiert ist, nur *keinen* Antrag auf Erlaß eines Versäumnisurteils zu stellen braucht um zu verhindern, daß ein Versäumnisurteil ergeht, das gemäß § 635 ZPO die Wirkung einer Klagerücknahme entfaltet[20].

Auch gegen einen *Verzicht* ist der Beklagte geschützt. Ein Klageverzicht ist auch bei der Ehenichtigkeitsklage möglich; § 617 ZPO steht dem nicht entgegen[21]. Auch ein Verzichtsurteil erfordert nach dem Wortlaut des Gesetzes einen Antrag des Beklagten. Er muß Abweisung beantragen, § 306 ZPO. Deswegen kann der Beklagte, der selbst an der Nichtigerklärung der Ehe in-

---

Nichtigkeitsklage eines Ehegatten und umgekehrt auch bei identischem Grund zu, nicht jedoch zwischen den beiden Ehegatten.

18 *Gerhard Walter* (MünchKommZPO-*Walter* § 611 Rdnr. 6) will dieses Ziel dadurch erreichen, daß er einen Widerklageantrag als für den Fall von Klagerücknahme oder -verzicht bedingt gestellt ansehen will.

19 Dazu, daß die Widerklage einen von der Klage verschiedenen Streitgegenstand erfordert, schon oben § 4 sub II D 1 d (S. 40) mit Nachweisen in Fußn. 89 des § 4 der Arbeit.

20 Stellt der Beklagte dagegen einen Antrag auf Erlaß eines Versäumnisurteils, so liegt darin auch die nach § 269 Abs. 1 ZPO erforderliche Einwilligung (*Stein/Jonas/Schlosser* § 635 Rdnr. 1; *Zöller-Philippi* § 635 Rdnr. 2).

21 Vgl. *Stein/Jonas/Schlosser* § 617 Rdnr. 4; *Thomas-Putzo* § 617 Rdnr. 8. Der Verzicht nach § 306 ZPO beruht jedoch auf der Dispositionsmaxime (*Stein-Jonas-Schumann* § 306 Rdnr. 1), die für das Ehenichtigkeitsverfahren aber nicht gilt (siehe § 616 Abs. 1, 2 ZPO und vgl. oben sub A [S. 82] mit Nachweisen in Fußn. 12 dieses Paragraphen der Arbeit). Deswegen und weil sonst § 635 ZPO praktisch bedeutungslos wäre (*Stein-Jonas-Schumann* § 306 Rdnr. 10), ist bei der Ehenichtigkeitsklage § 635 ZPO auch im Falle des Klageverzichts (entsprechend) anzuwenden (*Blomeyer*, Zivilprozeßrecht, § 119 II 2 a; *Stein-Jonas-Schumann* § 306 Rdnr. 10; *Wieczorek* § 306 Anm. D II a; *Zöller-Philippi* § 635 Rdnr. 2). Das Verzichtsurteil ist also dahin zu erlassen, daß die Klage als zurückgenommen *gilt*.

teressiert ist, den Erlaß eines Verzichtsurteils (mit der Wirkung nach § 635 ZPO[22]) dadurch verhindern, daß er *keinen* Abweisungsantrag stellt.

Allerdings *muß* ein Verzichtsurteil grundsätzlich auch *ohne* Abweisungsantrag des Beklagten ergehen[23]. Hiervon ist für die Ehenichtigkeitsklage jedoch eine Ausnahme zu machen, wenn *auch* der Beklagte an der Nichtigerklärung der Ehe interessiert ist. Zwar fehlt es für ein streitiges Urteil trotz Verzichtserklärung des Klägers grundsätzlich am schutzwürdigen Interesse des Beklagten[24], hier ist jedoch eine besondere Situation gegeben. Anders als im Regelfall, wo es nur darum geht, ob der Beklagte ein Verzichts- oder ein die Klage abweisendes streitiges Sachurteil erhält, will der Beklagte, der selbst an der Nichtigkeitsfeststellung interessiert ist, gerade *kein abweisendes* Urteil. Deswegen fehlt es *nicht* am Rechtsschutzinteresse für ein streitiges Urteil, so daß es bei dem dem Gesetzeswortlaut entsprechenden Erfordernis eines Klageabweisungsantrags seitens des Beklagten bleibt.

C. Für die materielle Rechtskraft

Wenn man nur einen Streitgegenstand des Ehenichtigkeitsverfahrens *auch* für die *materielle Rechtskraft* annimmt[25], würde dies dazu führen, daß der Kläger bei Abweisung seiner Klage mit *allen* Ehenichtigkeitsgründen rechtskräftig ausgeschlossen wäre[26]. Dies würde entweder eine unerwünschte Ausuferung des Rechtsstreits mit sich bringen[27] oder aber zur Folge haben, daß nach Rechtskraft des Urteils eine Nichtigkeitsklage aufgrund neu bekannt gewordener Nichtigkeitsgründe, die vorher weder für die Ehegatten noch für die

---

22 Vgl. *Blomeyer*, Zivilprozeßrecht, § 119 II 2 a; *Stein-Jonas-Schumann* § 306 Rdnr. 10; *Stein/Jonas/Schlosser* § 635 Rdnr. 1 a. E.; *Wieczorek* § 306 Anm. D II a; *Zöller-Philippi* § 635 Rdnr. 2.

23 *BGHZ* 49, 213 (217); *Thomas-Putzo* § 306 Rdnr. 3; *Zöller-Vollkommer* Vorbemerkungen zu §§ 306, 307 Rdnr. 13; *Stein-Jonas-Schumann* § 306 Rdnr. 14 mit weiteren Nachweisen.

24 *BGHZ* 49, 213 (217); *Thomas-Putzo* § 306 Rdnr. 3; *Zöller-Vollkommer* Vorbemerkungen zu §§ 306, 307 Rdnr. 13; *Stein-Jonas-Schumann* § 306 Rdnr. 14 mit weiteren Nachweisen.

25 So *Jauernig*, Verhandlungsmaxime, S. 56 f.; *ders.*, Zivilprozeßrecht, § 37 VIII 2.

26 Vgl. oben § 4 sub II D 4 a (S. 55) für das Scheidungs- und § 5 sub III D (S. 71) für das Eheaufhebungsverfahren.

27 Dazu *Stein-Jonas-Schumann* Einleitung Rdnr. 294 und oben § 2 sub VI D (S. 22), § 5 sub III D (S. 71).

Staatsanwaltschaft (so sie beteiligt war) oder das Gericht erkennbar waren, ausgeschlossen wäre[28].

Aus diesem Grund ist der Streitgegenstand der Rechtskraft (Urteilsgegenstand) *nicht allein* nach dem *Antrag*, sondern *auch* nach dem Nichtigkeits*grund* zu bestimmen. Maßgeblich ist dabei wegen der Amtsermittlungspflicht des Gerichts der Nichtigkeitsgrund und damit der Tatsachenkomplex, den das Gericht ermittelt und seiner Entscheidung zugrunde gelegt hat[29].

IV. Ergebnis

Auch beim Ehenichtigkeitsverfahren sind *nicht* mehrere Streitgegenstände je nach Nichtigkeitsgrund anzunehmen. Es besteht vielmehr *ein einziger* prozessualer Anspruch unabhängig vom Nichtigkeitsgrund nach dem Ehegesetz. Deswegen ist der Streitgegenstand *während des Verfahrens* nur nach dem *Antrag* zu bestimmen (eingliedriger Streitgegenstandsbegriff). Für die Festlegung des *Urteilsgegenstandes* ist der Nichtigkeits*grund* aber mit heranzuziehen.

---

28 Vgl. dazu das von *Bruno Bergerfurth* (Ehescheidungsprozeß, Rdnr. 382 Fußn. 12) gebildete Beispiel, daß die nichteheliche Tochter - ohne daß jemand von der Abstammung weiß - ihren Vater geheiratet hat, und sie von der Blutsverwandtschaft erst nach Rechtskraft eines abweisenden Urteils einer auf § 18 EheG gestützten Ehenichtigkeitsklage erfahren. Die Präklusion mit einer neuen, nunmehr mit § 21 EheG begründeten Nichtigkeitsklage bezeichnet *Bergerfurth* (richtigerweise) als unhaltbares Ergebnis. Dies ist für ihn der Grund, den eingliedrigen Streitgegenstand bei der Ehenichtigkeitsklage generell abzulehnen.

29 Vgl. auch schon oben § 4 sub II D 4 a (S. 56) bezüglich des Scheidungsverfahrens und § 5 sub III D (S. 71) für das Eheaufhebungsverfahren. Anderer Ansicht *Baumbach/Lauterbach/Albers* § 633 Rdnr. 1 und *Zöller-Philippi* § 636 a Rdnr. 2: der geltend gemachte Nichtigkeitsgrund.

3. Teil: Der Streitgegenstand bei Gestaltungsklagen im Recht der Handelsgesellschaften

§ 8 Auflösungsklage nach § 133 HGB

Gemäß § 133 Abs. 1 HGB kann die Auflösung der offenen Handelsgesellschaft (OHG, §§ 105 ff. HGB) durch gerichtliche Entscheidung ausgesprochen werden, wenn ein wichtiger Grund vorliegt. Entsprechendes gilt für die Kommanditgesellschaft (KG, §§ 161 ff. HGB), für die § 133 HGB gemäß § 161 Abs. 2 HGB Anwendung findet.

Statt der außerordentlichen Kündigung, wie § 723 BGB sie für die Gesellschaft des Bürgerlichen Rechts festlegt, ist bei der OHG und KG die Mitwirkung des Gerichts erforderlich, wenn Auflösung wegen eines wichtigen Grundes begehrt wird[1] und die Gesellschafter die OHG oder KG nicht durch gemeinsamen Beschluß gemäß § 131 Nr. 2 HGB auflösen oder der Gesellschaftsvertrag ein Recht zur außerordentlichen Kündigung ausdrücklich vorsieht[2]. Wegen der Parallele zu § 723 BGB und zu den sonstigen außerordentlichen Kündigungsmöglichkeiten bei Dauerschuldverhältnissen (vgl. § 626 BGB für das Dienstvertragsrecht, § 554 a BGB für das Mietrecht[3]) kann man die Auflösung ge-

---

1 *Heymann/Emmerich* § 133 Rdnr. 1; *Schmidt*, Gesellschaftsrecht, § 52 III 7 a; *H. Westermann*, in: Handbuch der Personengesellschaften, I. Teil Rdnr. 640.

2 Dies ist zulässig, vgl. *Baumbach-Duden-Hopt* § 132 Anm. 3 B a; *Hueck*, Festschrift für den Carl Heymanns Verlag, S. 287 ff. (299); *Schmidt*, Gesellschaftsrecht, § 52 III 7 d; *H. Westermann*, in: Handbuch der Personengesellschaften, I. Teil Rdnr. 646.
Im Unterschied zur Eheauflösung (vgl. für die Scheidung *Massfeller/Böhmer*, Vorbemerkung § 1564 BGB und *BGHZ* 82, 34 [45]) ist die Auflösung der Handelsgesellschaft *nicht nur* durch einen Staatsakt möglich. Nach *Helmut Staab* (*Staab* S. 122 f.) und *Gerhard Lüke* (JuS 1969, 301 [305 f.]; MünchKommZPO-*Lüke* Vor § 253 Rdnr. 29) kann man deshalb die Auflösungsklage nach § 133 HGB zu den *unechten* Gestaltungsklagen rechnen, während die Klagen auf Eheauflösung (Scheidung, Aufhebung) *echte* Gestaltungsklagen sind. Vgl. auch *Becker* ZZP 97 (1984), 314 (323). Kritisch zur Unterscheidung zwischen echten und unechten Gestaltungsklagen: *Stein-Jonas-Schumann* Vor § 253 Rdnr. 41.

3 Auch wenn gesetzliche oder vertragliche Regelungen fehlen, können Dauerschuldverhältnisse aus wichtigem Grund gekündigt werden (vgl. nur *Palandt-Heinrichs* Einleitung vor § 241 Rdnr. 18; § 326 Rdnr. 3 mit Nachweisen der Rechtsprechung), soweit nicht wie bei der OHG und der KG anstelle der außerordentlichen Kündigung die Gestaltungsklage vorgesehen ist.

mäß § 133 HGB deswegen auch als *außerordentliche Auflösung*[4] bezeichnen[5]. Die Auflösungsklage ist eine Gestaltungsklage[6].

I. Der wichtige Grund nach § 133 Abs. 1 HGB

Beim Ehescheidungsverfahren gibt es nur noch einen einzigen Scheidungsgrund[7], während die Eheaufhebungs- oder Ehenichtigkeitsklage aufgrund unterschiedlicher materiellrechtlicher Aufhebungs- oder Nichtigkeitsgründe möglich ist[8]. Diese Gründe sind im Ehegesetz einzeln und zugleich abschließend aufgeführt.

Bei der Auflösungsklage nach § 133 HGB geht der Gesetzgeber weder den einen noch den anderen Weg: § 133 Abs. 1 HGB bestimmt, daß *ein wichtiger Grund* vorliegen muß; im zweiten Absatz dieses Paragraphen sind Beispiele dafür aufgeführt, welche Tatsachen von so entscheidender Bedeutung sind, daß ihr Vorliegen *in der Regel* einen wichtigen Grund im Sinne des ersten Absatzes darstellt. Der Gesetzgeber geht dabei *typischerweise* vom Vorliegen eines wichtigen Grundes aus. Die Aufzählung darf aber nicht dahin verstanden werden, daß *notwendig* ein wichtiger Grund gegeben ist, wenn einer der Tatbestände des § 133 Abs. 2 HGB erfüllt ist; vielmehr ist immer zu prüfen, ob daraus die Unzumutbarkeit der Fortsetzung der Gesellschaft folgt[9]. Daneben können andere ähnlich schwerwiegende Gründe einen Gesellschafter berechtigen, die Auflösung gemäß § 133 HGB zu beantragen. Dabei geben nicht nur Gründe in der Person eines Gesellschafters Anlaß zur Auflösungsklage, sondern auch objektive Gründe, insbesondere aus dem Unternehmensbereich, und

---

4 Vgl. *Ulmer*, in: Großkomm. HGB, § 133 Anm. 3.

5 *Alfred Hueck* (Das Recht der OHG, § 25 I) nennt die Auflösungsklage nach § 133 HGB auch *Kündigungsklage*.

6 *Baumbach-Duden-Hopt* § 133 Anm. 2 B; HK-HGB-*Stuhlfelner* § 133 Rdnr. 1; *Ulmer*, in: Großkomm. HGB, § 133 Anm. 2; *H. Westermann*, in: Handbuch der Personengesellschaften, I. Teil Rdnr. 641.

7 Oben § 4 sub II vor A (S. 27) mit Nachweisen zu dieser nahezu einhelligen Ansicht in Fußn. 8 des § 4 der Arbeit.

8 Oben § 5 vor I, sub I und sub II (S. 64 ff., insbesondere S. 66); § 7 insbesondere vor I, sub I und sub II (S. 81 f.).

9 *Ulmer*, in: Großkomm. HGB, § 133 Anm. 16; *H. Westermann*, in: Handbuch der Personengesellschaften, I. Teil Rdnr. 645.
Zur Unzumutbarkeit als bedeutsames Merkmal des wichtigen Grundes sogleich unten im Text (S. 89).

von außen kommende Ereignisse[10]. Es sind beispielsweise anerkannt: Unerreichbarkeit des Gesellschaftszwecks[11], dauernde Unrentabilität[12] und dauerndes Zerwürfnis der Gesellschafter[13]. *Peter Ulmer*[14] hat aus den ergangenen zahlreichen Urteilen eine Reihe gemeinsamer Beurteilungsgrundsätze herausgearbeitet, auf deren Darstellung ich im Rahmen dieser Arbeit jedoch verzichten will. Wichtig ist aber, daß diese Beurteilungsgrundsätze - wie auch *Ulmer* betont[15] -, dem Gericht nicht die Aufgabe der wertenden Interessenabwägung abnehmen können. Das Vorliegen eines wichtigen Grundes hängt nämlich nicht allein von der Art und Schwere einzelner der vom Kläger geltend gemachten Umstände ab. Vielmehr hat das Gericht seiner Beurteilung eine *Gesamtschau* aller vorgetragenen Umstände zugrunde zu legen[16].

Der wichtige Grund zur Auflösung läßt sich definieren als ein Sachverhalt, der das Zusammenwirken der Gesellschafter zur Erreichung des Gesellschaftszwecks beeinträchtigt und dem Kläger die Fortsetzung der Gesellschaft unzumutbar macht[17].

Insoweit ergeben sich Parallelen zum Scheidungsverfahren, wo nur ein einziger Scheidungsgrund, die Zerrüttung der Ehe, existiert[18], dessen Vorliegen in

---

10 *Hueck*, Das Recht der OHG, § 25 II 2; *Ulmer*, in: Großkomm. HGB, § 133 Anm. 16; *H. Westermann*, in: Handbuch der Personengesellschaften, I. Teil Rdnr. 645.

11 *BGHZ* 69, 160 (162); *Baumbach-Duden-Hopt* § 133 Anm. 3 C; *Heymann/Emmerich* § 133 Rdnr. 13; *Schlegelberger-Schmidt* § 133 Rdnr. 12; *Ulmer*, in: Großkomm. HGB, § 133 Anm. 37; *H. Westermann*, in: Handbuch der Personengesellschaften, I. Teil Rdnr. 646.

12 *Heymann/Emmerich* § 133 Rdnr. 13 mit Nachweisen; *Schlegelberger-Schmidt* § 133 Rdnr. 13; *Ulmer*, in: Großkomm. HGB, § 133 Anm. 39 mit weiteren Nachweisen; siehe auch *Baumbach-Duden-Hopt* § 133 Anm. 3 C.

13 *Baumbach-Duden-Hopt* § 133 Anm. 3 C; *Ulmer*, in: Großkomm. HGB, § 133 Anm. 32; *Schmidt*, Gesellschaftsrecht, § 52 III 7 b.

14 In: Großkomm. HGB, § 133 Anm. 17 ff.

15 In: Großkomm. HGB, § 133 Anm. 17.

16 *Ulmer*, in: Großkomm. HGB, § 133 Anm. 18 mit Nachweisen; siehe auch *Baumbach-Duden-Hopt* § 133 Anm. 3 A; *Hueck*, Das Recht der OHG, S. 372; HK-HGB-*Stuhlfelner* § 133 Rdnr. 5; *Schlegelberger-Schmidt* § 133 Rdnr. 8; *H. Westermann*, in: Handbuch der Personengesellschaften, I. Teil Rdnr. 644.
Harry Westermann (in: Handbuch der Personengesellschaften, I. Teil Rdnr. 643) bezeichnet § 133 HGB als *Generalklausel*.

17 *Baumbach-Duden-Hopt* § 133 Anm. 3 A; vgl. auch GK-HGB-*Feddersen* § 133 Rdnr. 8; *Hueck*, Das Recht der OHG, S. 372; *Schmidt*, Gesellschaftsrecht, § 52 III 7 b; *H. Westermann*, in: Handbuch der Personengesellschaften, I. Teil Rdnr. 643.

18 Oben § 4 sub II vor A (S. 27) mit Nachweisen zu dieser ganz herrschenden Ansicht in Fußn. 8 des § 4 der Arbeit; siehe auch oben sub I am Anfang (S. 88).

einer Gesamtwürdigung aller Tatsachen festzustellen ist[19]. Deshalb halte ich es für richtig, anzunehmen, daß es auch nur *einen* Gesellschaftsauflösungsgrund, den des "Scheiterns der Gesellschaft" gibt. Dies ist eine in Anlehnung an das Ehescheidungsrecht gebildete Kurzformel für die genannte übliche Definition des wichtigen Grundes nach § 133 HGB. Da der Gesetzgeber aber, anders als im Ehescheidungsrecht, nicht selbst den Auflösungsgrund festlegt, sondern nur das Vorliegen *eines* wichtigen Grundes verlangt (§ 133 Abs. 1 HGB), spricht zumindest der Gesetzeswortlaut dafür, daß § 133 HGB davon ausgeht, daß es eine Vielzahl möglicher Auflösungsgründe gibt und nicht nur verschiedene Sachverhalte und Geschehnisse, die den *einen Grund*, das Scheitern der Gesellschaft, herbeiführen. Diese voneinander zu trennenden Gründe können dann auch nebeneinander vorliegen.

II. Ein Streitgegenstand oder mehrere?

Wegen dieser möglichen *mehreren Auflösungsgründe* erscheint es zunächst naheliegend auch von *mehreren Streitgegenständen* auszugehen. Der prozessuale Anspruch wäre dann nach dem Antrag (Auflösung gemäß § 133 HGB) und nach dem geltend gemachten Auflösungsgrund, d. h. auch nach dem entsprechenden Sachverhalt (Lebenssachverhalt, Tatsachenkomplex) zu bestimmen. Es wäre also von der zweigliedrigen Streitgegenstandslehre auszugehen. Beispielsweise hätte dann eine Auflösungsklage, die auf das dauernde Zerwürfnis der Gesellschafter gestützt wird, einen anderen Streitgegenstand als eine mit dauernder Unrentabilität begründete Klage[20].

Es bleibt aber zu untersuchen, ob nicht dennoch, wie bei den Eheauflösungsverfahren, die Annahme eines einzigen prozessualen Anspruchs sinnvoller ist[21]. Insbesondere die Parallele zum Scheidungsverfahren ist meines Erachtens

19 Oben § 4 sub II D 4 a (S. 56) mit Nachweisen in Fußn. 172 des § 4 der Arbeit. Selbstverständlich können auch im Ehescheidungsrecht verschiedenste unterschiedliche Geschehnisse dazu führen, daß die Ehe gescheitert ist.

20 Mehrere Streitgegenstände nehmen *Julius Flechtheim* (*Düringer-Hachenburg-Flechtheim* § 133 Anm. 10) und *Peter Ulmer* (in: Großkomm. HGB, § 133 Anm. 55) an. Dies ergibt sich daraus, daß sie das Vorliegen einer Klageänderung bejahen, wenn ein wichtiger Grund durch einen anderen ersetzt wird. Zur Klageänderung unten im Text sub III C (S. 96 ff.). Ebenfalls von mehreren prozessualen Ansprüchen geht *Max Vollkommer* (*Zöller-Vollkommer* Einleitung Rdnr. 80) aus. Vgl. hierzu auch unten Fußn. 10 des § 9 der Arbeit.

21 So auch *Wolfram Henckel* (Parteilehre, S. 288), der nicht nur bei der Klage auf Auflösung einer Gesellschaft, sondern immer dann, wenn der gesetzliche Tatbestand ledig-

insoweit bedeutsam. Aber auch wenn man von mehreren Auflösungsgründen spricht, ist dennoch die Annahme nur eines Streitgegenstandes ebenso möglich, wie dies bei der Eheaufhebungs- und Ehenichtigkeitsklage der Fall ist[22]. Diesen einzigen Streitgegenstand kann man dann als *globalen Streitgegenstand* des Auflösungsverfahrens nach § 133 HGB bezeichnen. Er wird allein durch den Antrag auf Auflösung der Gesellschaft bestimmt. Das bedeutet zugleich, daß man dann der Lehre vom eingliedrigen Streitgegenstand folgt[23].

Maßgeblich für die Bestimmung des prozessualen Anspruchs muß immer das *Ziel* sein, das der Kläger mit seinem gerichtlichen Vorgehen erreichen will: Er begehrt Auflösung der Gesellschaft ohne dies durch eine (ordentliche) Kündigung nach § 131 Nr. 6 erste Alternative, § 132 HGB herbeiführen zu wollen oder zu können und zwar wegen eines Grundes, der nicht in § 133 Nr. 1 bis 5 HGB genannt ist. Deshalb beantragt er, die OHG oder KG aus wichtigem Grund (außerordentlich) *gemäß § 133 HGB* aufzulösen[24]. Der einzelne *Grund* im Sinne des Sachverhalts oder Lebensvorgangs, der das Scheitern der Gesellschaft bewirkt, ist für die Klage nicht von entscheidender Bedeutung, wenn er auch die Ursache für das Auflösungsbegehren des Klägers darstellt[25]. Bedeutsam ist insbesondere, daß oft nicht *ein* Gesichtspunkt, sondern das *Zusammenwirken mehrerer* den Richter zu der Entscheidung kommen läßt, daß die Gesellschaft (außerordentlich) aufzulösen ist[26].

---

lich einen "wichtigen Grund" zur Gestaltung fordert, den Streitgegenstand einheitlich fassen will.

22 Oben § 5 und § 7 (S. 64 ff.; 81 ff.).

23 Im Ergebnis ebenso *Walther J. Habscheid* (Streitgegenstand, S. 214) und *Heinz Thomas/Hans Putzo* (*Thomas-Putzo* Einleitung II Rdnr. 31; jeweils für die Übernahmeklage nach § 142 HGB), die allerdings die zweigliedrige Streitgegenstandslehre vertreten. Für sie sind *Klagegrund* die Gesellschafterbeziehungen, nicht Einzelvorgänge daraus. So wird nach ihrer Ansicht der Klagegrund (der Übernahmeklage) nicht geändert, wenn der Kläger zuerst Veruntreuungen des Beklagten, dann dauernde schwere Krankheit behauptet.

24 Vgl. auch *Ulmer*, in: Großkomm. HGB, § 133 Anm. 54.

25 Hier ist wieder ein Vergleich zum Scheidungsrecht angebracht: Auch zwischen Ehegatten kann manchmal ein einziges Geschehnis die Ursache bilden, die schließlich zur Zerrüttung der Ehe führt, wenn dies auch nicht die Regel sein wird. Siehe auch schon oben Fußn. 19 in diesem Paragraphen der Arbeit.
Wegen § 253 Abs. 2 Nr. 2 ZPO muß die Klageschrift aber den *Klagegrund* enthalten, d. h. den Tatsachenkomplex (Lebensvorgang), aus dem der Kläger die begehrte Rechtsfolge (Auflösung der Gesellschaft) herleiten will (vgl. MünchKommZPO-*Lüke* § 253 Rdnr. 74; *Stein-Jonas-Schumann* § 253 Rdnr. 123; *Thomas-Putzo* § 253 Rdnr. 10; *Zöller-Greger* § 253 Rdnr. 12).

26 Vgl. *H. Westermann*, in: Handbuch der Personengesellschaften, I. Teil Rdnr. 645. Zur notwendigen Gesamtschau aller vorgetragenen Umstände auch schon oben im Text (S. 89) mit Nachweisen in Fußn. 16 dieses Paragraphen der Arbeit.

III. Auswirkungen auf Rechtshängigkeit, Klagenhäufung, Klageänderung und materielle Rechtskraft

A. Rechtshängigkeit

1. Verschiedene Streitgegenstände

Nimmt man *mehrere* verschiedene *Streitgegenstände* für die Auflösungsklage der OHG oder KG an, so ist mit dem Erheben einer auf einen bestimmten Grund gestützten Klage nur der geltend gemachte Auflösungsgrund rechtshängig. Einer zweiten Klage, die auf einem anderen Auflösungsgrund beruht, steht die Rechtshängigkeit der ersten Klage nicht entgegen. Somit können gleichzeitig zwei oder noch mehr Klagen vor Gericht rechtshängig sein, die auf Auflösung der Gesellschaft nach § 133 HGB gerichtet sind. Dies soll durch § 261 Abs. 3 Nr. 1 ZPO aber verhindert werden, da eine Partei nicht durch mehrere gleichzeitige Prozesse desselben Inhalts belästigt werden soll[27]. Ein Nebeneinander der Prozesse führt außerdem zu unnötiger Anrufung der Gerichte[28], bedingt unnötigen Kostenaufwand und kann schließlich zu einander sich widersprechenden Entscheidungen führen[29].

Bei mehreren gleichzeitigen Auflösungsklagen werden diese aber oftmals *vor dem gleichen Gericht* rechtshängig sein. Die genannten negativen Auswirkungen der parallelen Klagen treten dann weitgehend nicht ein. Um sie nahezu ganz auszuschalten, kann das Gericht außerdem die verschiedenen Prozesse auch zum Zweck der gleichzeitigen Verhandlung und Entscheidung nach § 147 ZPO verbinden.

Das gleiche Gericht ist deshalb häufig zuständig, weil § 22 ZPO einen besonderen Gerichtsstand unter anderem für die Klagen begründet, die von den Mitgliedern einer Gesellschaft gegeneinander erhoben werden. § 22 ZPO gilt auch

---

27 *Baumbach/Lauterbach/Hartmann* § 261 Rdnr. 24; siehe auch schon oben § 4 sub II D 1 a (S. 36) und § 5 sub III A (S. 67).

28 *Baumbach/Lauterbach/Hartmann* § 261 Rdnr. 24; siehe auch schon oben § 4 sub II D 1 a (S. 36) und § 5 sub III A (S. 67).

29 *Stein-Jonas-Schumann* § 261 Rdnr. 3; siehe auch schon oben § 4 sub II D 1 a (S. 36) und § 5 sub III A (S. 67).

für die OHG und die KG[30]. Da die Klage auf Auflösung nicht gegen die Gesellschaft, sondern gegen alle nicht auf der Klägerseite beteiligten Gesellschafter, mit Ausnahme derjenigen Gesellschafter, die gegenüber dem Kläger bindend in die Auflösung eingewilligt haben, zu richten ist[31], findet § 22 ZPO auch auf die Auflösungsklage nach § 133 HGB Anwendung[32]. Daß die Klagen in der Regel vor dem gleichen Gericht anhängig sein werden, ergibt sich bei mehreren Beklagten auch deswegen, weil dann auf der Passivseite eine notwendige Streitgenossenschaft aus materiellrechtlichen Gründen (§ 62 Abs. 1 zweite Alternative ZPO)[33] besteht[34]. Wählt der Kläger nicht den Gerichtsstand nach § 22 ZPO, sondern erhebt er die Klage im allgemeinen Beklagtengerichtsstand nach §§ 12, 13 ZPO[35], so wird er dies nur dann tun, wenn der allgemeine Gerichtsstand *aller Beklagten* identisch ist. Denn die Unzuständigkeit des Gerichts bezüglich *eines Beklagten* führt bei § 62 Abs. 1 *zweite Alternative* ZPO nicht nur zur Prozeßabweisung gegen *diesen* Streitgenossen, sondern bedingt zugleich die Unzulässigkeit der Klage im übrigen[36].

Denkbar ist jedoch auch, daß der Kläger verschiedene Klagen auf Auflösung der OHG oder KG vor unterschiedlichen Gerichten anhängig macht. Besteht beispielsweise eine Handelsgesellschaft nur aus zwei Personen und wohnt der Beklagte außerhalb des Gerichtsbezirks, innerhalb dessen die OHG oder KG

---

30 *Stein/Jonas/Schumann* § 22 Rdnr. 6 in Verbindung mit § 17 Rdnr. 3; *Thomas-Putzo* § 22 Rdnr. 1 in Verbindung mit § 17 Rdnr. 1; *Zöller-Vollkommer* § 22 Rdnr. 2 in Verbindung mit § 17 Rdnr. 2, 5.

31 *BGH* LM § 133 HGB Nr. 3 = NJW 1958, 418 (418 f.) ; *OLG Hamm* MDR 1964, 330; *Heymann/Emmerich* § 133 Rdnr. 16; *Hueck*, Das Recht der OHG, § 25 III 3; HK-HGB-*Stuhlfelner* § 133 Rdnr. 4; *Schlegelberger-Schmidt* § 133 Rdnr. 46; *Stein/Jonas/Bork* § 62 Rdnr. 16; *Ulmer*, Festschrift für Ernst Geßler, S. 269 ff. (273 f.); *ders.*, in: Großkomm. HGB, § 133 Anm. 52 f.; *H. Westermann*, in: Handbuch der Personengesellschaften, I. Teil Rdnr. 656; *Zöller-Vollkommer* § 62 Rdnr. 20.

32 *Baumbach-Duden-Hopt* § 133 Anm. 2 A; MünchKommZPO-*Patzina* § 22 Rdnr. 8; HK-HGB-*Stuhlfelner* § 133 Rdnr. 3; *Schlegelberger-Schmidt* § 133 Rdnr. 41; *Stein/Jonas/Schumann* § 22 Rdnr. 8; *Zöller-Vollkommer* § 22 Rdnr. 7.

33 Zur Terminologie *Baur* FamRZ 1962, 508 (510).

34 *BGHZ* 30, 195 (197); *Blomeyer*, Zivilprozeßrecht, § 108 III 1 b; *Lindacher* JuS 1986, 397/540 (381); MünchKommZPO-*Schilken* § 62 Rdnr. 28; *Stein/Jonas/Leipold* § 62 Rdnr. 16; *Ulmer*, Festschrift für Ernst Geßler, S. 269 ff. (273 f.); *Zöller-Vollkommer* § 62 Rdnr. 4, 20; vgl. auch *Gottwald* JA 1982, 64 (69); *Rosenberg-Schwab-Gottwald* § 49 III 1 b (3).

35 Dies ist möglich, da § 22 ZPO einen besonderen und keinen ausschließlichen Gerichtsstand begründet. Außerdem kann die Auflösungsklage auch im Gerichtsstand des Erfüllungsorts nach § 29 ZPO erhoben werden (HK-HGB-*Stuhlfelner* § 133 Rdnr. 3; *Schlegelberger-Schmidt* § 133 Rdnr. 41).

36 *Lindacher* JuS 1986, 379/540 (383); *Rosenberg-Schwab-Gottwald* § 49 IV 1 b; vgl. auch *BGHZ* 30, 195 (197); 36, 187 (191 f.).

ihren allgemeinen Gerichtsstand (§ 17 ZPO) hat, so kann der Kläger sowohl bei dem nach §§ 17, 22 ZPO zuständigen Gericht als auch im allgemeinen Gerichtsstand des Beklagten (§§ 12, 13 ZPO) vorgehen. Stützt sich der klagende Gesellschafter dabei auf verschiedene Auflösungsgründe, so beeinträchtigt die Rechtshängigkeit der ersten Klage nicht die Zulässigkeit der zweiten Klage vor dem anderen Gericht, so daß sich zwei verschiedene Gerichte mit der Auflösung der Gesellschaft zu befassen haben.

2. *Ein Streitgegenstand*

Nimmt man dagegen *einen* (globalen) *Streitgegenstand* für die Auflösungsklage nach § 133 HGB an, so steht einer zweiten Klage der Einwand der Rechtshängigkeit entgegen (§ 261 Abs. 3 Nr. 1 ZPO). Eine weitere Klage ist dann aber auch nicht nötig. Die genannten negativen Auswirkungen doppelter Rechtshängigkeit treten nicht ein.

Die Einbeziehung aller Tatsachen, die den Klageantrag rechtfertigen, ist auch sachlich angebracht, da sie zur Konzentration der Prozesse führt und der Druck auf die Parteien, den möglichen Stoff im anhängigen Prozeß vorzutragen, ihnen durchaus zuzumuten ist[37].

B. Klagenhäufung

Bei Annahme *mehrerer Streitgegenstände* liegt immer dann eine *objektive Klagenhäufung* (§ 260 ZPO) vor, wenn der Kläger sich auf mehrere Auflösungsgründe beruft. Sieht man von dem Sonderfall der unterschiedlichen Zuständigkeit ab[38], so ist eine Häufung mehrerer Auflösungsgründe in einem Verfahren gemäß § 260 ZPO in aller Regel zulässig. Bestimmt der Kläger dabei die Reihenfolge, in welcher das Gericht über sie befinden soll, ist eine *Eventualhäufung* gegeben. Gibt der Kläger kein Rangverhältnis an, liegt eine zulässige *alternative Häufung des Klagegrundes*[39] und *keine kumulative Klagenhäufung*

---

37 *Stein-Jonas-Leipold* § 322 Rdnr. 104. Vgl. auch schon oben Fußn. 108 des § 2 der Arbeit.

38 Vgl. soeben sub A 1 (S. 93 f.).

39 Dazu oben § 5 sub B (S. 68) mit Nachweisen zu ihrer Zulässigkeit in Fußn. 27 des § 5 der Arbeit.

(im eigentlichen Sinne) vor, wenn man unterstellt, daß trotz Annahme mehrerer Streitgegenstände der *Antrag identisch* ist (Auflösung der Gesellschaft nach § 133 HGB) und nur deshalb mehrere prozessuale Ansprüche gegeben sein sollen, weil der Kläger *unterschiedliche Sachverhalte (Klagegründe)* vorträgt. Dem Gericht steht es dann frei, aus welchem vorgebrachten Klagegrund es dem Begehren stattgibt[40].

In beiden Fällen führt dies dazu, daß der Klage immer nur aufgrund *eines einzigen* Auflösungsgrundes stattzugeben ist, wenn *dieser* Grund ausreicht, um das Gericht davon zu überzeugen, daß deswegen das Zusammenwirken der Gesellschafter zur Erreichung des Gesellschaftszwecks beeinträchtigt ist und dem Kläger die Fortsetzung der Gesellschaft nicht mehr zuzumuten ist. Die anderen Gründe dürfen dann bei der Entscheidung des Gerichts keine Berücksichtigung finden. Dies steht jedoch im Widerspruch dazu, daß das Gericht das Vorliegen eines wichtigen Grundes unter Berücksichtigung aller Umstände im Rahmen einer *Gesamtschau* festzustellen und eine *Interessenabwägung* vorzunehmen hat[41].

Eine solche Gesamtschau aller vorgetragenen Umstände ist nur möglich, wenn man von einem *einzigen (globalen) Streitgegenstand* der Auflösungsklage ausgeht. Nur dann kann das Gericht im Rahmen *einer* Klage - eine objektive Klagenhäufung liegt dann nicht vor - alle vorgetragenen Umstände würdigen.

C. Klageänderung

I. Verschiedene Streitgegenstände

Nimmt man mehrere Auflösungsgründe und deswegen *mehrere Streitgegenstände* bei der Klage nach § 133 HGB unter Zugrundelegung des zweigliedrigen Streitgegenstandsbegriffs an, so liegt eine *Klageänderung* (§ 263 ZPO) vor, wenn ein Auflösungsgrund durch einen anderen ersetzt wird[42]. Ebenso nach herrschender Meinung, wenn nachträglich *neben* dem rechtshängigen

---

40 *Thomas-Putzo* § 260 Rdnr. 3.

41 Oben im Text sub I (S. 89) mit Nachweisen in Fußn. 16 dieses Paragraphen der Arbeit.

42 *Düringer-Hachenburg-Flechtheim* § 133 Anm. 10; *Ulmer*, in: Großkomm. HGB, § 133 Anm. 55.

prozessualen Anspruch ein anderer erhoben wird[43], d. h. wenn ein neu vorgebrachter Auflösungsgrund neben einen schon bisher geltend gemachten tritt (nachträgliche Klagenhäufung gemäß § 260 ZPO).

Das Vorbringen eines anderen Auflösungsgrundes ist deshalb nur eingeschränkt zulässig. Nach Eintritt der Rechtshängigkeit nur, wenn der Beklagte *einwilligt* oder das Gericht es für *sachdienlich* erachtet, § 263 ZPO[44]. Für die Sachdienlichkeit nach § 263 ZPO ist entscheidend, ob die Änderung der endgültigen Ausräumung des sachlichen Streits zwischen den Parteien dient, einen neuen Rechtsstreit erspart und ob der Prozeßstoff nicht völlig verändert wird[45]. Maßgeblich ist der Gesichtspunkt der *Prozeßwirtschaftlichkeit*[46]; die Sachdienlichkeit ist im Hinblick darauf *objektiv* zu beurteilen[47]. Zu verneinen ist die Sachdienlichkeit nach der Rechtsprechung, wenn der Kläger einen völlig neuen Prozeßstoff vorträgt, der das Gesicht des Rechtsstreits ändern und das Ergebnis der bisherigen Prozeßführung unverwertbar machen würde[48].

Für den Fall des Wechsels des Auflösungsgrundes nach § 133 HGB bedeutet dies, daß eine Klageänderung in aller Regel als sachdienlich anzusehen ist, weil sie zur endgültigen Klärung der Auflösungsmöglichkeiten der Gesellschaft und des Streits der Parteien darüber dient, einen neuen Rechtsstreit erspart und auch der Prozeßstoff nicht völlig verändert wird. Ebenso kann das Gericht regelmäßig das bisherige Ergebnis der Prozeßführung verwerten, da das Vorliegen eines wichtigen Grundes im Sinne des § 133 HGB *nicht allein* von der Art und Schwere *einzelner* geltend gemachter Umstände abhängt, sondern durch

---

43 *BGH* NJW 1985, 1841 (1842); NJW-RR 1987, 58; *Zöller-Greger* § 263 Rdnr. 5 (jeweils: "wie eine Klageänderung zu behandeln"); *Baumbach/Lauterbach/Hartmann* § 263 Rdnr. 3; *Blomeyer*, Zivilprozeßrecht, § 42 (vor I); MünchKommZPO-*Lüke* § 263 Rdnr. 21 ("keine Klageänderung, jedoch entsprechende Anwendung der Vorschriften über die Klageänderung"); *Thomas-Putzo* § 263 Rdnr. 1; anderer Ansicht *Rosenberg-Schwab-Gottwald* § 99 I 2 b; *Stein-Jonas-Schumann* § 264 Rdnr. 11.

44 § 264 ZPO findet für den Fall der Änderung des Klage*grundes* keine Anwendung.

45 *Stein-Jonas-Schumann* § 263 Rdnr. 12 mit Rechtsprechungsnachweisen; *Zöller-Greger* § 263 Rdnr. 14.

46 *BGH* NJW 1985, 1841; MünchKommZPO-*Lüke* § 263 Rdnr. 32; *Stein-Jonas-Schumann* § 263 Rdnr. 12; *Thomas-Putzo* § 263 Rdnr. 8.

47 *Stein-Jonas-Schumann* § 263 Rdnr. 12; *Thomas-Putzo* § 263 Rdnr. 8; *Zöller-Greger* § 263 Rdnr. 14; siehe auch MünchKommZPO-*Lüke* § 263 Rdnr. 32.

48 *BGH* WM 1983, 604 (605); NJW 1985, 1841 (1842); weitere Nachweise bei *Stein-Jonas-Schumann* § 263 Rdnr. 13 Fußn. 16; kritisch zu dieser Rechtsprechung *Stein-Jonas-Schumann* § 263 Rdnr. 13.

Interessenabwägung im Rahmen einer *Gesamtschau* vom Gericht festgestellt werden muß[49].

2. *Ein Streitgegenstand*

Bestimmt man den Streitgegenstand nach der eingliedrigen Streitgegenstandslehre und nimmt *einen* einzigen *Streitgegenstand* der Auflösungsklage (§ 133 HGB) an, kann es eine Klageänderung innerhalb dieses prozessualen Anspruchs *nicht* geben[50].

Deswegen ist es dem Kläger gestattet, im Laufe des Prozesses andere als die zunächst geltend gemachten Tatsachen vorzubringen. Das Gericht kann dann der Klage aufgrund einer Gesamtwürdigung *aller* Umstände stattgeben, d. h. auch unter Einbeziehung der nachträglich vorgebrachten. Ja im Einzelfall kann es sogar seine Entscheidung ausschließlich auf die nachgeschobenen Tatsachen stützen, wenn diese allein dem Gericht ausreichen um ein Scheitern der Gesellschaft anzunehmen[51]. Die Einbeziehung aller Gestaltungsgründe bzw. aller Tatsachen, die den Klageantrag rechtfertigen, ist auch sachlich angebracht, da sie zur Konzentration der Prozesse führt und der Druck auf den Beklagten, den geänderten Vortrag als Prozeßstoff zu akzeptieren, ihm durchaus zuzumuten ist[52].

Allerdings können Tatsachen, die der Kläger nachträglich vorbringt und die bei Annahme mehrerer Streitgegenstände eine Klageänderung bewirken würden, gemäß § 296 ZPO verspätet sein[53]. Dies führt dazu, daß das Gericht diese

49 Oben im Text sub I (S. 89) mit Nachweisen in Fußn. 16 dieses Paragraphen der Arbeit.
Hier ist allerdings anzumerken, daß gerade die Interessenabwägung und Gesamtschau aller vorgetragenen Umstände meines Erachtens dafür spricht, einen *globalen Streitgegenstand* der Auflösungsklage anzunehmen und nicht nur eine Klageänderung als sachdienlich anzusehen.

50 Ebenso wenn man zwar den Lebenssachverhalt für die Bestimmung des prozessualen Anspruchs mit heranzieht, als Lebenssachverhalt aber die Gesellschafterbeziehungen der Parteien ansieht (so *Habscheid*, Streitgegenstand, S. 214; *Thomas-Putzo* Einleitung II Rdnr. 31; siehe auch oben Fußn. 23 in diesem Paragraphen der Arbeit).

51 So auch schon das *Reichsgericht* (*RGZ* 101, 242 [245]) für die Klage auf Ausschließung (§ 140 HGB) und auf Übernahme (§ 142 HGB).

52 Vgl. *Stein-Jonas-Leipold* § 322 Rdnr. 104; siehe auch schon oben sub A 2 (S. 94) und Fußn. 108 des § 2 der Arbeit.

53 Im Falle einer Klageänderung stellt das neue Vorbringen dagegen kein Angriffs*mittel* dar, das gemäß § 296 ZPO verspätet sein kann, es ist vielmehr ein eigener neuer An-

Angriffsmittel nach § 296 Abs. 1 ZPO zurückweisen muß, wenn sie der Kläger erst nach Ablauf einer hierfür gesetzten Frist vorbringt und sie bei Zulassung die Erledigung des Rechtsstreits verzögern würden oder der Kläger die Verspätung nicht genügend entschuldigt. Ist keine Frist im Sinne des § 296 Abs. 1 ZPO gesetzt und würde die Zulassung der unter Verstoß gegen die allgemeine Prozeßförderungspflicht[54] zu spät vorgebrachten Angriffsmittel zu einer Verzögerung des Rechtsstreits führen, so kann das Gericht die Angriffsmittel nach § 296 Abs. 2 ZPO zurückweisen, wenn die Verspätung auf grober Nachlässigkeit beruht.

Die vorzunehmende Abwägung der Interessen und die Gesamtschau aller vorgetragenen Umstände ist also auf die *rechtzeitig* vorgebrachten Umstände und Tatsachen beschränkt. Dies hat zur Folge, daß eine umfassende Überprüfung, ob das Zusammenwirken der Gesellschafter zur Erreichung des Gesellschaftszwecks beeinträchtigt und dem Kläger die Fortsetzung der Gesellschaft unzumutbar ist[55], bei Annahme eines globalen Streitgegenstandes für die Auflösungsklage der OHG oder KG *nicht immer* möglich ist.

Dies spricht unter dem Gesichtspunkt der Klageänderung aber nicht unbedingt *gegen* die Annahme *eines einzigen Streitgegenstandes* und *für* das Vorliegen *mehrerer prozessualer Ansprüche*. Es ist zu bedenken, daß eine Gesamtwürdigung *aller vorhandenen* Umstände in der Praxis häufig nicht möglich sein wird, weil die Entscheidung des Gerichts im Rahmen des Beibringungsgrundsatzes immer durch die *vorgetragenen* Tatsachen beschränkt ist[56]. Auch ist zu beachten, daß § 296 ZPO der Prozeßbeschleunigung dient und die Parteien zu rechtzeitigem Vorbringen anhalten und ein prozeßverzögerndes Verhalten bekämpfen soll[57]. Außerdem wird § 296 ZPO oftmals nicht eingreifen. Erkennt der Kläger im Laufe des Verfahrens, daß sein Sachvortrag nicht ausreicht und ergänzt oder ändert er ihn entsprechend, so fehlt es meist auch an einer diesbezüglichen Fristsetzung des Gerichts[58]. Auch ist eine dadurch bedingte Ver-

---

griff (vgl. *Rosenberg-Schwab-Gottwald* § 69 II 4; *Stein-Jonas-Leipold* § 296 Rdnr. 39; *Stein-Jonas-Schumann* § 263 Rdnr. 20; *Thomas-Putzo* § 296 Rdnr. 33 in Verbindung mit § 146 Rdnr. 2; *Zöller-Greger* § 296 Rdnr. 4).

54 *Stein-Jonas-Leipold* § 296 Rdnr. 94; *Thomas-Putzo* § 296 Rdnr. 3; *Zöller-Greger* § 296 Rdnr. 26.

55 Vgl. oben sub I (S. 89).

56 Vgl. *Rosenberg-Schwab-Gottwald* § 78 II; *Stein-Jonas-Leipold* Vor § 128 Rdnr. 75 ff.

57 *Stein-Jonas-Leipold* § 296 Rdnr. 1; *Zöller-Greger* § 296 Rdnr. 1.

58 Selbst bei Fristsetzung wäre die Frist auch dadurch nicht versäumt, daß der Vortrag des Klägers Inhaltsmängel aufweist (vgl. *Zöller-Greger* § 296 Rdnr. 10).

zögerung des Rechtsstreits meist kein Verstoß gegen die Prozeßförderungspflicht, jedenfalls beruht sie in aller Regel nicht auf grober Nachlässigkeit[59].

D. Materielle Rechtskraft

1. Bezüglich der Prozeßparteien

Bei Annahme nur *eines Streitgegenstandes* der Auflösungsklage nach § 133 HGB steht, nachdem die Klage abgewiesen wurde, einem erneuten gerichtlichen Begehren auf Auflösung der OHG oder KG *durch denselben Beklagten* die Rechtskraft der ersten Entscheidung gemäß § 322 Abs. 1 ZPO entgegen. Da es für die materielle Rechtskraft auf die Parteirolle nicht ankommt[60], könnte *auch* ein auf der *Beklagtenseite* beteiligter Gesellschafter *keine* zulässige erneute Auflösungsklage erheben. Dies würde bedeuten, daß eine weitere Klage auf Auflösung der Gesellschaft *auch* aufgrund eines Sachverhalts ausgeschlossen wäre, der zum Zeitpunkt der letzten mündlichen Verhandlung zwar vorlag, dem Gericht aber nicht vorgetragen wurde[61]. Um diese Präklusion mit weiteren Tatsachen, die die Auflösung zu rechtfertigen vermögen, zu vermeiden, wären die Gesellschafter im gerichtlichen Gesellschaftsauflösungsverfahren genötigt, alle Tatsachen vorzutragen, die *möglicherweise* dazu beitragen, daß das Gericht zu dem Ergebnis kommt, das Zusammenwirken der Gesellschafter zur Erreichung des Gesellschaftszwecks sei beeinträchtigt und dem Kläger sei die Fortsetzung der Gesellschaft unzumutbar.

Dies würde zu einer Ausuferung des Rechtsstreits führen[62]. Außerdem wären auch *die* Gesellschafter an einer zweiten Klage gehindert, denen die entspre-

---

59 Ebenso, wenn die nachträglich vorgebrachten Umstände erst im Laufe des Prozesses eingetreten sind (so in dem vom *Reichsgericht* entschiedenen Fall, siehe oben Fußn. 51 dieses Paragraphen der Arbeit).
Zu den strengen Anforderungen an die grobe Nachlässigkeit: *Rosenberg-Schwab-Gottwald* § 69 II 2 b; *Stein-Jonas-Leipold* § 296 Rdnr. 105 ff.; *Zöller-Greger* § 296 Rdnr. 30 in Verbindung mit *Zöller-Schneider* § 528 Rdnr. 23 ff.

60 Vgl. *Stein-Jonas-Leipold* § 322 Rdnr. 196; siehe auch schon oben § 4 sub II D 4 b (S. 57).

61 Vgl. *Stein-Jonas-Leipold* § 322 Rdnr. 104; *Zöller-Vollkommer* Einleitung Rdnr. 80; siehe auch *Brox* JuS 1962, 121 (127). Dazu auch oben § 2 sub VI B (S. 19) sowie für die Gestaltungsklagen aus dem Bereich der Eheauflösung oben § 4 sub II D 4 a (S. 55) und § 7 sub III C (S. 85 f.).

62 Vgl. *Stein-Jonas-Schumann* Einleitung Rdnr. 294; siehe auch oben § 2 sub VI D (S. 22), § 5 sub III D (S. 71) und § 7 sub III C (S. 85).

chenden Tatsachen zunächst unbekannt geblieben waren und sogar unerkennbar waren[63]. Aus diesen Gründen ist für den *Urteilsgegenstand* auch bei der Auflösungsklage nach § 133 HGB *nicht allein* vom *Antrag* auszugehen. Vielmehr ist der von den Parteien vorgetragene Tatsachenkomplex, einschließlich der zwar nicht vorgetragenen, bei natürlicher Betrachtungsweise aber dazugehörenden Tatsachen[64], dem Streitgegenstand der materiellen Rechtskraft mit zugrunde zu legen[65].

Wolfgang Grunsky[66] betont dagegen allerdings, daß es im Interesse aller Beteiligten ist, *endgültig* über den Fortbestand des Rechtsverhältnisses Bescheid zu wissen. Die Zulassung einer "ratenweisen" Geltendmachung der verschiedenen Gestaltungsgründe würde eine allzugroße und insbesondere überflüssige Rechtsunsicherheit bedeuten. Dem ist entgegenzuhalten, daß zwar ein praktisches Bedürfnis nach definitiver Klärung der Rechtslage besteht[67], *Grunskys* Auffassung aber zur Ausuferung des Rechtsstreits führen kann und die Präklusion auch mit den dem Kläger unbekannten, aber gleichwohl zum Zeitpunkt der letzten mündlichen Verhandlung vorhandenen Tatsachen unbillig ist und auch nicht im Interesse des Beklagten gefordert werden kann[68]. Will der Klagegegner endgültig über den Fortbestand der Gesellschaft Bescheid wissen und vermeiden, nach Abweisung der ersten Klage mit einem erneuten Auflösungsprozeß überzogen zu werden, so kann er dies durch eine Feststellungswiderklage (§§ 256, 33 ZPO) erreichen. Weiß er von Tatsachen, die möglicherweise ein Scheitern der Gesellschaft begründen, die der Kläger im laufenden Verfahren aber nicht vorbringt, so kann er beantragen, festzustellen, daß die Gesellschaft *nicht* aufgrund dieser von ihm vorgetragenen Tatsachen gescheitert ist und *nicht deswegen* aufzulösen ist.

---

63 Vgl. *Stein-Jonas-Leipold* § 322 Rdnr. 104; *Zöller-Vollkommer* Einleitung Rdnr. 80; siehe auch oben § 2 sub VI B (S. 19), § 4 sub II D 4 a (S. 55 f.) und § 7 sub III C (S. 85 f.).

64 Vgl. *Stein-Jonas-Leipold* § 322 Rdnr. 230; siehe auch oben § 2 sub VI D (S. 22).

65 Zur Lehre vom Urteilsgegenstand siehe oben § 2 sub VI B und D (S. 18 f., 21 ff.). Vgl. auch § 4 sub II D 4 a (S. 55), § 5 sub III D (S. 71) und § 7 sub III C (S. 86). *Karsten Schmidt* (*Schlegelberger-Schmidt* § 133 Rdnr. 59) stellt dagegen auf den geltend gemachten Streitstoff bzw. den geprüften Lebenssachverhalt ab.

66 *Grunsky*, Grundlagen, § 5 III 2.

67 *Schmidt* JZ 1977, 769 (771).

68 Vgl. *Stein-Jonas-Leipold* § 322 Rdnr. 104.

2. Bezüglich der nicht als Partei am Auflösungsrechtsstreit beteiligten Gesellschafter

Für die Auflösungsklagen der OHG und KG ergibt sich in bezug auf die materielle Rechtskraft ein Sonderproblem, das daraus resultiert, daß diejenigen Gesellschafter, die nicht Kläger sind, aber bindend in eine Auflösung eingewilligt haben, nicht als Parteien am Rechtsstreit beteiligt sein müssen[69].

Da die Rechtskraft grundsätzlich nur zwischen den Parteien wirkt[70], entfaltet ein Urteil auch nur Rechtskraftwirkung zwischen denjenigen Gesellschaftern, die Kläger oder Beklagte waren. Entscheidend ist dies bei *Abweisung* der Klage; wird ihr *stattgegeben* bindet die *Gestaltungswirkung* jedermann[71]. Diese Beschränkung der Rechtskraft auf die Prozeßparteien hat zur Folge, daß diejenigen Gesellschafter, die zwar dem Kläger gegenüber ihre Einwilligung zur Auflösung erklärt, aber nicht selbst geklagt haben und wegen ihres Einverständnisses auch nicht auf der Passivseite beteiligt waren, durch die Rechtskraft des abweisenden Urteils nicht gehindert sind, eine Auflösungsklage *mit dem gleichen Sachvortrag* zu erheben[72]. Trotz materieller Rechtskraft kann über den - abgesehen von den Parteien - *identischen prozessualen Anspruch* dann erneut gestritten werden und zwar gegen denselben (dieselben) Beklagten, wenn nur Kläger ein anderer Gesellschafter ist.

Dies läuft dem Institut der materiellen Rechtskraft zuwider[73]. Es ist deshalb zu untersuchen, ob das Urteil nicht auch Wirkung gegenüber denjenigen Gesell-

---

69 Oben sub III A 1 (S. 93) mit Nachweisen zu dieser ganz herrschenden Auffassung in Fußn. 31 in diesem Paragraphen der Arbeit.

70 *Stein-Jonas-Leipold* § 322 Rdnr. 196; § 325 Rdnr. 1 ff. (Rdnr. 8 für ein Urteil, das eine Gestaltungsklage abweist); *Zöller-Vollkommer* Vor § 322 Rdnr. 52; § 325 Rdnr. 3 ff.

71 Oben § 4 sub II D 4 vor a (S. 54 f.) mit Nachweisen in Fußn. 163 des § 4 der Arbeit.

72 Aufgrund eines *neuen Sachvortrags* ist ein weiterer Auflösungsantrag auch durch die Prozeßparteien möglich, da Tatsachen, die erst nach Schluß der letzten mündlichen Tatsachenverhandlung entstanden sind, von der Rechtskraft nicht erfaßt werden (*Rosenberg-Schwab-Gottwald* § 155 I; *Thomas-Putzo* § 322 Rdnr. 43; *Zöller-Vollkommer* Vor § 322 Rdnr. 53). Dabei müssen *nicht sämtliche* Tatsachen neu sein. Es genügt vielmehr, daß *mindestens eine* neu entstandene Tatsache vorgetragen wird. In die notwendige *Gesamtschau*, ob ein Sachverhalt vorliegt, der das Zusammenwirken der Gesellschafter zur Erreichung des Gesellschaftszwecks beeinträchtigt und dem Kläger die Fortsetzung der Gesellschaft unzumutbar macht (vgl. oben sub I [S. 89]), sind auch die alten Tatsachen mit einzubeziehen (vgl. die entsprechende Lösung beim Ehescheidungsverfahren oben § 4 sub II D 4 a [S. 56]).

73 Die materielle Rechtskraft dient primär dazu, im Interesse der Parteien deren streitige Beziehungen endgültig zu ordnen (*Stein-Jonas-Leipold* § 322 Rdnr. 32). Bei Klageab-

schaftern entfaltet, die zwar nicht als Parteien beteiligt waren, in den Prozeß aber eingewilligt haben. Dabei ist zu beachten, daß, soweit nicht gesetzliche Ausnahmen von dem Grundsatz der parteibezogenen Rechtskraftwirkung statuiert sind, weitere Fälle der *Rechtskrafterstreckung* nur unter besonderen Voraussetzungen der Nichtpartei zumutbar sind, da sie den Ablauf und Ausgang des Prozesses nicht beeinflussen kann[74].

Anerkannt ist Rechtskrafterstreckung unter anderem bei *Prozeßführung über ein fremdes Recht*, wenn der Rechtsinhaber der Führung des Prozesses durch den Rechtsfremden zustimmt[75]. Der Gesellschafter, der auf Auflösung der OHG oder KG klagt, tritt allerdings nicht als Prozeßstandschafter auf, sondern macht zur Gänze ein *eigenes Recht* geltend, da das Klagerecht jedem Gesellschafter als Individualrecht zusteht[76]. Die Situation ist aber vergleichbar: Der Rechtsinhaber, der der Prozeßführung durch den Prozeßstandschafter zustimmt, verzichtet damit darauf, im Prozeß als Partei aufzutreten und dadurch den Ausgang des Prozesses eventuell zu beeinflussen. Wegen dieses Verzichts muß er es hinnehmen, daß die Rechtskraft des Urteils sich auch auf ihn erstreckt. Der Gesellschafter, der der Auflösungsklage zustimmt, verzichtet darauf, sich als Kläger am Auflösungsrechtsstreit zu beteiligen. Gleichzeitig vermeidet er, daß er, obwohl er *für* die Auflösung der OHG oder KG ist, mitverklagt wird. Dies müßte der Kläger anderenfalls tun; sonst wäre die Klage schon wegen einer fehlenden Prozeßvoraussetzung als unzulässig abzuweisen[77]. Deswegen ist es meines Erachtens von dem zustimmenden Gesellschaf-

---

weisung will sie den Beklagten davor schützen, erneut mit der identischen Klage überzogen zu werden. Daneben existiert die materielle Rechtskraft aus Rücksicht auf die Gerichte: Sie sollen wegen eines unanfechtbar entschiedenen Streits nicht von neuem angegangen werden und widerstreitende Entscheidungen sollen vermieden werden (*Rosenberg-Schwab-Gottwald* § 151 I).

74 *Blomeyer*, Zivilprozeßrecht, § 91 II 3 b; *Stein-Jonas-Leipold* § 325 Rdnr. 2 f.

75 *Stein-Jonas-Leipold* § 325 Rdnr. 62 f.; *Thomas-Putzo* § 51 Rdnr. 24, 39; § 325 Rdnr. 4.
Dies gilt auch bei der Prozeßführung eines Miteigentümers über das Eigentum im Ganzen (§ 1011 BGB) als gesetzlicher Prozeßstandschafter (*Palandt-Bassenge* § 1011 Rdnr. 2), wenn der andere Miteigentümer zustimmt. Das in diesem Rechtsstreit ergehende Urteil erwächst auch dem zustimmenden Miteigentümer gegenüber in Rechtskraft (*BGH* LM § 1011 BGB Nr. 3 = NJW 1985, 2825 mit zahlreichen weiteren Nachweisen).
Zu weiteren Fällen der Rechtskrafterstreckung siehe *Stein-Jonas-Leipold* § 325 Rdnr. 3 ff.; *Zöller-Vollkommer* § 325 Rdnr. 13 ff.

76 *Baumbach-Duden-Hopt* § 133 Anm. 2 A; *Ulmer*, in: Großkomm. HGB, § 133 Anm. 44 f; *Schmidt*, Gesellschaftsrecht, § 52 III 7 c.

77 *Ulmer*, in: Großkomm. HGB § 133 Anm. 52; *ders.*, Festschrift für Ernst Geßler, S. 269 ff. (274).

ter hinzunehmen, wenn das Urteil *auch ihm gegenüber* materielle Rechtskraft entfaltet. Nur so können die beklagten Gesellschafter davor geschützt werden, erneut aufgrund desselben Sachverhalts (Tatsachenkomplexes) mit einer Auflösungsklage überzogen zu werden.

IV. Ergebnis

Insbesondere die gefundenen Resultate betreffend die Rechtshängigkeit und die Klagenhäufung sprechen entscheidend dafür, bei der Auflösungsklage *während des anhängigen Rechtsstreits* nur *einen Streitgegenstand* anzunehmen. Dieser wird allein durch den *Antrag* bestimmt, ohne daß der vorgetragene Auflösungs*grund* (Sachverhalt, Tatsachenkomplex) ihn beeinflußt.

Allein beim *Urteilsgegenstand* ist wegen der umfassenden Rechtskraftwirkung eines weit gefaßten prozessualen Anspruchs der dazugehörige Tatsachenkomplex (Lebenssachverhalt im Sinne der zweigliedrigen Streitgegenstandslehre) in die Bestimmung des prozessualen Anspruchs mit einzubeziehen. Die Wirkung der Rechtskraft ist auch auf die nicht am Prozeß beteiligten Gesellschafter zu erstrecken.

§ 9
Die Klage auf Ausschließung nach § 140 HGB und die Übernahmeklage nach § 142 HGB

I. Der wichtige Grund

§ 140 Abs. 1 HGB gestattet die Ausschließung eines Gesellschafters mittels eines Gestaltungsurteils[1], wenn in der Person eines Gesellschafters ein Umstand eintritt, der nach § 133 HGB für die übrigen Gesellschafter das Recht begründet, die Auflösung der Gesellschaft zu verlangen. Wegen dieser Verweisung auf § 133 HGB ist der Ausschließungsgrund fast identisch mit dem Auflösungsgrund nach § 133 HGB. Der Sachverhalt, der das Zusammenwirken der Gesellschafter beeinträchtigt, muß aber speziell *in der Person des auszuschließenden Gesellschafters* begründet sein; den übrigen Gesellschaftern muß die Fortsetzung des Gesellschaftsverhältnisses *gerade mit dem auszuschließenden Gesellschafter* aus Gründen, *die in dessen Person liegen*, nicht mehr zumutbar sein[2].

Entsprechend ist bei der Übernahmeklage gemäß § 142 HGB, die nichts anderes darstellt als die Ausschließung (§ 140 HGB) aus der Zwei-Mann-Gesellschaft[3], der Übernahmegrund zu bestimmen. § 142 HGB wiederholt den § 140 HGB für den Sonderfall der zweigliedrigen Gesellschaft[4]. Ein wichtiger Grund im Sinne des § 142 HGB liegt folglich dann vor, wenn dem vertragstreuen Gesellschafter[5] die Fortsetzung des Gesellschaftsverhältnisses mit dem anderen

---

1 GK-HGB-*Feddersen* § 140 Rdnr. 2; *Heymann/Emmerich* § 140 Rdnr. 28; *Hueck*, Festschrift für den Carl Heymanns Verlag, S. 287 ff. (290); *Schlosser*, Gestaltungsklagen, S. 52; *Schmidt*, Gesellschaftsrecht, § 50 III 1 a; *ders.* JuS 1986, 35 (36).
Für die *Publikums-KG* soll § 140 HGB jedoch keine Anwendung finden. Die Ausschließung eines persönlich haftenden Gesellschafters soll durch konstitutiv wirkenden Mehrheitsbeschluß zulässig sein, vgl. *Reichert-Winter* BB 1988, 981 (984, 992).

2 *BGHZ* 31, 295 (304); *Hueck*, Das Recht der OHG, § 29 I 2 c; *Schlegelberger-Schmidt* § 140 Rdnr. 8; *Ulmer*, in: Großkomm. HGB, § 140 Anm. 2 ff.; *H. Westermann*, in: Handbuch der Personengesellschaften, I. Teil Rdnr. 407; *Heymann/Emmerich* § 140 Rdnr. 6 mit weiteren Nachweisen.

3 *Baumbach-Duden-Hopt* § 142 Anm. 1 A; GK-HGB-*Feddersen* § 142 Rdnr. 1; *Heymann/Emmerich* § 142 Rdnr. 1; *Schlegelberger-Schmidt* § 142 Rdnr. 1; *Schmidt*, Gesellschaftsrecht, § 50 III 2 a; *H. Westermann*, in: Handbuch der Personengesellschaften, I. Teil Rdnr. 571.

4 *Heymann/Emmerich* § 142 Rdnr. 7; *Schmidt*, Gesellschaftsrecht, § 50 III 2 a, b.

5 Terminologie nach *Heymann/Emmerich* § 142 Rdnr. 1 ff., wobei zu beachten ist, daß mit der Bezeichnung "vertragstreu" und "vertragsuntreu" nur mögliche Unklarheiten

Gesellschafter aus Gründen in dessen Person nach den gesamten Umständen des Falles nicht mehr zuzumuten ist, namentlich wenn das gegenseitige Vertrauensverhältnis zwischen den Gesellschaftern so nachhaltig zerrüttet ist, daß weitere, gedeihliche Zusammenarbeit der Gesellschafter im gemeinsamen Interesse nicht mehr zu erwarten ist[6].

Bei beiden Klagen ist deshalb meines Erachtens jeweils - wie auch schon bei der Auflösungsklage[7] - von *einem einzigen* Ausschließungs- bzw. Übernahmegrund auszugehen. Dieser kann als *Scheitern der Zusammenarbeit mit dem auszuschließenden Gesellschafter* bzw. *mit dem vertragsuntreuen*[8] *Gesellschafter* bezeichnet werden.

II. Der Streitgegenstand

Schon wegen dieses einzigen Ausschließungs- bzw. Übernahmegrundes ist auch jeweils nur *ein Streitgegenstand* anzunehmen[9]. Außerdem sprechen die gleichen Erwägungen wie bei der Auflösungsklage (§ 133 HGB) für einen *globalen Streitgegenstand*, der allein durch den Antrag zu bestimmen ist[10]. Wiederum ist in bezug auf die Rechtskraft aber der vorgetragene oder der bei na-

---

ausgeschaltet werden sollen, die auftreten können, wenn man wie das Gesetz von "dem einen" und "dem anderen" Gesellschafter spricht.

6 *Heymann/Emmerich* § 142 Rdnr. 8 mit zahlreichen Nachweisen.

7 Oben § 8 sub I a. E. (S. 90).

8 Zur Terminologie beachte oben Fußn. 5 in diesem Paragraphen der Arbeit.

9 Für *Karsten Schmidt* (*Schlegelberger-Schmidt* § 140 Rdnr. 58; § 142 Rdnr. 5) ist sogar der Streitgegenstand der Ausschließungs- und der Übernahmeklage derselbe, weil *Schmidt* die Übernahmeklage in Wirklichkeit als eine Klage auf Ausschließung eines Gesellschafters ansieht.

10 *Karl Heinz Schwab* (Streitgegenstand, S. 98) nimmt zwar an, daß verschiedene Sachverhalte auch zu verschiedenen Gründen im Sinne des § 133 HGB führen können, er stellt aber für die Bestimmung des prozessualen Anspruchs ebenfalls allein auf den Antrag ab, so daß auch er das Vorliegen nur *eines* Streitgegenstandes bejaht. *Schwab* betont, daß deswegen für ein abweisendes Urteil kein Raum sei, wenn das Gericht nur *einen* Grund für stichhaltig, den *anderen* aber für unbegründet hält.
Dagegen geht *Max Vollkommer* (*Zöller-Vollkommer* Einleitung Rdnr. 80) von mehreren prozessualen Ansprüchen aus, wenn der Kläger verschiedene Klagegründe vorbringt. So soll eine auf Krankheit des Beklagten gestützte Übernahmeklage einen anderen Streitgegenstand haben als ein mit Veruntreuungen des Beklagten begründeter Antrag. Siehe auch schon oben Fußn. 23 des § 8 der Arbeit; dort auch zur Auffassung von *Heinz Thomas* und *Hans Putzo*, die *Vollkommer* kritisiert.
Für *Karsten Schmidt* (*Schlegelberger-Schmidt* § 140 Rdnr. 58) ist Streitgegenstand der Klage nach § 140 HGB die Ausschließung des betreffenden Gesellschafters auf der Basis des vorgetragenen tatsächlichen Lebenssachverhalts.

türlicher Betrachtungsweise mit umfaßte Tatsachenkomplex zusätzlich heranzuziehen und dem *Urteilsgegenstand* zugrunde zu legen.

Auch eine *Rechtskrafterstreckung* auf diejenigen Gesellschafter, die nicht als Parteien am Rechtsstreit beteiligt sind, aber einer Klage auf Ausschließung eines Gesellschafters (§ 140 HGB) zugestimmt haben, ist anzunehmen[11], wenn man die Zustimmung genügen läßt[12] und nicht die Klage *aller* Mitgesellschafter (als notwendige Streitgenossen nach § 62 Abs. 1 zweite Alternative ZPO[13]) verlangt[14]. Im Unterschied zur Auflösungsklage ist es aber nicht nötig, einen

---

11 Zu den möglichen Auswirkungen fehlender Rechtskraft gegenüber dem Zustimmenden (neben den in § 8 sub III D 2 [S. 101 ff.] behandelten Folgen): *Merle* ZGR 1979, 65 (72 ff.).

12 *Baumbach-Duden-Hopt* § 140 Anm. 3 A; *Heymann/Emmerich* § 140 Rdnr. 22; *Pabst* BB 1978, 892; *H. Westermann*, in: Handbuch der Personengesellschaften, I. Teil Rdnr. 414; *BGH* LM § 133 HGB Nr. 3 = NJW 1958, 418 (419).
Der *Bundesgerichtshof* (*BGHZ* 64, 253; 68, 81) läßt für den Fall, daß ein Gesellschafter seine Mitwirkung an der Ausschließungsklage verweigert, eine *Leistungsklage auf Zustimmung* zu der Gestaltungsklage zu. Diese kann gleichzeitig mit der Klage gegen den auszuschließenden Gesellschafter erhoben werden. Das Leistungsurteil ersetzt die Mitwirkung bei der Gestaltungsklage nach § 894 ZPO. Vgl. dazu auch *Haarmann/Holtkamp* NJW 1977, 1396; *Merle* ZGR 1979, 65; *Pabst* BB 1978, 892; *Schmidt*, Gesellschaftsrecht, § 50 III 1 c bb; *ders.* JuS 1977, 686; *Ulmer* JZ 1976, 97; *H. P. Westermann* NJW 1977, 2185; *Westermann-Pöllath* II 1 d aa; siehe auch unten sub III A (S. 109 f.).

13 *BGHZ* 30, 195 (197); *Nickel* JuS 1977, 14 (15); *Ulmer*, in: Großkomm. HGB, § 140 Anm. 31.

14 So *Hueck*, Das Recht der OHG, § 29 I 2 c δ in Verbindung mit § 10 VII Fußn. 90; HK-HGB-*Stuhlfelner* § 140 Rdnr. 2; *Schlegelberger-Schmidt* § 140 Rdnr. 49; *Ulmer*, Festschrift für Ernst Geßler, S. 269 ff. (277 ff.); *ders.*, in: Großkomm. HGB, § 140 Anm. 32.
Helmut Kollhosser (NJW 1976, 144) sieht in der Weigerung eines zweiten Gesellschafters, sich an der Ausschließungsklage zu beteiligen, einen Ausschlußgrund auch für dessen Person. *Kollhosser* will deshalb den sich weigernden Gesellschafter ebenfalls nach § 140 HGB verklagen. Die beiden Ausschließungsklagen sollen gemeinsam erhoben, verhandelt und entschieden werden. Ähnlich *Walter F. Lindacher* (Festschrift für Heinz Paulick, S. 73 ff.), der fordert, daß alle Gesellschafter am Prozeß teilnehmen, und zwar auf der Aktiv- *oder* Passivseite. Wer die aktive Mitwirkung an der Ausschließungsklage verweigert und sich überhaupt gegen die Ausschließung sperrt, soll mitverklagt werden und ist dann Streitgenosse dessen, dessen Ausschließung begehrt wird (S. 78). Er solle aber *nicht* aus der Gesellschaft ausgeschlossen werden, da die Weigerung keinen wichtigen Grund darstelle (S. 75). So auch *Karsten Schmidt*, der ebenfalls den auf der Aktivseite nicht mitwirkenden Gesellschafter mitverklagen will (*Schlegelberger-Schmidt* § 140 Rdnr. 46). Er hält einen Antrag auf Mitwirkung (vgl. oben Fußn. 12 dieses Paragraphen der Arbeit) gegen diesen Gesellschafter aber für nicht erforderlich. Vielmehr soll eine gegen beide Gesellschafter gerichtete Klage mit dem Antrag auf Ausschließung des einen Beklagten genügen. *K. Schmidt* begründet dies damit, daß es nur darum geht, alle Gesellschafter in den Gestaltungsprozeß einzubeziehen und daß sich hinter der sogenannten Mitwirkungspflicht kein schuldrechtlicher, nach § 894 ZPO vollstreckbarer Anspruch auf Abgabe einer Mitwirkungserklärung verbirgt (*Schlegelberger-Schmidt* § 140 Rdnr. 56). Mißverständlich formuliert *K.*

Vergleich zur Situation bei der Prozeßstandschaft zu ziehen[15]; vielmehr liegt hier eine "echte" Prozeßstandschaft vor. Der Ausschlußanspruch ist nämlich kein Individualrecht wie der Auflösungsanspruch[16], sondern ein Gemeinschaftsrecht, das allen in der Gesellschaft verbleibenden Mitgliedern *gemeinschaftlich* gegen den auszuschließenden zusteht[17]. Klagen nicht alle Gesellschafter gemeinschaftlich, liegt aber die Zustimmung der nicht auf der Klägerseite auftretenden und auch nicht auszuschließenden Gesellschafter vor, so machen die Kläger ein *fremdes Recht* in Prozeßstandschaft für den oder die nicht mitwirkenden zustimmenden Gesellschafter geltend[18].

III. Sonderproblem: Ausschließung mehrerer Gesellschafter

Wenn nach Meinung der Mitgesellschafter in der Person mehrerer Gesellschafter ein Ausschließungsgrund gegeben ist, ist es zulässig, *in einem Verfahren* gleichzeitig gegen diese Mitglieder der OHG oder KG vorzugehen[19]. Daß derselbe Grund oder wenigstens ein zusammenhängender Anlaß vorliegt, ist

---

Schmidt (*Schlegelberger-Schmidt* § 140 Rdnr. 55), daß er den Streitgegenstand der Ausschließungs- und der sogenannten Mitwirkungsklage für identisch hält. In Wirklichkeit gibt es für ihn jedoch gar keine Mitwirkungsklage.

15 Oben § 8 sub III D 2 (S. 101 f.).

16 Oben § 8 sub III D 2 (S. 102) mit Nachweisen in Fußn. 76 des § 8 der Arbeit.

17 *Ulmer*, Festschrift für Ernst Geßler, S. 269 ff. (277 f.); *ders.*, in: Großkomm. HGB, § 140 Anm. 5.

18 *BGHZ* 64, 253 (259); 68, 81 (83); *Kollhosser* NJW 1976, 144; *Merle* ZGR 1979, 67 (68); *Nickel* JuS 1977, 14 (18); *Pabst* BB 1978, 892; *H. Westermann*, in: Handbuch der Personengesellschaften, I. Teil Rdnr. 414 in Verbindung mit Rdnr. 220.
Peter Ulmer (Festschrift für Ernst Geßler, S. 276 ff. [279] und in: Großkomm. HGB, § 140 Anm. 32) leugnet die Zulässigkeit einer gewillkürten Prozeßstandschaft mit der Begründung, daß das Vorliegen der für die gewillkürte Prozeßstandschaft geforderte Einräumung materieller (Allein-)Verfügungsbefugnis über das eingeklagte Recht zweifelhaft sei. Ebenso *Egbert Nickel* (JuS 1977, 14 [18]), der zusätzlich noch Bedenken gegen die Konstruktion einer gewillkürten Prozeßstandschaft mit der Begründung erhebt, daß der passiv bleibende Mitgesellschafter dann Zeuge im Ausschlußprozeß sein kann, was bei Klagebeteiligung als notwendiger Streitgenosse ausgeschlossen wäre. Teilt man die Bedenken von *Ulmer* und *Nickel*, läßt man aber - anders als *Ulmer* (vgl. oben im Text [S. 106] in Verbindung mit Fußn. 14 dieses Paragraphen der Arbeit) - die Zustimmung genügen, muß man Rechtskrafterstreckung meines Erachtens dann zumindest wegen der mit der Prozeßstandschaft *vergleichbaren Situation* bejahen.

19 *Hueck*, Das Recht der OHG, § 29 I 2 c δ; *Pabst* BB 1978, 892 (896); *Schlegelberger-Schmidt* § 140 Rdnr. 46; *Ulmer*, in: Großkomm. HGB, § 140 Anm. 33; *Westermann-Pöllath* II 1 d cc; *H. Westermann*, in Handbuch der Personengesellschaften, I. Teil Rdnr. 414.

dabei nicht erforderlich[20]. Dies ergibt sich daraus, daß die in den §§ 59, 60 ZPO statuierten Voraussetzungen der subjektiven Klagenhäufung weit auszulegen sind[21]. Entscheidend ist die *prozessuale Zweckmäßigkeit*[22]. Sollen mehrere Gesellschafter aus einer OHG oder KG ausgeschlossen werden, wäre es nicht prozeßökonomisch, dies in getrennten Verfahren zu tun. Auch wird ein Gesellschafter, der selbst einen wichtigen Grund gesetzt hat, kaum bereit sein, an einem Ausschließungsprozeß gegen einen anderen Gesellschafter freiwillig mitzuwirken[23]. Er müßte deshalb auf Zustimmung verklagt werden[24], was zu unnötiger Verzögerung und Verkomplizierung führen würde, selbst wenn man es zuläßt, die Zustimmungsklage jeweils *gleichzeitig* mit der Ausschließungsklage *in einem Verfahren* zu erheben[25].

Im Falle der Unbegründetheit der Klage gegen einen Gesellschafter muß der Antrag allerdings auch gegen den anderen beklagten Gesellschafter wegen Fehlens einer Prozeßvoraussetzung abgewiesen werden, weil es dann an der notwendigen Mitwirkung aller übrigen Gesellschafter auf der Klägerseite fehlt[26]. Soweit ein Gesellschafter nicht ebenfalls ausgeschlossen wird, muß er nämlich selbst klagen oder jedenfalls der Ausschließungsklage gegen einen anderen Gesellschafter zustimmen[27].

---

20 *Hueck*, Das Recht der OHG, § 29 I 2 c δ; *Pabst* BB 1978, 892 (896); *Schlegelberger-Schmidt* § 140 Rdnr. 50; *Ulmer*, in: Großkomm. HGB, § 140 Anm. 33; *H. Westermann*, in Handbuch der Personengesellschaften, I. Teil Rdnr. 414.

21 *Stein/Jonas/Bork* § 59 Rdnr. 2; *Thomas-Putzo* § 60 Rdnr. 1; *Zöller-Vollkommer* §§ 59, 60 Rdnr. 4.

22 *Baur-Grunsky* Rdnr. 122 f.; *Lindacher* JuS 1986, 379/540 (379 f.); *Pabst* BB 1978, 892 (896); *Rosenberg-Schwab-Gottwald* § 48 II 1 a; *Stein/Jonas/Leipold* § 59 Rdnr. 2.

23 *Pabst* BB 1978, 892 (896).

24 Vgl. dazu oben Fußn. 12 in diesem Paragraphen der Arbeit.

25 So der *Bundesgerichtshof*, vgl. oben Fußn. 12 in diesem Paragraphen der Arbeit.

26 Vgl. *BGHZ* 64, 253; *Hueck*, Das Recht der OHG, § 29 I 2 c δ; *Stein/Jonas/Bork* § 62 Rdnr. 15; *Ulmer*, in: Großkomm. HGB, § 140 Anm. 33; *H. Westermann*, in Handbuch der Personengesellschaften, I. Teil Rdnr. 414.
Anderer Ansicht ist *Karsten Schmidt* (*Schlegelberger-Schmidt* § 140 Rdnr. 50), für den es ausreicht, daß alle Gesellschafter am Prozeß beteiligt sind und der Gesellschafter, in dessen Person das Gericht einen Ausschlußgrund verneint, "mitwirkungspflichtig" ist.

27 Vgl. oben sub II (S. 106) mit Nachweisen in Fußn. 12 dieses Paragraphen der Arbeit.

A. Hilfsantrag auf Zustimmung zur Klage

Die Klageabweisung wegen fehlender Mitwirkung auf der Aktivseite können die Kläger aber dadurch vermeiden, daß sie gegenüber allen Beklagten *hilfsweise* auf Mitwirkung (Zustimmung) klagen[28]. Die Verurteilung zur Zustimmung fingiert diese Willenserklärung dann gemäß § 894 Abs. 1 Satz 1 ZPO und ersetzt die Mitwirkung bei der Gestaltungsklage[29]. So können die klagenden Gesellschafter verhindern, daß nur deswegen, weil sie *gegen mehrere* ihrer Mitglieder vorgehen, auch *der* Gesellschafter, in dessen Person ein Ausschließungsgrund *gegeben ist, in diesem Verfahren* nicht aus der OHG oder KG entfernt werden kann.

Es ist allerdings nicht unproblematisch, es genügen zu lassen, *gleichzeitig* mit der Gestaltungsklage die Leistungsklage auf Zustimmung zu erheben, da die Mitwirkung aller nicht auf der Passivseite stehenden Gesellschafter eine Prozeßvoraussetzung darstellt, die im Zeitpunkt der Klageerhebung[30] oder zumindest bei der letzten mündlichen Verhandlung[31] vorliegen muß[32]. § 894 ZPO ersetzt die Zustimmung jedoch erst mit Rechtskraft des Mitwirkungsurteils[33]. *Harry Westermann*[34] ist aber der Ansicht, die "begriffliche Schwierigkeit" sei zu überwinden, da die Verbindung der Klagen und Urteile *materielle* Interessen der Beteiligten nicht verletze und die Klage- und Urteilsverbindung prozeßökonomisch notwendig erscheine. *Robert Fischer*[35] meint gar, es würde doch wohl eine "logizistische Übertreibung" sein, Bedenken daraus herzuleiten, daß die Entscheidung gegen den widersprechenden Gesellschafter eine lo-

---

28 So auch *Nickel* JuS 1977, 14 (18); *Pabst* BB 1978, 892 (896).

29 Vgl. auch schon Fußn. 12 in diesem Paragraphen der Arbeit.

30 So *Ulmer*, in: Großkomm. HGB, § 140 Anm. 35; *ders.*, Festschrift für Ernst Geßler, S. 269 ff. (281); siehe auch *Lindacher*, Festschrift für Heinz Paulick, S. 73 ff. (76); *Pabst* BB 1978, 892 (893).

31 Vgl. *Rosenberg-Schwab-Gottwald* § 133 III 2; *Stein-Jonas-Schumann* Einleitung Rdnr. 324; *Thomas-Putzo* Vor § 253 Rdnr. 11; *Zeiss* Rdnr. 262. Ob die letzte mündliche Tatsacheninstanz oder der Schluß der Revisionsverhandlung maßgeblich ist, ist streitig.

32 *Günter Pabst* (BB 1978, 892 [894]) will die dogmatischen Bedenken dadurch ausräumen, daß er die beiden Rechtsstreitigkeiten in ein Verhältnis von Haupt- und Zwischenstreit zueinander stellt. Er zieht dazu eine Rechtsanalogie zu §§ 280, 302, 304, 599 ZPO.

33 Vgl. *BGHZ* 68, 81 (84).

34 In: Handbuch der Personengesellschaften, I. Teil Rdnr. 414 in Verbindung mit Rdnr. 212.

35 In: Großkomm. HGB, § 117 Anm. 19 und NJW 1959, 1057 (1060).

gische Sekunde vor der Entscheidung über die Entziehungsklage[36] ergehen müsse. Der *Bundesgerichtshof*[37] führt für seine Lösung den Sinngehalt und Zweck des § 140 HGB und Gründe der Prozeßökonomie an. Den konstruktiven Bedenken mißt er kein ausschlaggebendes Gewicht bei.

Der Möglichkeit einer Verbindung von Gestaltungs- und Leistungsklage stimme ich zu. Die begrifflichen Bedenken haben aus Zweckmäßigkeitsgründen zurückzutreten. Gerade wenn die Zustimmungsklage nur *hilfsweise* erhoben wird, zeigt sich der Vorteil der Verbindung von Ausschließungs- und Mitwirkungsklage. Das Ziel der Kläger ist es, mehrere Gesellschafter auszuschließen. Deshalb ist es ihnen nicht zuzumuten, zuerst all diejenigen, die sie eigentlich aus der OHG oder KG entfernen wollen, auf Zustimmung zur Ausschließung der anderen Gesellschafter zu verklagen, nur weil das Gericht möglicherweise in der Person eines Auszuschließenden einen Ausschließungsgrund nicht für gegeben hält. Der Vorteil, der sich aus dem gleichzeitigen Vorgehen gegen mehrere auszuschließende Gesellschafter ergibt[38], würde damit zunichte gemacht; das Ausschließen mehrerer Gesellschafter würde unverhältnismäßig erschwert werden.

B. Art der Streitgenossenschaft

Die im Falle der Ausschließungsklage gegen mehrere Gesellschafter auf der Passivseite vorliegende Streitgenossenschaft ist *keine notwendige*, sondern eine *einfache* (freiwillige)[39]. *Peter Ulmer*[40] schließt allerdings aus der Tatsache, daß im Fall der Unbegründetheit der Klage in bezug auf einen Gesellschafter auch die Klage gegen den anderen wegen Fehlens einer Prozeßvoraussetzung abgewiesen werden muß, daß mehrere gleichzeitig auf Ausschluß verklagte Gesellschafter *notwendige Streitgenossen* seien[41].

36 *Fischer* behandelt die Verbindung von Zustimmungs- und Gestaltungsklage im Rahmen der Entziehungsklage nach § 117 HGB, bei der die gleiche Problematik auftritt. Zur Entziehung der Geschäftsführungsbefugnis und der Vertretungsmacht (§§ 117, 127 HGB) sogleich § 10 (S. 112 ff.).

37 *BGHZ* 68, 81 (84).

38 Siehe oben vor A (S. 108).

39 *Pabst* BB 1978, 892 (896 Fußn. 67); *Stein/Jonas/Bork* § 62 Rdnr. 15.

40 In: Großkomm. HGB, § 140 Anm. 36.

41 In seinem Festschriftbeitrag (Festschrift für Ernst Geßler, S. 269 ff.) behandelt *Ulmer* zwar ausführlich die Probleme notwendiger *aktiver* Streitgenossenschaft. Bezüglich der Ausschließungsklage *gegen* mehrere Gesellschafter erörtert er aber nur die Frage, ob

Gerade weil der Ausschließungsgrund bezüglich eines Gesellschafters gegeben sein kann, bezüglich des anderen aber nicht, liegt aber *keine* notwendige Streitgenossenschaft nach § 62 Abs. 1 *zweite Alternative* ZPO vor[42]. Und auch § 62 Abs. 1 *erste Alternative* ZPO - von diesem Fall geht offenbar *Ulmer* aus - findet keine Anwendung. Würden beide Prozesse nacheinander (mit der eventuell notwendigen Zustimmung eines nicht mitklagenden Gesellschafters) durchgeführt werden, so würde gerade *nicht* einheitlich entschieden werden müssen. Dies ist aber eine Voraussetzung für die erste Alternative des § 62 Abs. 1 ZPO[43]. Daß im Fall der subjektiven Klagenhäufung bei Unbegründetheit der Klage in bezug auf einen der Streitgenossen *beide* Ausschließungsklagen abzuweisen sind (sofern nicht hilfsweise auf Zustimmung geklagt wird und dieser Antrag Erfolg hat), ist nur eine *Folge* der Tatsache, daß auf der *Aktiv*seite *jeder Klage* alle übrigen Gesellschafter stehen müssen. Außerdem ergeht gerade *keine* einheitliche *Sach*entscheidung[44], wenn in bezug auf einen Gesellschafter kein Ausschlußgrund gegeben ist (insoweit Klageabweisung als *unbegründet*), in der Person des ebenfalls verklagten Gesellschafters aber ein Sachverhalt vorliegt, der den übrigen Gesellschaftern die Fortsetzung des Gesellschaftsverhältnisses gerade mit diesem nicht mehr zumutbar macht (Abweisung dann wegen fehlender Mitwirkung des ebenfalls verklagten Gesellschafters auf der *Aktiv*seite als *unzulässig*).

---

die Prozeßbeteiligung eines der auszuschließenden Gesellschafter ganz entfallen kann, wenn dieser sich freiwillig zum Ausscheiden im Zeitpunkt der Rechtskraft des Ausschließungsurteils gegen den anderen Gesellschafter verpflichtet (S. 280).

42 *Stein/Jonas/Bork* § 62 Rdnr. 15.

43 *Zöller-Vollkommer* § 62 Rdnr. 2.
Die Rechtskraft des abweisenden Urteils wirkt zwar auch in Richtung des ebenfalls auf der Passivseite beteiligten Gesellschafters, dennoch liegt nicht der Fall vor, daß bei getrennten Prozessen das in dem einen Rechtsstreit ergehende Urteil in dem anderen Prozeß Rechtskraft äußern würde (vgl. zu diesem Anwendungsfall des § 62 Abs. 1 erste Alternative ZPO: *Stein/Jonas/Bork* § 62 Rdnr. 15).

44 Nur dann liegt ein Fall des § 62 Abs. 1 erste Alternative ZPO vor (*Lindacher* JuS 1986, 378/540 [379]; *Thomas-Putzo* § 62 Rdnr. 22).

§ 10
Die Klagen auf Entziehung der Geschäftsführungsbefugnis (§ 117 HGB) und der Vertretungsmacht (§ 127 HGB)

I. Allgemeines, insbesondere das Verhältnis der beiden Klagen zueinander

Neben den Klagen nach §§ 133, 140 und 142 HGB sieht das Handelsgesetzbuch noch die Gestaltungsklagen[1] auf Entziehung der Geschäftsführungsbefugnis, § 117 HGB, und Entziehung der Vertretungsmacht, § 127 HGB, vor[2]. Die Entziehung der Geschäftsführungsbefugnis und der Vertretungsmacht sind zwar entsprechend dem Aufbau der Organisationsregelung im Gesetz getrennt, es liegt aber ein einheitlicher Begriff vor[3]. In der Praxis werden in aller Regel auch beide Wirkungen zugleich angestrebt und angeordnet, wenn nicht im Einzelfall einmal die eine oder die andere Anordnung ausreicht[4]. Wegen der gesetzlichen Trennung sind dazu aber *zwei* Klagen erforderlich, die Verbindung der Klage auf Entziehung der Geschäftsführungsbefugnis mit der Klage auf Entziehung der Vertretungsmacht stellt eine objektive Klagenhäufung, § 260 ZPO, dar.

Es ist aber bedenklich, den Klageantrag auf Entziehung der Geschäftsführungsbefugnis dahingehend auszulegen, daß er den Antrag auf Entziehung der Vertretungsmacht einschließt[5]. Zwar sind Prozeßhandlungen der Auslegung

---

1 *Heymann/Emmerich* § 117 Rdnr. 1; § 127 Rdnr. 1; *Pabst* BB 1978, 892; *Schlegelberger-Martens* § 117 Rdnr. 22; *Schlegelberger-Schmidt* § 127 Rdnr. 20; *H. Westermann*, in: Handbuch der Personengesellschaften, I. Teil Rdnr. 216.

2 Ebenso wie für die *Ausschließung* eines persönlich haftenden Gesellschafters (vgl. Fußn. 1 des § 9 der Arbeit) sollen bei einer *Publikums-KG* die §§ 117, 127 HGB nicht zur Anwendung kommen. Die Abberufung des geschäftsführenden Gesellschafters soll vielmehr durch konstitutiv wirkenden Mehrheitsbeschluß wirksam sein, vgl. *Reichert-Winter* BB 1988, 981 (984, 992).

3 *H. Westermann*, in: Handbuch der Personengesellschaften, I. Teil Rdnr. 216.

4 *Baumbach-Duden-Hopt* § 127 Anm. 1 A; *Fischer*, in: Großkomm. HGB § 117 Anm. 11; *Hueck*, Das Recht der OHG, § 20 IV 1; *H. Westermann*, in: Handbuch der Personengesellschaften, I. Teil Rdnr. 217.

5 So *Fischer*, in: Großkomm. HGB § 117 Anm. 11; § 127 Anm. 8; *BGHZ* 51, 198 (199). Ebenso, unter Berufung auf *BGHZ* 51, 198: *Baumbach-Duden-Hopt* § 127 Anm. 1 A; *Heymann/Emmerich* § 117 Rdnr. 15; § 127 Rdnr. 5; *Hueck*, Das Recht der OHG, § 20 IV 1 Fußn. 70c; *Schlegelberger-Martens* § 117 Rdnr. 7.

zugänglich[6], doch kommt hierbei nur der *in der Erklärung verkörperte* Wille in Betracht[7]. Lautet der Antrag nur auf Entziehung der Geschäftsführungsbefugnis, so liegt ein *eindeutiger* Antrag vor, der nur dann gleichzeitig als Antrag auf Entziehung der Vertretungsmacht verstanden werden kann, wenn sich aus der Klagebegründung *klar* ergibt, daß dem Beklagten auch die Vertretungsmacht entzogen werden soll. Läßt sich ein entsprechendes Ziel nicht so sicher aus der Begründung des Antrags entnehmen, so kommt bestenfalls ein richterlicher Hinweis gemäß § 139 ZPO in Betracht[8]. Erkennt der Kläger dann, daß es zweckmäßig ist, auch auf Entziehung der Vertretungsmacht zu klagen, so muß er einen entsprechenden Antrag stellen, was dann zur objektiven Klagenhäufung, § 260 ZPO, führt. Wegen § 263 ZPO - eine Klageänderung liegt auch vor, wenn *neben* dem rechtshängigen prozessualen Anspruch ein anderer erhoben wird[9] - ist dazu die Einwilligung des Beklagten erforderlich, es sei denn, das Gericht erachtet die Änderung der Klage für sachdienlich, § 263 ZPO. Da die Sachdienlichkeit im Hinblick auf die Prozeßwirtschaftlichkeit[10] und nicht kleinlich[11] zu beurteilen ist, werden einer entsprechenden Einschätzung des Gerichts in aller Regel keine Hindernisse entgegenstehen, insbesondere weil der wichtige Grund nach § 117 HGB und § 127 HGB sich oftmals aus dem gleichen Sachverhalt (Tatsachenkomplex) ergibt.

II. Der Streitgegenstand

Mit der Aussage, daß für die Entziehung beider Befugnisse *zwei* Klagen erforderlich sind, ist schon klargestellt, daß *nicht* etwa *ein* einheitlicher Streitgegenstand *einer* Klage auf Entziehung von Geschäftsführungs- *und* Vertretungsmacht existiert, sondern jedes Begehren auch einen eigenen prozessualen Anspruch hat. Wiederum ist aber zu fragen, ob *jeweils* nur *ein* Streitgegenstand anzunehmen ist oder ob nicht vielmehr der prozessuale Anspruch vom geltend gemachten Entziehungsgrund oder dem zugehörigen Sachverhalt abhängt.

---

6 *Rosenberg-Schwab-Gottwald* § 65 III; *Stein-Jonas-Leipold* Vor § 128 Rdnr. 192.

7 *Rosenberg-Schwab-Gottwald* § 65 III; *Stein-Jonas-Leipold* Vor § 128 Rdnr. 193.

8 Auch *Robert Fischer* (in: Großkomm. HGB § 117 Anm. 8) will in Zweifelsfällen eine Klarstellung nach § 139 ZPO herbeiführen.

9 Oben § 8 sub III C 1 (S. 95 f.) mit Nachweisen in Fußn. 43 des § 8 der Arbeit.

10 *BGH* NJW 1985, 1841; MünchKommZPO-*Lüke* § 263 Rdnr. 32; *Stein-Jonas-Schumann* § 263 Rdnr. 12; *Thomas-Putzo* § 263 Rdnr. 8; vgl. auch oben § 8 sub III C 1 (S. 96).

11 *Thomas-Putzo* § 263 Rdnr. 8.

Ein wichtiger Grund im Sinne des § 117 HGB oder des § 127 HGB ist dann gegeben, wenn den Gesellschaftern nach den Umständen des Einzelfalls und unter Abwägung der Interessen aller Beteiligten eine weitere Geschäftsführungs- oder Vertretungstätigkeit des betreffenden Gesellschafters nicht mehr zuzumuten ist[12]. Wegen der Parallele zur Auflösungs-, Ausschließungs- und Übernahmeklage und den dort gefundenen Ergebnissen ist meines Erachtens auch bei den beiden Entziehungsklagen jeweils nur *ein Streitgegenstand* anzunehmen, der durch den Antrag zu bestimmen ist. Wiederum ist für die Festlegung des *Urteilsgegenstandes* nach dem Ende des Prozesses aber ein Rückgriff auch auf den Lebenssachverhalt (Lebensvorgang, Tatsachenkomplex) im Sinne der zweigliedrigen Lehre sinnvoll.

Auch *Rechtskrafterstreckung*[13] auf die Gesellschafter, die nicht als Parteien beteiligt waren, in den Prozeß aber eingewilligt haben[14] ist anzunehmen.

III. Sonderproblem: Berücksichtigung geeigneter milderer Änderungsmöglichkeiten

Nach §§ 117, 127 HGB *kann* die Geschäftsführungsbefugnis oder Vertretungsmacht eines Gesellschafters durch gerichtliche Entscheidung entzogen werden. Ein Ermessen ist dem Gericht dadurch aber nicht eingeräumt[15]. Dennoch taucht hier das Problem auf, ob das Gericht entweder den wichtigen Grund für eine Gestaltung nach §§ 117, 127 HGB deswegen verneinen darf, weil es der Ansicht ist, es gäbe ein milderes Mittel oder ob ihm sogar von Amts wegen eine Gestaltung im Sinne einer weniger einschneidenden Maßnahme gestattet ist. Eine verbreitete Meinung in der Literatur hält dies für

---

12 *Fischer*, in: Großkomm. HGB § 117 Anm. 3; § 127 Anm. 6; *Heymann/Emmerich* § 117 Rdnr. 5; HK-HGB-*Stuhlfelner* § 117 Rdnr. 3; § 127 Rdnr. 3; *Schlegelberger-Martens* § 117 Rdnr. 15; *Schlegelberger-Schmidt* § 127 Rdnr. 15; *Westermann-Pöllath* II 1 a; *H. Westermann*, in: Handbuch der Personengesellschaften, I. Teil Rdnr. 318.

13 Dazu oben § 8 sub III D 2 (S. 101 ff.) und § 9 sub II (S. 106).

14 Dies ist zulässig, vgl. *Fischer* NJW 1959, 1057 (1059); *ders.*, in: Großkomm. HGB § 117 Anm. 17; § 127 Anm. 7; *Heymann/Emmerich* § 117 Rdnr. 11; *Pabst* BB 1978, 892; *Schlegelberger-Martens* § 117 Rdnr. 24. Anderer Ansicht *Karsten Schmidt* (*Schlegelberger-Schmidt* § 127 Rdnr. 20).

15 *Heymann/Emmerich* § 117 Rdnr. 18; *Hueck*, Das Recht der OHG, § 10 VII 7; *H. Westermann*, in: Handbuch der Personengesellschaften, I. Teil Rdnr. 216; *RGZ* 122, 312 (314). Näher dazu sogleich im Text sub A (S. 115 f.).

möglich[16]. Danach soll das Gericht die Geschäftsführungsbefugnis z. B. sachlich auf einen bestimmten Geschäftszweig beschränken können oder eine Einzelgeschäftsführungs- oder Einzelvertretungsbefugnis in eine Gesamtgeschäftsführungs- oder Gesamtvertretungsbefugnis umgestalten dürfen, wenn dies zur Ausräumung der aufgetretenen Unzuträglichkeiten ausreichend ist[17]. Nach anderer Ansicht ist eine sonstige Gestaltung nur bei entsprechendem Antrag[18] oder aber gar nicht[19] zulässig.

A. Abweisung der Klage

Wie soeben schon angesprochen, eröffnet das Wort "kann" in §§ 117, 127 HGB dem Gericht *kein Ermessen*. Denn wenn im Bürgerlichen Gesetzbuch oder im Handelsgesetzbuch von einer Behörde gesagt wird, daß sie etwas tun *kann*, so ist damit nicht nur die rechtliche Zulässigkeit des Tuns bestimmt, sondern zugleich gesagt, daß sie es tun *muß*, wenn nach ihrem pflichtgemäßen Ermessen die Voraussetzungen ihres Eingreifens vorhanden sind[20]. Das bedeutet: Aus der gesetzlichen Bestimmung, daß ein Gericht unter bestimmten

---

16 So *Klaus J. Hopt* (*Baumbach-Duden-Hopt* § 117 Anm. 2) für die Entziehung der Geschäftsführungsbefugnis; anders (nur bei entsprechendem Antrag) für die Entziehung der Vertretungsmacht (*Baumbach-Duden-Hopt* § 127 Anm. 1 B); *Hueck*, Das Recht der OHG, § 10 VII 8; weitere Nachweise bei *Pabst* BB 1978, 892 (895 Fußn. 55). Auch bei den Klagen auf Auflösung der Gesellschaft (§ 133 HGB), auf Ausschließung eines Gesellschafters (§ 140 HGB) und bei der Übernahmeklage (§ 142 HGB) bejaht insbesondere der *Bundesgerichtshof* zumindest die Zulässigkeit einer *Klageabweisung* aufgrund der Möglichkeit einer milderen Maßnahme. Er lehnt beispielsweise einen Auflösungsantrag ab, wenn die Ausschließung des Auflösungsklägers gerechtfertigt erscheint (*BGHZ* 80, 346 [348 f.] für die Auflösungsklage nach § 61 I GmbHG). Ebenso verneint er die Ausschließung eines Kommanditisten mit der Begründung, der Kommanditanteil des Beklagten hätte auf einen oder beide Söhne des Beklagten übertragen werden können (*BGHZ* 18, 350 [362 ff.]). Vgl. auch *BGH* LM § 133 HGB Nr. 6.

17 Vgl. *Fischer* NJW 1959, 1057 (1058); *ders.*, in: Großkomm. HGB § 117 Anm. 26.

18 *Baumbach-Duden-Hopt* § 127 Anm. 1 B für die Entziehung der *Vertretungsmacht* (siehe auch soeben Fußn. 16 in diesem Paragraphen der Arbeit); *Heymann/Emmerich* § 117 Rdnr. 15, 18 f.; *Lukes* JR 1960, 41 (42 ff.) mit der Einschränkung, daß ein Teilentzug, der gleichzeitig mit einer anderweitigen *positiven* Ausgestaltung der Gesellschaftsverhältnisse verbunden ist, dem Richter nicht gestattet ist (dazu genauer unten im Text sub C 1 [S. 119 ff.]); *Pabst* BB 1978, 892 (896); *Schlegelberger-Martens* § 117 Rdnr. 13; *Schlegelberger-Schmidt* § 127 Rdnr. 12, 23; *H. Westermann*, in: Handbuch der Personengesellschaften, I. Teil Rdnr. 218.

19 So wohl *Fischer*, in: Großkomm. HGB, § 117 Anm. 26; *ders.* NJW 1959, 1057 (1058 f.); *Lukes* JR 1960, 41 (42 ff.) für die *positive* Gestaltung, vgl. soeben Fußn. 18 in diesem Paragraphen der Arbeit. *Robert Fischer* bezieht allerdings *nicht eindeutig* Stellung, ob er eine andere Gestaltung auf entsprechenden Antrag des Klägers zuläßt. Seine Ausführungen deuten eher auf ein völliges Verbot anderer Rechtsgestaltung hin.

20 *RGZ* 122, 312 (314).

Voraussetzungen eine Entscheidung treffen *kann*, ergibt sich zugleich eine *Verpflichtung* zu dieser Entscheidung, sobald die Voraussetzungen dafür gegeben sind[21].

Die prozessuale Situation ist demnach folgendermaßen: Dem Gericht wurde ein bestimmter Streitgegenstand zur Entscheidung vorgelegt, der sich aus dem Antrag (Entziehung der Geschäftsführungsbefugnis oder Vertretungsmacht), eventuell auch aus dem Lebenssachverhalt (Tatsachenkomplex), auf den die Klage gestützt wird, ergibt. Über diesen prozessualen Anspruch hat das Gericht zu urteilen. Hält es einen Entziehungsgrund für gegeben, so *muß* es dem Antrag entsprechen. Ist es dagegen der Auffassung, daß den Gesellschaftern nach den Umständen des Einzelfalls und unter Abwägung der Interessen aller Beteiligten eine weitere Geschäftsführungs-/Vertretungstätigkeit des Beklagten doch zuzumuten ist[22], so hat es die Klage abzuweisen. Dies ist hier ebenso wie bei anderen Klagen, seien es Gestaltungs-, Feststellungs- oder Leistungsklagen. Mit der Rechtsschutzform, in der das Begehren geltend gemacht wird (Gestaltungsklage) hat das nichts zu tun. Auch eine Ehe *muß* das Gericht bei einem entsprechenden Antrag scheiden, sobald es sie für zerrüttet hält und nicht die Härteklausel (§ 1568 BGB) eingreift. Kommt das Gericht dagegen zu dem Ergebnis, die Ehe sei nicht gescheitert, so ist der Scheidungsantrag *zwingend* abzuweisen.

Aus diesem Grunde ist für die Berücksichtigung einer milderen Alternative zur Entziehung der Geschäftsführungsbefugnis oder Vertretungsmacht kein Raum, wenn ein Entziehungsgrund gegeben ist. Das Vorliegen eines solchen Grundes darf das Gericht aber nicht mit *der* Begründung verneinen, es gäbe eine Möglichkeit für die Gesellschafter, sich so zu einigen, daß eine gerichtliche Entziehung nicht mehr nötig sei. Dies wäre genauso, als würde ein Gericht eine Leistungsklage mit der Begründung abweisen, die Parteien könnten sich doch gütlich einigen[23].

---

21 *Hueck*, Das Recht der OHG, § 10 VII 7.

22 Zu dieser Definition des wichtigen Grundes oben sub II (S. 114) mit Nachweisen in Fußn. 12 in diesem Paragraphen der Arbeit.

23 Das *Reichsgericht* (*RGZ* 122, 312 [314]; 146, 169 [179]) hat allerdings für die Ausschließungsklage nach § 140 HGB vertreten, daß es dem Richter freistehe, einen wichtigen Grund nicht anzunehmen, wenn ihm die Ausschließung unbillig erscheinen sollte. Daran ist richtig, daß - übertragen auf die Entziehung der Geschäftsführungsbefugnis und Vertretungsmacht - das Gericht die Frage, ob eine Entziehung unbillig erscheint, bei der Prüfung des wichtigen Grundes mit in die Abwägung der Interessen der Beteiligten einzubeziehen hat. (So auch *Harry Westermann*, [in: Handbuch der

Außerdem steht der Klageabweisung unter Berücksichtigung einer weniger einschneidenden Maßnahme auch oft der Verhandlungsgrundsatz entgegen, der bei den Verfahren nach §§ 117, 127 HGB gilt[24]. Grundlage der Entscheidung dürfen danach nur Tatsachen sein, die von einer Partei vorgetragen worden sind. Die Berücksichtigung einer Alternativlösung - und sei es nur insoweit, als sich daraus die fehlende Notwendigkeit für eine Entziehung der Geschäftsführungsbefugnis oder Vertretungsmacht ergibt - wäre danach nur zulässig, wenn eine Partei die entsprechenden Fakten in den Prozeß eingebracht hat[25].

B. Andere Rechtsgestaltung von Amts wegen

Da eine Klageabweisung mit der Begründung, die Gesellschafter könnten doch statt dessen ihre Beziehungen ändern, - wie soeben erörtert - nicht zulässig ist, bleibt die Frage, ob das Gericht dann nicht selbst die weniger einschneidende Änderung vornehmen darf[26].

Nach dem eindeutigen Wortlaut der §§ 117, 127 HGB ist dem Gericht *nur* die Befugnis gegeben, die Geschäftsführungsbefugnis oder Vertretungsmacht zu *entziehen*, eine andere Gestaltungsmöglichkeit betreffend die Geschäftsführungsbefugnis oder die Vertretungsmacht hat der Gesetzgeber nicht an die Gerichte übertragen. Man könnte allerdings argumentieren, daß eine weniger einschneidende Maßnahme als die *Entziehung* der Geschäftsführungsbefugnis oder Vertretungsmacht *erst recht* zulässig sein müßte (argumentum a maiore ad minus), wenn diese zur Beseitigung des Zustandes, der den wichtigen Grund für die Klageerhebung ergeben hat, geeignet ist. Dies hieße aber, sich über den Klageantrag hinwegzusetzen. Anders als bei einer Leistungsklage, mit der der Kläger eine bestimmte Geldsumme verlangt, das Gericht ihm aber einen geringeren Betrag zuspricht, ist die andere Gestaltung bei der Entziehungsklage

---

Personengesellschaften, I. Teil Rdnr. 216], der den wichtigen Grund als einen *Schulfall des "unbestimmten Rechtsbegriffs"* bezeichnet, bei dessen Anwendung im Einzelfall immer eine gewisse "tatsächliche Schwankungsbreite" besteht, zumal jeder Umstand des Sachverhalts nach seiner Wirkung auf die Zumutbarkeit zu bewerten ist.) Dennoch darf der Richter nicht so weit gehen, die Unbilligkeit und sogar das Fehlen eines wichtigen Grundes damit zu begründen, es käme eine mildere Lösung in Betracht, die die Parteien wählen könnten.

24 *Pabst* BB 1978, 892 (896).

25 Vgl. auch *Pabst* BB 1978, 892 (896) und *Schlegelberger-Martens* § 117 Rdnr. 13.

26 So insbesondere *Hueck*, Das Recht der OHG, § 10 VII 8.

nicht ein *Teil* (ein *Minus*) des Beantragten, sondern ein *Aliud*[27]. Das Gericht hat dann nicht über den vom Kläger zur Entscheidung gestellten Streitgegenstand entschieden, sondern über einen anderen prozessualen Anspruch[28].

Eine andere als die beantragte Rechtsgestaltung verletzt demnach § 308 ZPO[29] und ist auch nicht damit zu rechtfertigen, daß ein Bedürfnis nach richterlicher Rechtsfortbildung zur Herbeiführung ausgewogener, praktisch zufriedenstellender und billiger Lösungen zur Vermeidung schwerer volkswirtschaftlicher und damit sozial unerwünschter Konsequenzen besteht[30].

Abgesehen von der Unzulässigkeit der Berücksichtigung milderer Änderungsmöglichkeiten von Amts wegen, spricht für das gefundene Ergebnis noch, daß eine Gestaltungsmöglichkeit durch das Gericht mit den Interessen der Gesellschafter nicht zu vereinbaren ist. Ihnen würde eine Gestaltung ihrer Gesellschaftsverhältnisse aufgezwungen, die sie vielleicht selbst so nie vornehmen würden[31]. Beispielsweise kann für den Beklagten die vollständige Entziehung seiner Geschäftsführungs- und Vertretungsbefugnis im Einzelfall viel eher tragbar sein als die eingeschränkte Entziehung, weil er dann die Pflicht zur

---

27 So auch *Robert Fischer* (NJW 1959, 1057 [1058] und in: Großkomm. HGB, § 117 Anm. 26) sowie *Karsten Schmidt* (*Schlegelberger-Schmidt* § 127 Rdnr. 23). Insoweit kann auch *Rudolf Lukes* (JR 1960, 41 [45]) nicht gefolgt werden, der zwar den Teilentzug dann als ein Aliud ansieht, wenn er sich nicht in einem bloßen Vermindern der Befugnisse erschöpft, sondern gleichzeitig noch anderweitige Gestaltungen der Rechtsbeziehungen der Gesellschafter mit sich bringt, das Vorliegen eines Aliuds aber dann *verneint*, wenn der Teilentzug die Geschäftsführungsbefugnis oder Vertretungsmacht lediglich beschränkt, ohne daß damit eine sonstige Veränderung des Gesellschaftsvertrages eintritt. *Lukes* verneint aber trotz dieser Differenzierung die Zulässigkeit *jeglichen* Teilentzugs *ohne Antrag*, siehe unten Fußn. 29 in diesem Paragraphen der Arbeit.

28 *Schlegelberger-Schmidt* § 127 Rdnr. 23.

29 So auch *Lukes* JR 1960, 41 (47); *Pabst* BB 1978, 892 (896).
Rudolf Lukes betont zutreffend, daß bei § 308 ZPO immer die verschiedene *rechtliche Tragweite* maßgeblich ist. Er stellt dar, daß der Teilentzug eine andere rechtliche Tragweite hat als der völlige Entzug (bei einem Teilentzug bleibt der betroffene Gesellschafter weiterhin bei Willensbildung und Willensbetätigung für die Gesellschaft tätig, während er bei völligem Entzug der Befugnisse ohne Einfluß auf die ferneren Geschehnisse im Bereich der Geschäftsführung und bei Abschluß von Rechtsgeschäften ist) und daß deswegen das Gericht gemäß § 308 ZPO nicht auf Teilentzug erkennen darf, wenn kein entsprechender Klageantrag gestellt ist. Der Differenzierung von *Lukes*, daß die rechtliche Tragweite zwischen völligem und teilweisem Entzug zwar unterschiedlich ist, ein Aliud aber dennoch nicht immer vorliegen soll, kann ich jedoch nicht folgen.

30 So aber *Walter Stimpel*, Festschrift 25 Jahre Bundesgerichtshof, S. 13 ff. (21) für die Klagen nach §§ 133, 140, 142 HGB; vgl. auch *ders.*, in: *Pehle-Stimpel*, S. 19 ff.

31 Vgl. auch *Schlegelberger-Schmidt* § 127 Rdnr. 23.

Ausübung dieser eingeschränkten Befugnis hat und das für ihn diskriminierend sein kann[32].

C. Andere Rechtsgestaltung auf Antrag

Eine Gestaltungsklage darf nur erhoben werden, wenn sie von der Rechtsordnung zugelassen ist[33], wobei eine analoge Anwendung der Sonderregeln mit gebotener Vorsicht möglich ist[34]. Ausdrücklich läßt das Handelsgesetzbuch in den §§ 117, 127 nur die *Entziehung* der Geschäftsführungsbefugnis und Vertretungsmacht zu, über eine andere Gestaltungsmöglichkeit betreffend die Geschäftsführungsbefugnis oder die Vertretungsmacht schweigt das Gesetz[35]. Deshalb ist zu untersuchen, ob die andere Rechtsgestaltung nicht vielleicht von der Befugnis zur (Voll)Entziehung umfaßt ist oder, sollte dies zu verneinen sein, ob sich eine Lücke im Gesetz befindet, die wegen der Rechtsähnlichkeit zu der gesetzlichen Regelung und dem Bedürfnis für eine entsprechende richterliche Gestaltung durch analoge Anwendung der §§ 117, 127 HGB auszufüllen ist.

I. Die Argumentation von Rudolf Lukes

Rudolf Lukes[36] unterscheidet für diese "materiellrechtliche Zulässigkeit des Teilentzugs", wie er sie nennt, danach, ob die andere Rechtsgestaltung sich in einer reinen Verminderung der Befugnisse erschöpft oder ob sie gleichzeitig noch anderweitige Ausgestaltungen der Rechtsbeziehungen der Gesellschafter mit sich bringt[37]. So soll eine reine *Verminderung der Geschäftsführung* dann vorliegen, wenn die Geschäftsführung auf bestimmte Sachgebiete begrenzt wird, z. B. auf die kaufmännische Leitung, auf die technische Leitung oder auf einzelne Betriebszweige. Eine darüber hinausgehende *anderweitige Ausgestal-*

---

32 *Fischer* NJW 1959, 1057 (1058).

33 Sog. *numerus clausus* der Gestaltungsklagen, vgl. *Grunsky*, Grundlagen, § 38 II 3 a; *Schlosser*, Gestaltungsklagen, S. 276; siehe auch MünchKommZPO-*Lüke* Vor § 253 Rdnr. 27; *Stein-Jonas-Schumann* Vor § 253 Rdnr. 46.

34 *Rosenberg-Schwab-Gottwald* § 94 II (vor 1); *Stein-Jonas-Schumann* Vor § 253 Rdnr. 46; *Thomas-Putzo* Vorbemerkung § 253 Rdnr. 7.

35 Vgl. auch schon oben sub B (S. 117).

36 JR 1960, 41 (42 ff.).

37 Siehe auch schon oben Fußn. 27 und 29 in diesem Paragraphen der Arbeit.

tung hält *Lukes* dann für gegeben, wenn für den Gesellschafter statt der bisherigen Alleinbefugnis nunmehr eine Kollektivbefugnis zusammen mit einem oder mehreren anderen Gesellschaftern oder Prokuristen angeordnet werden würde. In bezug auf die *Vertretungsmacht* soll als reine *Verminderung* ohne positive Ausgestaltung nur die Beschränkung der Vertretungsmacht auf eine Zweigniederlassung (§ 126 Abs. 3, § 50 Abs. 3 HGB) in Betracht kommen, wogegen die Beschränkung durch echte oder unechte Gesamtvertretung eine gleichzeitig positive *Neugestaltung* beinhalten soll[38].

Den jeweils ersten Fall sieht *Lukes* als reinen Teilentzug an, der nach seiner Ansicht von dem Begriff des "Entziehens" erfaßt wird, da Entziehen nur eine negative Änderung, ein Reduzieren, bedeute, wobei es gleichgültig sei, wieviel entzogen oder vermindert werde[39]. Deshalb läßt er unter Berufung auf den Gesetzeswortlaut und auf den Sinn und Zweck der §§ 117, 127 HGB den Teilentzug mit rein negativer Auswirkung zu[40]. Den Sinn und Zweck der §§ 117, 127 HGB sieht er darin, daß sich die Auflösung der OHG oder das Ausscheiden eines Gesellschafters durch einen Interessenausgleich zwischen dem Störenfried und den anderen Gesellschaftern erübrigt. Aus diesem Grund soll im Fall der Verminderung der Geschäftsführungsbefugnis und Vertretungsmacht auch *kein Aliud* zur vollständigen Entziehung der Geschäftsführungsbefugnis und Vertretungsmacht vorliegen, sondern ein *Minus*. Der Teilentzug soll gegenüber dem Vollentzug nicht wesensverschieden, sondern nur größenverschieden sein[41].

Den Teilentzug bei gleichzeitiger positiver Ausgestaltung der Gesellschafterbeziehungen hält *Lukes* dagegen für durch die §§ 117, 127 HGB *nicht* gedeckt. Hierfür spreche, so *Rudolf Lukes*, zum einen der klare Wortlaut des Gesetzes[42]. Zum anderen habe es seinen guten Grund, daß das Gesetz in den §§ 117, 127 HGB nur und lediglich den Entzug - ganz oder teilweise - für zulässig erkläre. Eine die Privatrechtsbeziehungen positiv ergänzende Ausgestaltung sei nämlich unverhältnismäßig schwieriger als eine nur negativ ver-

---

38 *Lukes* JR 1960, 41 (43).

39 *Lukes* JR 1960, 41 (43).

40 *Lukes* JR 1960, 41 (43 f.).

41 *Lukes* JR 1960, 41 (44). Zur Kritik an der Ablehnung eines Aliuds durch *Lukes* siehe schon oben Fußn. 29 in diesem Paragraphen der Arbeit.

42 *Lukes* JR 1960, 41 (43).

mindernde Ausgestaltung[43]. Ein derart gestaltender richterlicher Eingriff würde den Richter wegen der Tragweite der Anordnung überfordern und für die Parteien wegen der ständigen Fortwirkung unzumutbar sein[44]. Aufgrund der Schwierigkeit einer positiven Rechtsgestaltung sind, wie *Lukes* ausführt[45], bei fast allen gesetzlich vorgesehenen Gestaltungsurteilen nur die ganze oder teilweise *Beseitigung* von Rechtsbeziehungen, nicht aber deren anderweitige ergänzende *positive Ausgestaltung* bestimmt. In den Fällen, in denen das Gestaltungsurteil einen positiv gestaltenden Inhalt aufweise, sei die positive Gestaltungsmöglichkeit entweder von vornherein ganz eng begrenzt oder es werde keine *ständig fortwirkende* rechtliche Gestaltung vorgenommen. Deshalb könne die durch das Urteil vorzunehmende positive Ordnung vom Richter überschaut und auch den in den Rechtsbeziehungen zueinander stehenden Personen zugemutet werden[46].

Auch eine Analogie zu §§ 117, 127 HGB hält *Lukes* für den Fall der positiven Rechtsgestaltung nicht für möglich. Dies begründet er damit, daß die §§ 117,127 HGB nur die *negative* Gestaltung zulassen und *nicht* die *positive*. Insofern fehle es am Erfordernis eines ähnlich gelagerten Tatbestandes. Außerdem müsse jeder Gedanke an die Zulässigkeit einer positiven Gestaltung daran scheitern, daß unserem Rechtssystem die Schaffung einer so weittragenden positiven Ordnung durch Gestaltungsurteil unbekannt sei[47].

2. Stellungnahme

a) Direkte Anwendung der §§ 117, 127 HGB

Nach dem Wortlaut der §§ 117, 127 HGB ist dem Gericht nur die *Entziehung* der Geschäftsführungsbefugnis und Vertretungsmacht gestattet[48]. Schon deswegen kommt eine anderweitige Gestaltung unter Berufung auf die §§ 117,

43 *Lukes* JR 1960, 41 (44).
44 *Lukes* JR 1960, 41 (45).
45 JR 1960, 41 (44)
46 *Lukes* JR 1960, 41 (44 f.).
47 *Lukes* JR 1960, 41 (46).
48 Siehe schon oben sub B (S. 117).

127 HGB nicht in Betracht[49]. Dagegen spricht darüber hinaus die Argumentation von *Lukes*[50], daß eine positiv gestaltende Änderung der Gesellschaftsbeziehungen durch den Richter sowohl von diesem nicht verlangt werden kann als auch für die Parteien unzumutbar ist.

Nicht zustimmen kann ich aber *Rudolf Lukes* in der Unterscheidung nach Teilentzug mit *rein negativer* und mit *positiver* Gestaltungswirkung. Zwar schließt die Verwendung des Worts "entziehen" einen Teilentzug nicht unbedingt aus, aber auch die von *Lukes* genannten Fälle der angeblich nur negativen Gestaltungswirkung[51] haben in Wirklichkeit positiv gestaltenden Charakter. Auch durch eine Begrenzung der Geschäftsführungsbefugnis auf bestimmte Sachgebiete oder der Vertretungsmacht auf eine Zweigniederlassung werden die Gesellschaftsverhältnisse umgestaltet. Dadurch, daß der Beklagte einen Teil seiner bisherigen Befugnisse verliert, werden sein Aufgabenbereich und seine Stellung in der Gesellschaft neu geregelt. Auch wenn er den "neuen" Aufgabenkreis schon immer als Teil seiner vorher unbeschränkten Befugnisse inne hatte, stellt doch die Beschränkung in aller Regel eine so *grundlegende Änderung* für ihn dar, daß man von einer *rein negativ* wirkenden Gestaltung *nicht* mehr sprechen kann[52]. Wie *Robert Fischer*[53] zutreffend betont, ist es gerade für den Beklagten ein erheblicher Unterschied, ob ihm die Geschäftsführungsbefugnis oder Vertretungsmacht *ganz* entzogen wird oder nur *teilweise*. Denn bei der Klage, die auf vollständige Entziehung der Geschäftsführungsbefugnis oder Vertretungsmacht gerichtet ist, steht er vor der Alternative, daß er Geschäftsführer der Gesellschaft bleibt oder daß er seine Arbeitskraft anderweitig im Erwerbsleben einsetzen kann. Bei der beschränkten Entziehungsklage hingegen muß er mit der Möglichkeit rechnen, Geschäftsführer zweiter Ordnung

---

49 Anderer Ansicht *Baumbach-Duden-Hopt* § 127 Anm. 1 B; *Heymann/Emmerich* § 127 Rdnr. 6; *Hueck*, Das Recht der OHG, § 10 VII 8, auch in Verbindung mit § 20 IV (vor 1); *Schlegelberger-Schmidt* § 127 Rdnr. 12 ff. *Karsten Schmidt* (*Schlegelberger-Schmidt* § 127 Rdnr. 13) sieht aber ein Problem in der Spruchreife, weil er eine anderweitige Gestaltung zwar grundsätzlich zuläßt, eine Einschränkung aber insoweit trifft, daß der Richter nach § 127 HGB die Vertretungsregelung nicht nach Belieben abändern darf, sondern sie nur nach Maßgabe des wichtigen Entziehungsgrundes vollständig oder in bestimmter Weise teilweise entziehen darf.

50 Oben sub 1 (S. 121) mit Nachweis in Fußn. 44 in diesem Paragraphen der Arbeit.

51 Oben sub 1 (S. 120) mit Nachweis in Fußn. 38 in diesem Paragraphen der Arbeit.

52 Siehe auch schon oben Fußn. 29 in diesem Paragraphen der Arbeit.

53 In: Großkomm. HGB, § 117 Anm. 26.

zu werden und gleichwohl über seine Arbeitskraft nicht frei bestimmen zu können. Das kann für ihn diskriminierend und unzumutbar sein[54].

b) Entsprechende Anwendung der §§ 117, 127 HGB

Erste Voraussetzung für eine analoge Anwendung der §§ 117, 127 HGB ist eine Lücke im Gesetz. Diese ist gegeben, da eine Regelung im Handelsgesetzbuch fehlt und die §§ 117, 127 HGB - wie soeben erörtert - auf eine positive Umgestaltung und wegen der entsprechenden Wirkungen auch auf eine Teilentziehung *nicht* anwendbar sind.

Weitere Voraussetzung für eine analoge Anwendung ist, daß zwischen der nicht geregelten anderen Rechtsgestaltung und der Entziehung der Geschäftsführungsbefugnis oder Vertretungsmacht eine Rechtsähnlichkeit besteht. Eine gewisse Ähnlichkeit ist sicher gegeben, da in beiden Fällen die Geschäftsführungsbefugnis oder Vertretungsmacht zur Debatte steht. Es sind aber auch erhebliche Unterschiede vorhanden. Wie *Rudolf Lukes*[55] zutreffend betont, ist von entscheidender Bedeutung, daß die §§ 117, 127 HGB die Gestaltung mit rein *negativer* Wirkung anordnen, während jede sonstige Änderung der Geschäftsführungsbefugnis oder Vertretungsmacht *positive* Wirkung entfaltet. An der erforderlichen Rechtsähnlichkeit bestehen deshalb erhebliche Zweifel.

Insbesondere scheitert eine Analogie aber an dem *Bedürfnis*, die Lücke durch eine *richterliche* Gestaltung auszufüllen. Zur Prüfung der Notwendigkeit einer entsprechenden *Gestaltung durch Urteil* ist auf den Grund abzustellen, der eine Gestaltungsklage nach den §§ 117, 127 HGB erforderlich macht und festzustellen, ob dieser Grund auch für eine anderweitige Gestaltung der gesellschaftlichen Beziehungen eingreift.

Mit der Geschäftsführungsbefugnis und der Vertretungsmacht ist dem Gesellschafter ein wesentlicher Einfluß auf die Geschicke der Gesellschaft und auf das Vermögen der (übrigen) Gesellschafter eingeräumt[56]. Die Geschäftsführungsbefugnis und die Vertretungsmacht sind aber nur im Einverständnis aller

---

54 Vgl. auch oben sub B (S. 118 f.) und *Fischer* NJW 1959, 1057 (1058).

55 JR 1960, 41 (44).

56 *H. Westermann*, in: Handbuch der Personengesellschaften, I. Teil Rdnr. 214.

Gesellschafter änderbar[57], wenn nicht der Gesellschaftsvertrag einen Mehrheitsbeschluß vorsieht[58]. Deshalb ist zum Schutz der übrigen Gesellschafter die Möglichkeit, dem Geschäftsführer oder Vertreter seine Befugnisse auch gegen seinen Willen zu *entziehen*, erforderlich. Anders als bei der Gesellschaft des Bürgerlichen Rechts, bei der gemäß den §§ 712, 715 BGB der Gesellschafterbeschluß dazu ausreicht, hat der Gesetzgeber in den §§ 117, 127 HGB den Weg von Klage und Urteil gewählt, um der Bedeutung der Entziehung für die Beteiligten gerecht zu werden, um Rechtssicherheit zu gewährleisten[59] und um Rechtsklarheit zu schaffen[60].

Dagegen ist es *nicht* erforderlich, eine *Neuordnung* der Geschäftsführungsbefugnis oder Vertretungsmacht, die den betroffenen Gesellschafter weniger belastet, durch Gestaltungsurteil vorzunehmen. Es genügt vielmehr, da es nicht darum geht, einen Schaden von der OHG oder KG abzuwenden, daß die Gesellschafter selbst die Gestaltung vornehmen, d. h. sich entsprechend einigen. Das bedeutet, daß durch richterlichen Gestaltungsakt dem Geschäftsführer oder Vertreter seine Befugnisse (im ganzen) vom Gericht entzogen werden *müssen*, wenn den Gesellschaftern eine weitere Geschäftsführungs- oder Vertretungstätigkeit des betreffenden Gesellschafters nicht mehr zuzumuten ist. Sind die Mitglieder der OHG oder KG dann der Auffassung, dem ehemaligen Geschäftsführer oder Vertreter könne ohne weiteres und ohne Schaden für die OHG oder KG z. B. statt der Alleingeschäftsführungsbefugnis eine Kollektivbefugnis zusammen mit einem oder mehreren anderen Gesellschaftern oder Prokuristen eingeräumt werden, so können sie dies dann unter Abänderung des Gesellschaftsvertrags ohne Mitwirkung des Gerichts beschließen. Das Gericht hat also nur zu prüfen, ob die Entziehung der Geschäftsführungsbefugnis oder Vertretungsmacht zum Schutz der Gesellschaft oder der übrigen Gesellschafter erforderlich ist, ohne dabei Beschränkungsmöglichkeiten zu berücksichtigen. Dies ist allein Sache der Gesellschafter. Erkennen die zur Entscheidung berufenen Richter aber eine Möglichkeit für eine Neugestaltung des Gesellschafts-

---

57 *H. Westermann*, in: Handbuch der Personengesellschaften, I. Teil Rdnr. 214.

58 *Baumbach-Duden-Hopt* § 117 Anm. 5 B; § 127 Anm. 1 A; *Fischer*, in: Großkomm. HGB, § 117 Anm. 28; *Heymann/Emmerich* § 117 Rdnr. 26; § 127 Rdnr. 9; *Hueck*, Das Recht der OHG, § 10 VII 11 b; *Schlegelberger-Schmidt* § 127 Anm. 8.

59 *H. Westermann*, in: Handbuch der Personengesellschaften, I. Teil Rdnr. 216.

60 *Grunsky*, Grundlagen, § 38 II 3 b.

vertrages, so sollten sie die Parteien darauf aufmerksam machen und auch versuchen, eine entsprechende Lösung im Vergleichswege herbeizuführen[61].

Diese Lösung hat außerdem zur Folge, daß dem Beklagten nicht eine möglicherweise diskriminierende Änderung seiner Befugnisse, zu deren Ausübung er verpflichtet wäre, durch gerichtliches Urteil aufgezwungen werden würde[62].

D. Ergebnis

Das Gericht hat ausschließlich zu prüfen, ob die Befugnis zur Geschäftsführung oder Vertretung *so wie sie einem Gesellschafter eingeräumt ist*, diesem zum Schutz der Gesellschaft oder der übrigen Gesellschafter entzogen werden muß. Mögliche geeignete und den Geschäftsführer oder Vertreter weniger belastende Änderungsmöglichkeiten dürfen die Entscheidung der Richter nicht beeinflussen oder jedenfalls nur insoweit von Einfluß sein, als sie sich auf das Vorliegen des wichtigen Grundes im Sinne des § 117 HGB oder des § 127 HGB auswirken[63]. Das Gericht darf bei Vorliegen solcher anderer Gestaltungsmöglichkeiten weder die Klage auf Entziehung der Geschäftsführungsbefugnis oder Vertretungsmacht abweisen noch die entsprechende Rechtsgestaltung im Urteil vornehmen. Letzteres gilt selbst dann, wenn die Kläger einen entsprechenden Antrag stellen.

---

61 Zur Verpflichtung des Gerichts, auf eine gütliche Beilegung des Rechtsstreits oder einzelner Streitpunkte bedacht zu sein, vgl. § 279 Abs. 1 Satz 1 ZPO.

62 Vgl. dazu oben sub B (S. 118 f.) und sub C 2 a (S. 122).

63 Zur Definition des *wichtigen Grundes* im Sinne der §§ 117, 127 HGB oben sub II (S. 114) mit Nachweisen in Fußn. 12 dieses Paragraphen der Arbeit.

4. Teil: Der Streitgegenstand bei der Kündigungsschutzklage

§ 11 Die Kündigungsschutzklage als Gestaltungs- oder Feststellungsklage?

Wird das Arbeitsgericht gemäß § 4 KSchG angerufen, so erhebt der Arbeitnehmer nach dem Wortlaut dieser Bestimmung eine Klage auf *Feststellung*, daß das Arbeitsverhältnis durch die Kündigung nicht aufgelöst ist. Auf den ersten Blick erscheint deshalb die Frage, ob eine Gestaltungs- oder Feststellungsklage vorliegt, schon beantwortet zu sein. Dennoch gibt es Stimmen in Literatur und Rechtsprechung, die sich damit nicht zufrieden geben wollen und in der Kündigungsschutzklage dennoch eine Gestaltungsklage erblicken.

I. Die Auffassung, daß eine Gestaltungsklage vorliegt

A. Eduard Bötticher

Schon bevor das Kündigungsschutzgesetz in Kraft trat[1] hat *Eduard Bötticher* zum Gesetzentwurf der Bundesregierung[2] kritisch Stellung genommen[3]. Er machte im Interesse der Rechtsklarheit starke Bedenken gegenüber § 1 Abs. 1 des Entwurfs geltend[4]. Nach dieser Bestimmung, die dann später auch Gesetz wurde, ist eine sozial ungerechtfertigte Kündigung *rechtsunwirksam. Bötticher* argumentiert, daß der Rechtsklarheit viel besser gedient sei, wenn man an die frühere Konzeption eines *Gegengestaltungsrechts* des Arbeitnehmers (gegenüber der sozialwidrigen, aber dennoch zunächst *wirksamen* Kündigung) anknüpfe[5]. Seiner Auffassung nach laufe selbst die Regelung der Unwirksamkeit der sozialwidrigen Kündigung nach den Bestimmungen des Entwurfs doch

---

1 Die ursprüngliche Fassung war vom 10.8.1951, vgl. BGBl. I S. 499.

2 Nebst Begründung abgedruckt in RdA 1951, 58.

3 *Bötticher* RdA 1951, 81.

4 *Bötticher* RdA 1951, 81 (82 f.).

5 *Bötticher* RdA 1951, 81 (83).

nur auf eine "Anfechtbarkeit" hinaus. Er begründet dies damit, daß zunächst einmal alles davon abhänge, ob der Arbeitnehmer sich überhaupt gegen die Kündigung wehre und zwar rechtzeitig wehre. Unterläßt er dies, zeige sich - so *Bötticher* -, daß die Kündigung von Anfang an rechtswirksam gewesen sei (§ 6 des Entwurfs; jetzt § 7 KSchG).

Bötticher erscheint die Regelung des Entwurfs deshalb, und weil die Kündigung vom Arbeitnehmer praktisch zunächst einmal ohne aufschiebende Wirkung hingenommen werden muß, als doktrinär. Deswegen schlägt er vor, man solle die begrifflich so unglückliche, im Grunde genommen nur *rhetorische* Brandmarkung der Kündigung als rechtsunwirksam[6] doch lieber unterlassen und sich mit der sachlichen Mißbilligung begnügen, die in der Aufstellung der neuartigen Kategorie der sozialwidrigen Kündigungen und in deren Ausräumung durch den Richter liege. Diese Ausräumung erfolge durch gestaltende Entscheidung.

Bötticher schlägt vor, es solle darauf verzichtet werden, aus der Sozialwidrigkeit einen Unwirksamkeitsgrund der Kündigung zu machen. Vielmehr solle man die ordentliche Kündigung gelten lassen, aber dem Arbeitnehmer das Recht zubilligen, ihre richterliche Nachprüfung herbeizuführen[7]. Die Gründe der Sozialwidrigkeit würden dann zu *Entscheidungsnormen für den Richter*, nach denen er entweder die Kündigung zu bestätigen oder durch Gestaltungsurteil zu vernichten oder zu modifizieren habe, sei es durch Gewährung einer Abfindung, sei es durch Hinausschieben ihrer Wirksamkeit.

Nachdem die Kritik *Böttichers* ungehört blieb und der Entwurf Gesetz wurde, hat *scheinbar* auch *Bötticher* die Kündigungsschutzklage als Feststellungsklage akzeptiert[8]. Auch nach mehr als 30 Jahren Geltung des Kündigungsschutzgesetzes bedauert er, daß der Gesetzgeber entgegen seiner an dem Entwurf geübten Kritik die Kündigungsschutzklage nicht zu einer "Gegengestaltungsklage" oder, wenn man will, "Anfechtungsklage", sondern zu einer Feststel-

---

6 Nach der Begründung des Entwurfs soll die Unwirksamkeit "der Ausdruck einer stärkeren Mißbilligung derartiger Kündigungen" sein, vgl. RdA 1951, 58 (63); siehe auch *Bötticher* RdA 1951, 82.

7 *Bötticher* RdA 1951, 81 (84).

8 Vgl. *Bötticher*, Festschrift für Wilhelm Herschel, S. 181 ff. (z. B. S. 181: "Daß der Arbeitnehmer mit der gemäß § 3 KSchG erhobenen Feststellungsklage eine rechtskräftige Entscheidung" ...).

lungsklage ausgeformt hat[9]. Er kritisiert aber weiterhin die, wie er es nennt, an sich seltene Figur des die Wirkungen eines Rechtsgeschäfts erst "auslösenden" Feststellungsurteils[10] und betont, daß er seinen Standpunkt nie aufgegeben hat[11]. So verweist er auf seinen Beitrag zur Festschrift für *Hans Dölle* aus dem Jahre 1963[12], wo er die Kündigungsschutzklage den Anfechtungs- oder Gestaltungsabwehrklagen zurechnet und ausführt[13]: "Das Kündigungsschutzgesetz hat vielmehr die sozial ungerechtfertigte Kündigung zu einer von Haus aus unwirksamen gestempelt, dabei aber dem Arbeitnehmer auferlegt, diese Unwirksamkeit auf dem Wege einer binnen drei Wochen zu erhebenden Feststellungsklage geltend zu machen. Damit wird praktisch die Anfechtbarkeit zu einer Unwirksamkeit."

Er beruft sich auch auf *Peter Schlosser*, der in seiner umfassenden Monographie (Gestaltungsklagen und Gestaltungsurteile, 1966) schreibt: "Gestaltungsurteil ist ein Urteil, welches eine Rechtsfolge verfügt, auf die sich ohne Erlaß und meist auch ohne formelle Rechtskraft des Urteils, das die Rechtsfolge beinhaltet, niemand berufen kann" und dies gerade an der Kündigungsschutzklage verdeutlicht hat[14].

Zusammenfasend bringt *Eduard Bötticher* den Streit um Feststellungs- oder Gestaltungsklage auf folgende Formel: "Während die Gegner die Rechtsunwirksamkeit der sozial ungerechtfertigten Kündigung für auflösend bedingt halten - bedingt nämlich durch die Versäumung der Klagefrist oder durch Abweisung der Kündigungsschutzklage -, gehe ich selbst bei der Verzahnung von § 1 Satz 1 mit § 4 KSchG von einer aufschiebend bedingten Unwirksamkeit der Kündigung aus (bedingt nämlich durch das die Unwirksamkeit der Kündigung bestätigende Urteil letzter Instanz)." *Bötticher* meint, man könne im gleichen Sinn auch von einer *schwebend wirksamen* Kündigung sprechen, wenn man im Auge behält, daß es sich dabei um eine "condicio juris" handelt, nicht aber um eine vom Arbeitgeber seiner Kündigung unzulässigerweise beigefügten Bedingung[15].

---

9 *Bötticher* BB 1981, 1954.

10 *Bötticher* BB 1981, 1954.

11 *Bötticher* BB 1981, 1954 (1956).

12 *Bötticher*, Festschrift für Hans Dölle, S. 41 ff.

13 *Bötticher*, Festschrift für Hans Dölle, S. 41 ff. (63).

14 *Bötticher* BB 1981, 1954 (1957); zu *Peter Schlosser* unten sub C (S. 130 f.).

15 *Bötticher* BB 1981, 1954 (1957).

Zur Untermauerung seiner Auffassung führt *Bötticher* auch § 11 KSchG ins Feld[16]. Er betont, daß sich die dort geregelte Rechtsfolge bei einer ipso iure nichtigen Kündigung schon aus § 615 BGB gewinnen läßt[17]. Außerdem wird seine Sicht - so *Bötticher* - dadurch bestätigt, daß nach nahezu einhelliger Auffassung die Wahlberechtigung eines Arbeitnehmers zum Betriebsrat bei einer Kündigung nach Ablauf der Kündigungsfrist erlischt, auch wenn der Arbeitnehmer innerhalb der Drei-Wochen-Frist nach § 4 Satz 1 KSchG Klage auf Feststellung erhoben hat, daß das Arbeitsverhältnis durch die Kündigung nicht aufgelöst ist[18].

B. Erich Molitor

Kurz nach dem Inkrafttreten des Kündigungsschutzgesetzes hat *Erich Molitor* in der zweiten Auflage seines umfassenden Werkes "Die Kündigung unter besonderer Berücksichtigung des Arbeitsvertrages" die Ansicht geäußert, daß die sozial ungerechtfertigte Kündigung nicht schlechthin nichtig sei, sondern nur *schwebend unwirksam*, bis der Arbeitnehmer die Unwirksamkeit in einem besonderen Verfahren geltend mache[19]. Er hält deshalb die Unwirksamkeitsklage gemäß § 3 KSchG [a. F.][20] für eine *Gestaltungsklage*, durch die der schwebend unwirksamen Kündigung ihre Wirksamkeit endgültig genommen werden solle. *Molitor* beruft sich hierbei auf *Eduard Böttichers* kritische Stellungnahme zum Entwurf des Kündigungsschutzgesetzes in RdA 1951, 81[21]. Außerdem führt er § 6 KSchG [a. F.][22] an und sagt, die Kündigung werde nach dieser Vorschrift voll wirksam, wenn die für das Kündigungsschutzverfahren vorgesehenen Fristen versäumt würden.

---

16 *Bötticher* BB 1981, 1954 (1957 f.).

17 *Bötticher* BB 1981, 1954 (1958).

18 *Bötticher* (BB 1981, 1954 [1959]) führt hierzu *Dietz/Richardi*, Kommentar zum BetrVG, Band 1, 6. Auflage 1981, § 7 Rdnr. 9 mit ausführlichem Schrifttumsnachweis an und zitiert hieraus: "Da bis zur Rechtskraft des Urteils der Fortbestand des Arbeitsverhältnisses nicht feststeht, ist von der Wirksamkeit der Kündigung auszugehen. Wollte man hier anders entscheiden, so würde jemand zur Wahl zugelassen, von dem nicht feststeht, ob er überhaupt wahlberechtigt ist."

19 *Molitor* S. 232.

20 § 4 KSchG n. F.

21 Siehe oben sub A (S. 126 f.). *Bötticher* geht allerdings von einer auflösend bedingten oder *schwebend wirksamen* Kündigung aus.

22 § 7 KSchG n. F.

Er betont, daß § 3 KSchG [a. F.] nur anzudeuten *scheint*, es handle sich um eine Feststellungsklage im prozeßrechtlichen Sinne. In Wirklichkeit trete die Gestaltung der endgültigen Unwirksamkeit der Kündigung durch die Rechtskraft des Urteils ein. Die Kündigungsschutzklage bezeichnet er als "Gestaltungsklage auf Feststellung der Unwirksamkeit".

C. Peter Schlosser

Peter Schlosser geht in seiner Monographie über Gestaltungsklagen und Gestaltungsurteile auch auf die Kündigungsschutzklage ein[23]. Er führt dort aus, daß ein Urteil, das einer Kündigungsschutzklage stattgibt in dem Sinne zurückwirkt, daß von seiner Rechtskraft an die Rechtslage so anzusehen ist, als ob das Arbeitsverhältnis ununterbrochen fortbestanden hätte[24].

Die Einordnung, ob eine bestimmte Klage eine Gestaltungsklage ist, ergibt sich nach *Schlosser* daraus, ob diejenige Rechtsfolge, welche der Kläger vom Richter ausgesprochen haben will, bereits vor Rechtskraft des Urteils, mindestens vor seinem Erlaß und unabhängig von ihm incidenter geltend gemacht werden kann[25]. Dies sei, so führt er aus, in bezug auf das Fortbestehen des Arbeitsverhältnisses nach Ablauf der Drei-Wochen-Frist sicher nicht der Fall, wie sich aus § 6 KSchG [a. F.][26] ergebe. Aber auch während des Laufs der Klagefrist seien - und dies spricht laut *Peter Schlosser* entscheidend *gegen* eine Einordnung des der Kündigungsschutzklage stattgebenden Urteils als Feststellungsurteil - Inzidententscheidungen über die aus der Sozialwidrigkeit folgenden "Unwirksamkeit" ausgeschlossen. Daß dem so ist, ergebe sich mittelbar aus § 3 KSchG [a. F.][27].

Auch den Einwand, daß die Kündigungsschutzklage nach dem Wortlaut des Gesetzes "auf Feststellung" zu richten ist, "daß das Arbeitsverhältnis durch die Kündigung nicht aufgelöst ist" und daß auch die Formulierung des § 1 KSchG, wonach eine Kündigung rechtsunwirksam *ist*, wenn sie der sozialen Rechtfer-

---

23 *Schlosser*, Gestaltungsklagen, S. 63 ff. Zu *Peter Schlosser* siehe auch schon oben sub A (S. 128).

24 *Schlosser*, Gestaltungsklagen, S. 63 f.

25 *Schlosser*, Gestaltungsklagen, S. 64.

26 § 7 KSchG n. F.

27 § 4 KSchG n. F.; *Schlosser*, Gestaltungsklagen, S. 64 f.

tigung entbehrt, für das Vorliegen einer Feststellungsklage spricht, entkräftet *Schlosser*. Er führt aus, daß sich der Gesetzgeber sicher die Kündigungsschutzklage als Feststellungsklage vorgestellt habe. An diesen dogmatischen Ausgangspunkt sei die Wissenschaft indessen nicht gebunden. Ihre Aufgabe sei es vielmehr, aufgrund der rechtlichen Einzelausgestaltung, welche die Kündigungsschutzklage erfahren habe, sich eigenständig eine "richtige" dogmatische Sicht zu erarbeiten, wie sie dies ja bei den rückwirkenden Anfechtungsklagen ganz generell getan habe[28].

D. Karl Larenz

Karl Larenz [29] beruft sich in einer Anmerkung zu einem Urteil des *Bundesarbeitsgerichts* [30] auf *Eduard Böttichers* Abhandlung in RdA 1951, 81 und meint, es sprächen gewichtige Gründe gegen die wohl vorherrschende Meinung, die davon ausgeht, die sozial ungerechtfertigte Kündigung sei von vornherein unwirksam und das Arbeitsverhältnis durch sie daher nicht aufgelöst. Da die Unwirksamkeit der Kündigung und damit der Fortbestand des Arbeitsverhältnisses solange von niemandem geltend gemacht werden könne, als sie nicht auf eine Klage des Arbeitnehmers hin durch Urteil "festgestellt" worden sei, liegt es nach *Larenz* Auffassung nahe, zu sagen, daß die Kündigung zunächst einmal wirksam sei und daß sie demgemäß wirksam bleibe, wenn die Klage nicht oder nicht rechtzeitig erhoben oder abgewiesen werde. Erst durch das Urteil, durch das die Fortdauer des Arbeitsverhältnisses rechtskräftig "festgestellt" werde, werde der Kündigung die Unwirksamkeit wieder genommen und somit das durch sie zunächst aufgelöste Arbeitsverhältnis nachträglich und rückwirkend wiederhergestellt. Deshalb, führt *Larenz* aus, handle es sich, wenn man es so sehe, bei dem Urteil in Wahrheit um ein Gestaltungsurteil, das vom Gesetz lediglich in die Form eines Feststellungsurteils eingekleidet sei.

Karl Larenz stellt dann dar, daß derartige Urteile unserer Rechtsordnung nicht fremd sind und bringt ein weiteres Beispiel für ein Gestaltungsurteil in der Einkleidung eines Feststellungsurteils, nämlich das Urteil, durch das die Unehelichkeit eines als ehelich erscheinenden Kindes "festgestellt" wird. Außerdem argumentiert *Larenz*, daß es auch Gestaltungsurteile in der Form eines

28 *Schlosser*, Gestaltungsklagen, S. 64.

29 SAE 1960, 80 (81).

30 SAE 1960, 77.

Leistungsurteils gibt. Hier nennt er insbesondere den Vollzug der Wandelung durch richterliches Urteil.

Obwohl *Larenz* zu der Frage, welche der beiden Auffassungen (Feststellungs- oder Gestaltungsurteil) die richtige ist, in seiner Urteilsanmerkung nicht abschließend Stellung nimmt[31], bemerkt er doch, daß ihm die Ausdrucksweise des Gesetzes nicht schlechthin maßgebend zu sein scheint. Er betont, daß es für die richtige Erfassung und Einordnung einer Rechtserscheinung nicht auf die vom Gesetzgeber, aus welchen Gründen auch immer gewählte sprachliche Fassung und Einkleidung, sondern auf den sachlichen Gehalt der Regelung ankommt.

E. Hans Güntner

Weiterer Vertreter der Ansicht, daß die Kündigungsschutzklage eine Gestaltungsklage darstellt, ist *Hans Güntner*. Er begründet seine Auffassung damit[32], daß der Unterschied der Kündigungsschutzklage zu einer Feststellungsklage nach § 256 ZPO darin liegt, daß der Arbeitnehmer die Klage nach § 4 KSchG erheben *muß*, um die Heilung der Unwirksamkeit der Kündigung nach § 7 KSchG zu verhindern, während die Nichterhebung der Feststellungsklage nach § 256 ZPO die materiellrechtlichen Ansprüche unberührt läßt. Die *Unterlassung der Kündigungsschutzklage* hat wegen § 7 KSchG die Auflösung des Arbeitsverhältnisses durch die Kündigung des Arbeitnehmers und den Verlust der weiteren arbeitsvertraglichen Ansprüche zur Folge; erst die *rechtzeitige Erhebung* der Kündigungsschutzklage schafft die Möglichkeit der richterlichen Rechtsgestaltung. Deshalb meint *Güntner*, daß hinter der farblosen Geltendmachung der Feststellung, die Kündigung habe das Arbeitsverhältnis nicht aufgelöst (§ 4 KSchG), unbestreitbar doch die Rechtsgestaltung zum Vorschein komme[33].

Er bezeichnet die Klage nach § 4 KSchG als "Rechtsgestaltungsklage mit den Feststellungszielen der allgemeinen Unwirksamkeitsklage"[34]. Dies begründet *Hans Güntner* damit, daß die Kündigungsschutzklage rechtsgestaltend wirkt,

31 Dies betont er ausdrücklich, vgl. SAE 1960, 80 (81).

32 *Güntner*, DB 1975, 1267/1317 (1318).

33 *Güntner*, DB 1975, 1267/1317 (1318).

34 *Güntner*, DB 1975, 1267/1317 (1319).

soweit der Arbeitnehmer durch sie verhindern muß, daß die Kündigung des Arbeitgebers sein Arbeitsverhältnis auflöst und daß das sie abweisende Urteil nach herrrschender Meinung die Rechtskraftwirkung eines Feststellungsurteils äußert (Erledigung oder Verbrauch aller anderen Unwirksamkeitsgründe)[35]. Wegen dieses Umfangs der Rechtskraft erfährt die Kündigungsschutzklage als Rechtsgestaltungsklage laut *Hans Güntner* dann eine Erweiterung zur *allgemeinen Unwirksamkeitsklage* (mit dem Klageziel der allgemeinen Feststellung der Rechtsunwirksamkeit der Kündigung)[36].

F. Wilfried Berkowsky

Wilfried Berkowsky schreibt in einer Abhandlung über den allgemeinen Weiterbeschäftigungsanspruch des Arbeitnehmers während des Kündigungsschutzprozesses[37] zwar, daß es sich bei einem auf eine Kündigungsschutzklage gemäß § 4 KSchG antragsgemäß ergehenden Urteil um ein Feststellungsurteil handle[38]. Er führt aber auch aus, daß die Kündigungsschutzklage trotz der Wortwahl des Gesetzes letztlich nicht verleugnen kann, daß sie in Wirklichkeit die Kündigung einer Anfechtbarkeit unterwirft, die der betroffene Arbeitnehmer geltend machen muß. *Berkowsky* meint, daß deshalb von einer Unwirksamkeit der Kündigung per se nicht ernsthaft die Rede sein kann[39].

Er befürwortet außerdem *Böttichers* Hinweis auf die Gestaltungsfunktion der Kündigungsschutzklage, läßt aber die Berechtigung von dessen Ansicht, daß während des Prozesses von einer (schwebend) wirksamen Kündigung auszugehen ist, dahingestellt. Er stellt jedoch fest, daß jedenfalls von einem Fortbestand des Arbeitsverhältnisses während des Prozesses nicht ausgegangen werden kann[40].

---

35 Zur Frage des Umfangs der Rechtskraft eines abweisenden Urteils auf eine Kündigungsschutzklage vgl. unten § 12 sub III B 4 a (S. 161 ff.).

36 *Güntner*, DB 1975, 1267/1317 (1319).

37 *Berkowsky* NJW 1982, 905. Auch *Eduard Böttichers* Dokumentation in BB 1981, 1954 (vgl. oben sub A [S. 128 f.]) behandelt dieses Thema.

38 *Berkowsky* NJW 1982, 905 (908).

39 *Berkowsky* NJW 1982, 905 (908).

40 *Berkowsky* NJW 1982, 905 (909).

G. Peter Arens

Ebenso wie *Wilfried Berkowsky*[41] bezieht *Peter Arens* keine eindeutige Stellung. Er zieht aber bei der Bestimmung des Streitgegenstandes im aktienrechtlichen Anfechtungsverfahren die Parallele zur Streitgegenstandsbestimmung beim Kündigungsschutzprozeß[42].

So leitet er den Abschnitt seiner Arbeit über den Kündigungsschutzprozeß mit folgendem Satz ein: "Es gibt indessen neben dem Eheprozeß noch ein weiteres Beispiel für die Richtigkeit einer individuellen Streitgegenstandsbestimmung der verschiedenen *Gestaltungsklagen.*"[43] Danach relativiert er diese an sich eindeutige Äußerung aber und meint, daß nach der positivrechtlichen Ausgestaltung bei der Kündigungsschutzklage gerade keine Gestaltungs- sondern eine Feststellungsklage vorliege. Dennoch führt er § 6 KSchG [a. F.][44] an und schließt daraus, daß die Kündigung durch die Erhebung der erfolgreichen Klage des Arbeitnehmers auflösend bedingt ist, da ihre ihre Heilung ex tunc wirkt.

Deshalb spricht *Arens* der Erhebung der Klage und dem für den Arbeitnehmer günstigen Urteil "eher gestaltende Kraft" zu, "wenn sich die Gestaltung in Folge der positivrechtlichen Regelung auch im Gewande einer Feststellungsklage und eines Feststellungsurteils vollzieht"[45]. Schließlich stellt er fest, daß der Sache nach zumindest sehr starke Parallelen zur Problematik der Gestaltungsklagen bestehen und daß daher auch die Erörterungen über den Streitgegenstand der Kündigungsschutzklage - mit gebotener Vorsicht - herangezogen werden können, wenn der Streitgegenstand der aktienrechtlichen Anfechtungsklage bestimmt werden soll[46].

Aus dieser Argumentation läßt sich meines Erachtens deutlich herauslesen, daß *Peter Arens* die Kündigungsschutzklage als Gestaltungsklage ansieht. Offenbar wollte er in seiner Abhandlung über den Streitgegenstand im aktienrechtlichen

41 Soeben sub F (S. 133).

42 *Arens*, Streitgegenstand, S. 68 ff.

43 *Arens*, Streitgegenstand, S. 68; Hervorhebung mittels Kursivdruck durch den Verfasser.

44 § 7 KSchG n. F.

45 *Arens*, Streitgegenstand, S. 68.

46 *Arens*, Streitgegenstand, S. 69.

Anfechtungsverfahren auf die Kündigungsschutzklage aber nicht näher eingehen und hat es deshalb unterlassen, sich im einzelnen mit der Rechtsform dieser Klage auseinanderzusetzen.

H. Das Landesarbeitsgericht Niedersachsen

Das *Landesarbeitsgericht Niedersachsen*[47] vertritt ebenfalls die Ansicht, bei der Kündigungsschutzklage handle es sich um keine Feststellungs-, sondern um eine Gestaltungsabwehrklage. Es begründet seine Auffassung damit, daß bereits die Kündigung unmittelbar rechtsgestaltende Wirkung entfaltet und diese von Gesetzes wegen nur im Wege eines der Klage stattgebenden Urteils wiederum rechtsgestaltend beseitigt werden kann[48]. Daß die *Kündigung* ein *Gestaltungsrecht* ist, begründet das *Landesarbeitsgericht* unter Hinweisen auf die Literatur damit, daß durch die Kündigung ein Dauerschuldverhältnis mit unmittelbarer Wirkung beendet wird, ohne daß es eines zusätzlichen Aktes bedarf. Schließlich sei der Arbeitgeber zum Zwecke der Entlassung gerade *nicht* gehalten, eine Auflösungsklage zu erheben; die Kündigung eines Arbeitnehmers könne er *nicht nur* auf Grund eines daraufhin ergehenden Gestaltungsurteils erreichen. Vielmehr könne er nach wie vor die Aufhebung des Arbeitsverhältnisses durch den einseitigen Gestaltungsakt der Kündigung allein erzielen[49].

Um nachzuweisen, daß auch das *Bundesarbeitsgericht* von einer unmittelbar rechtsgestaltenden Wirkung der Kündigungserklärung des Arbeitgebers ausgeht, zitiert das *Landesarbeitsgericht Niedersachsen*[50] den *Zweiten Senat des Bundesarbeitsgerichts*[51] wie folgt: "Eine Kündigung wird als einseitige, empfangsbedürftige Willenserklärung mit Zugang an den Gekündigten wirksam, es sei denn, dem Empfänger geht vorher oder gleichzeitig ein Widerruf zu (§ 130 Abs. 1 Satz 2 BGB); sie kann daher vom Kündigenden nicht mehr einseitig zurückgenommen werden." ... "Erst in der zumeist nur durch die Kündigungsschutzklage ausgelösten 'Rücknahme' der Kündigung liegt das Vertagsangebot

---

47 DB 1985, 708 und *LAGE* § 611 BGB Beschäftigungspflicht Nr. 14 = DB 1986, 1126.

48 *LAG Niedersachsen* DB 1985, 708; *LAGE* § 611 BGB Beschäftigungspflicht Nr. 14 = DB 1986, 1126 (1127).

49 *LAG Niedersachsen* DB 1985, 708 (709).

50 DB 1985, 708 (709).

51 *BAGE* 40, 56 (61, 63) = AP Nr. 9 zu § 9 KSchG 1969.

des Arbeitgebers an den Arbeitnehmer, das Arbeitsverhältnis durch die Kündigung nicht als beendet anzusehen, also unter Beseitigung der Kündigungswirkungen das Arbeitsverhältnis unverändert fortzusetzen."

Diese unmittelbar rechtsgestaltende Wirkung der Kündigung kann - so das *Landesarbeitsgericht Niedersachsen* - *nur* das Kündigungsschutzurteil wieder aufheben, weswegen es ein *Gestaltungsurteil* ist[52]. Die Gestaltungsklagen und -urteile wollen nämlich eine Wirkung, die bisher nicht eingetreten oder nicht beachtlich war, erst herbeiführen oder beachtlich machen, wollen also eine Rechtsfolge schaffen, die bisher nicht vorhanden war und ohne das Urteil nicht vorhanden sein würde. Dagegen machen die Verurteilungs- und Feststellungsklagen eine bereits außerhalb des Prozesses eingetretene Rechtsfolge geltend; sie stellen rechtskräftig fest und sprechen aus, was ist, sind also deklarativ[53].

Daß es für die rechtliche Qualifikation einer Klage als Gestaltungsklage nicht entscheidend darauf ankommt, ob der Wortlaut der einschlägigen Vorschrift von "Feststellen" spricht, belegen die Richter des *Landesarbeitsgerichts Niedersachsen* [54] neben einem Literaturzitat[55] - ebenso wie dies *Karl Larenz* tut[56] - durch das Beispiel der Klage auf Feststellung der Nichtehelichkeit eines Kindes gemäß §§ 1593 ff. BGB, § 640 Abs. 2 Nr. 2 ZPO, bei der es sich nach allgemeiner Auffassung um keine Feststellungs-, sondern um eine Gestaltungsklage handelt[57].

II. Die Auffassung, daß eine Feststellungsklage vorliegt

A. Ninon Colneric

Ebenso wie *Wilfried Berkowsky* [58] nimmt *Ninon Colneric* ein Urteil des *Bundesarbeitsgerichts* über den Weiterbeschäftigungsanspruch zum Anlaß, sich

52 *LAG Niedersachsen* DB 1985, 708 (708 und 709).

53 *LAG Niedersachsen* DB 1985, 708 unter Hinweis auf *Rosenberg-Schwab*, Zivilprozeßrecht, 12. Auflage 1977, § 95 I 1; vgl. jetzt *Rosenberg-Schwab-Gottwald* § 94 I 1.

54 DB 1985, 708.

55 *Stein-Jonas-Schumann/Leipold* (19. Auflage) Vor § 253 Anm. II 3 c; vgl. jetzt *Stein-Jonas-Schumann* (20. Auflage) Vor § 253 Rdnr. 46.

56 Siehe oben sub D (S. 131 f.).

57 Vgl. hierzu nur *Thomas-Putzo* § 640 Rdnr. 2.

58 Oben sub I F (S. 133).

mit der Frage zu beschäftigen, ob die Kündigungsschutzklage eine Feststellungs- oder Gestaltungsklage ist[59].

Um nachzuweisen, daß die Kündigungschutzklage eine *Feststellungsklage* ist, beruft sich *Colneric* auf die Gesetzesmaterialien[60]. Sie meint, die Konstruktion der Kündigungsschutzklage als Gestaltungsklage lasse sich mit den Vorstellungen des historischen Gesetzgebers nicht in Einklang bringen. Man wollte - wie aus der Begründung zum Entwurf des Kündigungsschutzgesetzes hervorgehe - in der rechtlichen Ausgestaltung dieses Gesetzes bewußt vom Betriebsrätegesetz 1920 und vom Arbeitsordnungsgesetz abweichen. Deshalb sei die Regelung, daß eine sozial ungerechtfertigte Kündigung unwirksam *ist* und die Rechtsunwirksamkeit nicht etwa erst durch Gestaltungsurteil hergestellt werden soll, auch Gesetz geworden[61]. *Berkowsky*[62] und *Bötticher*[63] hält sie entgegen, daß der Gesetzgeber auch durch § 11 KSchG *nicht* zu erkennen gegeben habe, daß die Kündigung in Wirklichkeit nur anfechtbar sei[64]. Ebenso meint sie, daß die §§ 4 und 7 KSchG für eine schwebende Wirksamkeit der ungerechtfertigten Kündigung bis zur Rechtskraft des Kündigungsschutzurteils nichts hergeben und der Gesetzgeber sich gegen das Anfechtungsmodell entschieden habe[65].

Ninon Colneric macht dann "einige klarstellende Bemerkungen zu der Frage, inwiefern Urteile gestalten und inwiefern sie feststellen"[66]. So führt sie aus, daß jedes Urteil ein gestaltendes Moment enthält und andererseits die richterliche Tätigkeit nicht nur beim Feststellungsurteil, sondern auch beim Leistungs- und Gestaltungsurteil auf Feststellung gerichtet ist. Gegenstand der Feststellung beim Leistungsurteil ist - so *Colneric* - der Ausspruch, auf den sich der Leistungsbefehl des Urteils bezieht und beim Gestaltungsurteil der Rechtsänderungsgrund.

---

59 *Colneric* AuR 1984, 105. Auch *Eduard Böttichers* Dokumentation in BB 1981, 1954 (vgl. dazu oben sub I A [S. 128 f.]) betrifft den "allgemeinen" Weiterbeschäftigungsanspruch des Arbeitnehmers während des Kündigungsschutzprozesses.

60 *Colneric* AuR 1984, 105 (106 f.).

61 *Colneric* AuR 1984, 105 (106).

62 Oben sub I F (S. 133)

63 Oben sub I A (S. 126 ff.).

64 *Colneric* AuR 1984, 105 (106 f.).

65 *Colneric* AuR 1984, 105 (107).

66 So *Colneric* wörtlich, AuR 1984, 105 (107).

Sie wirft *Erich Molitor* vor, seine Auffassung, daß die sozialwidrige Kündigung schwebend (also vorerst) *un*wirksam sei[67] und ihre endgültige Unwirksamkeit durch Gestaltungsurteil hergestellt werde, sei inkonsequent, da sich das Gestaltungsurteil konstruktiv von den beiden anderen Urteilsarten dadurch unterscheide, daß es an die Stelle einer gegebenen Rechtslage eine neue Rechtslage setzt, also eine Rechtsänderung ausspricht[68].

B. Reinhard Künzl

Reinhard Künzl spricht bereits der sozial nicht gerechtfertigten Kündigung eine Gestaltungswirkung ab und schließt daraus, daß es deshalb *keiner Gegengestaltung* durch gerichtliches Urteil bedürfe, um das Arbeitsverhältnis wiederaufleben zu lassen und daß deshalb die Kündigungsschutzklage eine *Feststellungsklage* sei[69]. Er kommt zur fehlenden Gestaltungswirkung durch die These, *Wirksamkeitsvoraussetzung* einer Kündigungserklärung sei die soziale Rechtfertigung der Kündigung, was er mit der Gesetzessystematik begründet.

Da gemäß § 130 Abs. 1 Satz 2 BGB eine Kündigungserklärung als einseitige empfangsbedürftige Willenserklärung zwar grundsätzlich mit dem Zugang beim Empfänger wirksam und danach nicht mehr einseitig widerrufbar ist, § 130 Abs. 1 BGB jedoch nicht alle Wirksamkeitsvoraussetzungen einer einseitigen Willenserklärung nennt, hängt nach *Künzls* Meinung die Kündigungswirkung von der sozialen Rechtfertigung ab. Dies sei nicht anders als bei einer Willenserklärung, die eine gesetzlich vorgeschriebene (§ 126 BGB) oder vertraglich vereinbarte Form (§ 127 BGB) nicht wahre und deshalb gemäß § 125 BGB nichtig sei oder als bei einer gegen ein gesetzliches Verbot verstoßenden Willenserklärung, der nach § 134 BGB keine Rechtswirkung zukomme.

Auch speziell für Kündigungserklärungen findet er Beispiele weiterer - d. h. über § 130 Abs. 1 BGB hinausgehender - Wirksamkeitsvoraussetzungen. So führt er aus, daß eine gegen § 9 MuSchG verstoßende Kündigungserklärung trotz ihres Zugangs nichtig ist (§ 9 Abs. 1 Satz 1 MuSchG, § 134 BGB) und gleiches für eine Kündigung eines Arbeitsverhältnisses eines Schwerbehinderten ohne Einholung der Zustimmung der Hauptfürsorgestelle (§§ 12 ff.

67 Zu *Molitor* oben sub I B (S. 129 f.).

68 *Colneric* AuR 1984, 105 (107 f.).

69 *Künzl* DB 1986, 1280 (1281).

SchwbG) oder allgemein für einen Kündigungsausspruch ohne Beteiligung des Betriebsrats (§§ 102, 103 BetrVG) gilt.

Auch *Künzl* beruft sich - ebenso wie *Ninon Colneric*[70] - auf die Begründung zum Regierungsentwurf und leitet ab, daß dadurch sein gesetzessystematisch gefundenes Ergebnis (Feststellungs- und nicht Gestaltungsklage) bestätigt wird[71]. § 11 KSchG spricht nach *Reinhard Künzls* Ansicht ebenfalls nicht für eine Gestaltungsklage, sondern stellt - so sagt er - sogar ein weiteres Argument *gegen* die Annahme einer Gestaltungsklage dar, jedenfalls soweit eine unmittelbare Rechtsgestaltung auch durch sozial ungerechtfertigte Kündigungen angenomen wird. Dies sei deshalb der Fall, weil § 11 KSchG keine gesonderte Regelung der bis zur formellen Rechtskraft des Kündigungsschutzurteils entstehenden Ansprüche sei, sondern eine reine Anrechnungsbestimmung[72].

C. Alfred Hueck

Ähnlich wie *Ninon Colneric*[73] setzt *Alfred Hueck*[74] beim Betriebsrätegesetz 1920 und beim Arbeitsordnungsgesetz an, vergleicht die Kündigungsschutzklage damit und zieht die Motivation des Gesetzgebers zu Rate. Daneben beruft er sich auf den Wortlaut des § 3 KSchG [a. F.][75]. Weil der Gesetzgeber bewußt die sozialwidrige Kündigung grundsätzlich für unwirksam erklärt hat (er wollte dadurch die Mißbilligung der Kündigung schärfer hervortreten lassen, als es durch bloße Zubilligung eines Einspruchsrechts an den Arbeitnehmer geschehen wäre[76]) und die von ihm gewählte Konstruktion in der Gesetzesfassung deutlich zum Ausdruck kommt, sieht sich *Alfred Hueck* gehindert, die Kündigungsschutzklage als Gestaltungsklage anzusehen[77].

---

70 Vgl. oben sub A (S. 137).

71 *Künzl* DB 1986, 1280 (1282).

72 *Künzl* DB 1986, 1280 (1282).

73 Oben sub A (S. 137).

74 Festschrift für Hans Carl Nipperdey, S. 99 ff.

75 § 4 KSchG n. F.

76 Vgl. auch schon oben Fußn. 6 in diesem Paragraphen der Arbeit

77 *A. Hueck*, Festschrift für Hans Carl Nipperdey, S. 99 ff. (100 ff.). Ebenso *Götz Hueck* (in: *Hueck*, KSchG, § 4 Rdnr. 2; Anmerkung zu *BAG* AP Nr. 7 zu § 611 BGB Beschäftigungspflicht) und *Gerrick von Hoyningen-Huene* (*Hueck/v. Hoyningen-Huene* § 4 Rdnr. 4).

Den Vertretern der anderen Auffassung gesteht er allerdings zu, daß der sachliche Unterschied zwischen dem vor Inkrafttreten des Kündigungsschutzgesetzes geltenden Recht, mit der die Unwirksamkeit der Kündigung erst herbeiführenden Gestaltungsklage, und dem heutigen Recht, das von der sofortigen Unwirksamkeit der Kündigung ausgeht, nicht so groß ist, als es nach dem Wortlaut der Gesetzesvorschriften zunächst scheinen könnte. Denn ob die sozialwidrige Kündigung zunächst gültig ist und nur der Arbeitnehmer die Möglichkeit zu ihrer Beseitigung durch eine binnen bestimmter Frist zu erhebende Klage hat, oder ob die sozialwidrige Kündigung von vornherein unwirksam ist, der Mangel aber bei Unterlassung rechtzeitiger Klageerhebung geheilt wird, bedeute - so *Alfred Hueck* - im praktischen Ergebnis keinen sehr großen Unterschied[78]. Zudem berge die Klage nach § 4 KSchG[79] gewisse *rechtsgestaltende Elemente* in sich, insofern sie die Heilung der Sozialwidrigkeit nach § 6 KSchG [a. F.][80] ausschließt und dadurch doch eine gewisse Änderung der Rechtslage herbeiführt[81].

Die Ansicht, daß die sozialwidrige Kündigung grundsätzlich unwirksam sei und daß deswegen eine Feststellungsklage vorliege, untermauert *Hueck* damit, daß eine zunächst bestehende Unwirksamkeit, die aber durch spätere Ereignisse rückwirkend geheilt werden kann, unserem Recht auch sonst nicht fremd ist. Er erinnert an die zahlreichen Fälle der nachträglichen Zustimmung (Genehmigung), für die § 184 BGB ausdrücklich Rückwirkung vorschreibt, und an die Heilung von Formmängeln durch Erfüllung (§ 313 Satz 2, § 518 Satz 2, § 766 Satz 2 BGB)[82].

---

78 *A. Hueck*, Festschrift für Hans Carl Nipperdey, S. 99 ff. (101).

79 § 3 KSchG a. F.

80 § 7 KSchG n. F.

81 So auch *Götz Hueck* (in: *Hueck*, KSchG, § 4 Rdnr. 2) und *Gerrick von Hoyningen-Huene* (*Hueck/v. Hoyningen-Huene* § 4 Rdnr. 4).

82 *A. Hueck*, Festschrift für Hans Carl Nipperdey, S. 99 ff. (102). "Gewisse gestaltende Momente" billigt auch *Thomas Köhler* (*Th. Köhler* S. 84) der Kündigungsschutzklage zu.

D. Albrecht Zeuner

Zunächst ohne nähere Begründung geht *Albrecht Zeuner* [83] vom Vorliegen einer Feststellungsklage aus[84]. Er beruft sich darauf, daß die Kündigungsschutzklage als Feststellungsklage konstruiert sei[85].

Dann geht er aber auf die Besonderheit der Klage nach § 4 KSchG[86] ein, die darin liegt, daß sie befristet ist und damit - so *Zeuner* [87] - insofern zum Gegenstand eines materiellrechtlichen Tatbestandes gemacht ist, als an die Versäumung der Frist die materiellrechtliche Folge geknüpft ist, daß die umstrittene Kündigung ex tunc wirksam wird. Da die Klage also negatives Tatbestandsmerkmal eines materiellrechtlichen Tatbestandes sei, könne man dies als ein *Gestaltungselement* in der Klage bezeichnen, und zwar als ein Gestaltungselement, das sich auf die Kündigung beziehe.

Da aber die materiellrechtlichen Wirkungen im Kündigungsschutzverfahren anders als im "echten Gestaltungsprozeß" nicht so sehr an das Urteil, als vielmehr an die rechtzeitige Klageerhebung geknüpft sind, stelle - wie *Zeuner* ausführt[88] - das Urteil so gesehen nur die Rechtslage fest, die es bereits vorfindet, greife in sie aber nicht ein. Daraus schließt *Zeuner*, daß das Urteil im Kündigungsschutzverfahren ein *reines Feststellungsurteil* ist.

E. Weitere Vertreter dieser Auffassung

Neben den genannten[89] Autoren qualifiziert insbesondere die Rechtsprechung die Kündigungsschutzklage nach § 4 KSchG als Feststellungsklage[90]. Auch die

---

83 MDR 1956, 257.

84 Vgl. auch *Zeuner*, Die objektiven Grenzen der Rechtskraft im Rahmen rechtlicher Sinnzusammenhänge, S. 132.

85 *Zeuner* MDR 1956, 257 (260).

86 § 3 KSchG a. F.

87 MDR 1956, 257 (260).

88 MDR 1956, 257 (260).

89 Sub A bis D (S. 136 ff.).

90 *BAG* AP Nr. 7 zu § 4 KSchG 1969 = EzA § 4 KSchG n. F. Nr. 19; AP Nr. 8 zu § 4 KSchG 1969 = EzA § 4 KSchG n. F. Nr. 20; AP Nr. 17 zu § 4 KSchG 1969 = EzA § 4 KSchG n. F. Nr. 31; *BAGE* 48, 122 (144) = AP Nr. 14 zu § 611 BGB Beschäftigungspflicht; *BAGE* 52, 263 (268) = AP Nr. 14 zu § 4 KSchG 1969; AP Nr. 96 zu § 626 BGB = EzA § 626 BGB n. F. Nr. 108.

arbeitsrechtliche Lehrbuch- und Kommentarliteratur behandelt die Kündigungsschutzklage - meist jedoch ohne nähere Begründung - als Feststellungsklage[91]. Diese als herrschend zu bezeichnende Meinung hat Eingang auch in Kommentare gefunden, die nicht das Kündigungsschutzgesetz erläutern[92].

III. Würdigung und Ergebnis

Viel spricht - zumindest nach dem ersten Anschein - für die Qualifizierung der Kündigungsschutzklage als Feststellungsklage. Schon die Formulierung in § 4 Satz 1 KSchG (... "Klage beim Arbeitsgericht auf Feststellung erheben" ...) deutet auf eine Feststellungsklage hin. Zudem haben diejenigen, die eine Feststellungsklage annehmen, die Gesetzesmaterialien für sich. Die Bundesregierung wollte eine Feststellungsklage konzipieren, weil sie die sozialwidrige Kündigung nach § 1 Abs. 1 KSchG als rechtsunwirksam charakterisieren wollte, was "Ausdruck einer stärkeren Mißbilligung derartiger Kündigungen" sein sollte[93].

Weder der Wortlaut noch die Gesetzesmaterialien dürfen jedoch überbetont werden. Entscheidend ist nicht, ob das Gesetz von "feststellen" bzw. "Feststellung" spricht, sondern es ist vielmehr allein das Wesen des erstrebten Urteils maßgeblich, nämlich ob es die Rechtslage ändert[94]. Tut es dies, ist es ein Gestaltungsurteil.

---

91 *Hueck/v. Hoyningen-Huene* § 4 Rdnr. 4; *Germelmann*, in: *Germelmann/Matthes/Prütting* § 46 Rdnr. 86; *Herschel/Löwisch* § 4 Rdnr. 2; KR-*Becker* § 9 KSchG Rdnr. 26; KR-*Friedrich* § 4 KSchG Rdnr. 17; *Prütting*, in: *Germelmann/Matthes/Prütting* Einleitung Rdnr. 126; *Schaub* § 136 I 2; *Stahlhacke/Preis* Rdnr. 1055.

92 Siehe *Baumbach-Duden-Hopt* § 59 Anm. 9 D c; MünchKomm-*Schwerdtner* Vor § 620 Rdnr. 315; *Soergel-Kraft* Vor § 620 Rdnr. 75; *Stein-Jonas-Schumann* Vor § 253 Rdnr. 157; § 253 Rdnr. 240; *Zöller-Vollkommer* § 322 Rdnr. 13; siehe auch *Zöller-Vollkommer* Einleitung Rdnr. 79.

93 Vgl. die Begründung zum Regierungsentwurf des Kündigungsschutzgesetzes, RdA 1951, 58 (63); siehe auch oben Fußn. 6 dieses Paragraphen der Arbeit.

94 *Stein-Jonas-Schumann* Vor § 253 Rdnr. 46. Vgl. auch *Bötticher* BB 1981, 1954 (1958); *Larenz* SAE 1960, 80 (81) (dazu oben sub I D [S. 131 f.]); *Schlosser*, Gestaltungsklagen, S. 64 (dazu oben sub I C [S. 130 f.]); *LAG Niedersachsen* DB 1985, 708 (dazu oben sub I H [S. 135 f.]).

Maßgeblich ist also, ob ein einer Kündigungsschutzklage stattgebendes Urteil die Rechtslage umgestaltet[95]. Dies wäre dann so, wenn bereits die Kündigung unmittelbar rechtsgestaltende Wirkung entfalten würde[96]. Und genau dies ist bei der Kündigung des Arbeitsverhältnisses durch den Arbeitgeber der Fall, soweit er sie unbedingt ausspricht[97]. Das typische an einer Kündigung ist es, daß sie ohne Zustimmung des anderen Vertragsteils oder ohne Erfordernis eines sonstigen Aktes, etwa einer Auflösungsklage, einseitig erklärt werden kann[98].

Ihr die rechtsgestaltende Wirkung dann abzusprechen, wenn sie sozial nicht gerechtfertigt ist, ist unnötig. Hierdurch ergeben sich keine Unterschiede in den Auswirkungen zu der Rechtslage, die dann besteht, wenn man auch der sozial ungerechtfertigten Kündigung Gestaltungswirkung zukommen läßt. Auch der spätestens seit der Entscheidung des *Großen Senats des Bundesarbeitsgerichts* vom 27.2.1985[99] von der arbeitsgerichtlichen Rechtsprechung anerkannte grundsätzliche *Weiterbeschäftigungsanspruch* des Arbeitnehmers rechtfertigt es nicht, der Kündigung die rechtsgestaltende Wirkung abzusprechen. Der Weiterbeschäftigungsanspruch erfordert nicht zwingend, daß eine sozial ungerechtfertigte Kündigung unwirksam ist und deshalb keine rechtsgestaltende Wirkung entfaltet.

Zwar setzt ein Beschäftigungsanspruch und damit auch der Anspruch auf Weiterbeschäftigung nach einer Kündigung grundsätzlich das Bestehen eines Arbeitsverhältnisses voraus. Das *Bundesarbeitsgericht* schränkt den Weiterbeschäftigungsanspruch jedoch wegen der Ungewißheit über die objektive Rechtslage[100] bis zur rechtskräftigen Entscheidung des Kündigungsschutzprozesses (außer im Fall der *offensichtlich* unwirksamen Kündigung) ein auf die Zeit nach Erlaß eines die Instanz abschließenden Urteils, das die Unwirksamkeit der Kündigung und damit den Fortbestand des Arbeitsverhältnisses fest-

---

95 Dabei spielt es keine Rolle, ob die Gestaltung im Urteilstenor ausgesprochen wird. Dies ist nicht notwendig; die Worte, die das Urteil verwendet sind auslegungsfähig (*Stein-Jonas-Schumann* Vor § 253 Rdnr. 60).

96 *LAG Niedersachsen* DB 1985, 708; *LAGE* § 611 BGB Beschäftigungspflicht Nr. 14 = DB 1986, 1126 (1127), siehe auch schon oben sub I H (S. 135).

97 Dies gilt für alle Kündigungen von Dauerschuldverhältnissen. Zur Gestaltungswirkung von Kündigungen vgl. nur *Staudinger-Neumann* Vorbemerkung zu § 620 Rdnr. 31 f.

98 Vgl. auch *LAG Niedersachsen* DB 1985, 708 (709), dazu auch oben sub I H (S. 135).

99 *BAGE* 48, 122 = AP Nr. 14 zu § 611 BGB Beschäftigungspflicht.

100 *BAGE* 48, 122 (148) = AP Nr. 14 zu § 611 BGB Beschäftigungspflicht; vgl. auch MünchKomm-*Schwerdtner* Vor § 620 Rdnr. 164.

stellt. Der *Große Senat des Bundesarbeitsgerichts* begründet den Anspruch auf Weiterbeschäftigung für diese Zeit vor allem mit einer Abwägung der beiderseitigen Interessen der Arbeitsvertragsparteien. Vor einer ersten gerichtlichen Entscheidung soll wegen der Ungewißheit über die Rechtslage das Arbeitgeberinteresse an der Nichtbeschäftigung des Arbeitnehmers überwiegen[101]. Danach soll das Interesse des Arbeitnehmers vorgehen[102].

Dieses Ergebnis läßt sich aber auch erzielen, wenn man der Kündigung Gestaltungswirkung zuspricht. Wegen der Auflösung des Arbeitsverhältnisses besteht dann zunächst kein Weiterbeschäftigungsanspruch. Er kann aber bejaht werden, wenn ein die Instanz abschließendes Urteil zum Ergebnis kommt, die Kündigung sei nicht sozial gerechtfertigt.

Zwar tritt die Gestaltungswirkung eines Urteils vor Rechtskraft nicht ein. Mann kann jedoch nach einem ersten Urteil einen (vorläufigen) Weiterbeschäftigungsanpsruch bejahen, weil dann das Interesse des Arbeitnehmers an der Weiterbeschäftigung dem Interesse des Arbeitgebers an der Nichtbeschäftigung vorgeht. Zur Begründung kann man die Erwägungen heranziehen, mit denen der *Große Senat des Bundesarbeitsgerichts* den Weiterbeschäftigungsanspruch nach erstinsanziellem, der Kündigungsschutzklage stattgebendem Urteil stützt[103]. Das *Bundesarbeitsgericht* stellt darauf ab, daß das Gesetz in vielen Fällen ein mit einem Rechtsmittel anfechtbares Urteil als Grundlage einer - vorläufigen - Zwangsvollstreckung ausreichen läßt, weil es das Interesse der zunächst einmal obsiegenden Partei, ihren Klageanspruch zu verwirklichen, - von Ausnahmen abgesehen - höher bewertet als das Interesse der Gegenpartei, bis zu einer endgültigen Klärung der Rechtslage von Vollstreckungsmaßnahmen verschont zu bleiben. Der *Große Senat des Bundesarbeitsgerichts* zieht daraus den Schluß, daß auch ein vom Arbeitnehmer im Kündigungsschutzprozeß erstrittenes Urteil trotz der Ungewißheit, ob es im Rechtsmittelverfahren bestätigt wird, bei der notwendigen Abwägung der widerstreitenden Interessen der Arbeitsvertragsparteien hinsichtlich des Beschäftigungsanspruchs erheblich ins Gewicht fallen muß und sich - solange es besteht - dahin auswirkt, daß die Ungewißheit des endgültigen Prozeßausgangs ein überwiegendes Gegeninteresse des Arbeitgebers nicht mehr begründen kann.

---

101 *BAGE* 48, 122 (insbesondere S. 148) = AP Nr. 14 zu § 611 BGB Beschäftigungspflicht.

102 *BAGE* 48, 122 (156 ff.) = AP Nr. 14 zu § 611 BGB Beschäftigungspflicht.

103 *BAGE* 48, 122 (156) = AP Nr. 14 zu § 611 BGB Beschäftigungspflicht.

Mit dieser Begründung und ergänzend mit den Argumenten, die für den allgemeinen Beschäftigungsanspruch herangezogen werden - vor allem die Beachtung der Würde des Menschen und dessen Recht auf freie Entfaltung seiner Persönlichkeit[104] - kann ein Weiterbeschäftigungsanspruch des Arbeitnehmers nach obsiegendem Urteil auch angenommen werden, wenn man der Kündigung immer Gestaltungswirkung zuspricht und das der Kündigungsschutzklage stattgebende Urteil als Gestaltungsurteil begreift. Im Ergebnis liegt eine "vorläufige Vollstreckung eines Gestaltungsurteils" vor, die man hier *ausnahmsweise* als zulässig erachten kann.

Dies zeigt, daß die Qualifizierung der sozial ungerechtfertigten Kündigung als rechtsunwirksam eine rein *rhetorische Brandmarkung* [105] ist, ohne daß hiermit für den Arbeitnehmer positive Auswirkungen verbunden wären. Wie bei der Kündigung jedes anderen Dauerschuldverhältnisses (z. B. Mietverhältnis oder Dienstverhältnis, das kein Arbeitsverhältnis ist) bleibt es dem Gekündigten überlassen, gerichtlich vorzugehen, wenn er den Gestaltungsakt angreifen will.

Hätte der Gesetzgeber durch das Kündigungsschutzgesetz eine wirkliche Erleichterung für den Arbeitnehmer herbeiführen wollen, hätte er für den Arbeitgeber die Notwendigkeit einer Auflösungsklage vorschreiben müssen und ihm ein Kündigungsrecht - zumindest für unter das Kündigungsschutzgesetz fallende Arbeitsverhältnisse - absprechen müssen. Dann würde das Arbeitsverhältnis so lange fortbestehen, wie über die vom Arbeitgeber anzustrengende Auflösungsklage nicht positiv entschieden ist.

Meines Erachtens ist deshalb jede Kündigung zunächst als wirksam anzusehen - *Eduard Bötticher* [106] spricht von einer *schwebend wirksamen* Kündigung -, so daß mit ihrem Ausspruch eine Rechtslage einseitig gestaltet wird: das bestehende Arbeitsverhältnis wird aufgelöst. Erst wenn ein daraufhin vom Arbeitnehmer angerufenes Gericht zu dem Ergebnis kommt, der Arbeitgeber hätte eigentlich nicht kündigen dürfen, wird das Arbeitsverhältnis durch das Arbeitsgericht wieder in Kraft gesetzt. Dies ist ein rechtsgestaltender Akt, so daß

---

104 Zu den Argumenten im einzelnen vgl. *BAGE* 48, 122 (131 ff.) = AP Nr. 14 zu § 611 BGB Beschäftigungspflicht.

105 So *Eduard Bötticher* RdA 1951, 81 (84), vgl. auch oben sub I A (S. 127).

106 BB 1981, 1954 (1957), vgl. oben sub I A (S. 128).

das der Kündigungsschutzklage stattgebende Urteil ein Gestaltungsurteil, und damit die Kündigungsschutzklage eine Gestaltungsklage, ist[107].

107 Dabei ist der richterlichen Gestaltung Rückwirkung auf den Zeitpunkt des ursprünglichen Wirksamwerdens der Kündigung (regelmäßig Tag des Kündigungsausspruchs plus Kündigungsfrist) zuzurechnen (so auch *Karl Larenz* SAE 1960, 80 [81]; *Peter Schlosser*, Gestaltungsklagen, S. 63 f.; vgl. auch oben sub I C [S. 130]), so daß im Ergebnis das Arbeitsverhältnis so zu behandeln ist, als wäre es niemals aufgelöst worden. Dies ist nötig, um dem Arbeitnehmer, dem ja unrechtmäßig gekündigt wurde, Anspruch auf das Arbeitsentgelt auch für die Zeit zu geben, in der er wegen der (zunächst wirksamen) Beendigung des Arbeitsverhältnisses nicht gearbeitet hat, wobei § 11 KSchG zu beachten ist. Dasselbe Ergebnis erreicht die Arbeitsrechtsprechung, die für diese Zeit ja vom Bestehen des Arbeitsverhältnisses ausgeht, über die Figur des Annahmeverzugs (vgl. nur *BAGE* 46, 234 = AP Nr. 34 zu § 615 BGB; AP Nr. 35 zu § 615 BGB = EzA § 615 BGB Nr. 44.

§ 12
Der Streitgegenstand der Kündigungsschutzklage

I. Die verschiedenen Streitgegenstandstheorien

A. Die punktuelle Theorie

Nach § 4 Satz 1 KSchG muß ein Arbeitnehmer, der geltend machen will, daß eine Kündigung sozial ungerechtfertigt ist, innerhalb von drei Wochen nach Zugang der Kündigung Klage beim Arbeitsgericht auf Feststellung erheben, daß das Arbeitsverhältnis durch die Kündigung nicht aufgelöst ist. Wer eine dem Wortlaut des § 4 Satz 1 KSchG entsprechende Klage erhebt, läßt also eine bestimmte Kündigung daraufhin überprüfen, ob sie sein Arbeitsverhältnis aufgelöst hat oder nicht[1]. Dies legt zumindest die Formulierung des Gesetzes nahe. Deswegen ist nach nahezu ständiger Rechtsprechung[2] und überwiegender Meinung in der Literatur[3] Streitgegenstand der Kündigungsschutzklage die Frage, ob ein Arbeitsverhältnis aus Anlaß einer ganz bestimmten Kündigung zu dem beabsichtigten Termin aufgelöst worden ist oder nicht *(punktuelle Streitgegenstandstheorie)*[4].

---

1 Vereinfachend gehe ich im folgenden von der - mit dem Gesetzeswortlaut im Einklang stehenden - herrschenden Meinung aus, die die sozial ungerechtfertigte Kündigung als unwirksam ansieht. Richtigerweise ist jedoch auch die nicht den Erfordernissen des § 1 KSchG entsprechende Kündigung zunächst wirksam, das Arbeitsverhältnis ist aber vom Gericht rückwirkend in Kraft zu setzen (siehe § 11 sub III [S. 145 f.]).
Weicht der Antrag vom Gesetzeswortlaut ab, ist dies unschädlich, wenn im Wege der Auslegung ermittelt werden kann, daß ausschließlich eine Kündigungsschutzklage im Sinne des § 4 Satz 1 KSchG erhoben werden soll (vgl. *Th. Köhler* S. 69 mit weiteren Nachweisen).

2 *BAGE* 7, 36 = AP Nr. 17 zu § 3 KSchG 1951; *BAGE* 7, 51 = AP Nr. 18 zu § 3 KSchG 1951; *BAG* AP Nr. 3 zu § 4 KSchG 1969 = EzA § 4 KSchG n. F. Nr. 11; AP Nr. 50 zu § 256 ZPO = EzA § 4 KSchG n. F. Nr. 16; *BAGE* 29, 57 = AP Nr. 9 zu § 313 ZPO; *BAGE* 47, 307 (312) = AP Nr. 19 zu § 626 BGB Ausschlußfrist; *BAGE* 57, 231 = AP Nr. 19 zu § 4 KSchG 1969; AP Nr. 10 zu § 611 BGB Treuepflicht = EzA § 4 KSchG n. F. Nr. 38; AP Nr. 6 zu § 17a GVG = EzA § 2 ArbGG 1979 Nr. 25; AP Nr. 28 zu § 4 KSchG 1969 = EzA § 4 KSchG n. F. Nr. 48.

3 *Germelmann*, in: *Germelmann/Matthes/Prütting* § 46 Rdnr. 90; *Herschel/Löwisch* § 4 Rdnr. 51; *Hueck/v. Hoyningen-Huene* § 4 Rdnr. 69 ff.; KR-*Friedrich* § 4 KSchG Rdnr. 225 ff.; KR-*Hillebrecht* § 626 BGB Rdnr. 288; *Nikisch*, Arbeitsrecht I, § 51 VI 4; *Prütting*, in: *Germelmann/Matthes/Prütting* Einleitung Rdnr. 147; *Stahlhacke/Preis* Rdnr. 1147.

4 Teilweise auch als *kündigungsrechtliche* oder *kündigungsschutzrechtliche* Auffassung bezeichnet (*Güntner* AuR 1974, 97/135 [109 ff.]; DB 1975, 1267/1371 [1270]).

Neben der Begründung, daß dafür bereits der Wortlaut des § 4 Satz 1 KSchG spricht[5], weist das *Bundesarbeitsgericht* darauf hin, daß es eine Reihe von Fällen gibt, in denen ein Rechtsschutzbedürfnis besteht, gerichtlich klären zu lassen, ob eine ganz bestimmte Kündigung das Arbeitsverhältnis beendet hat, während das Rechtsschutzbedürfnis für eine Feststellung, das Arbeitsverhältnis bestehe noch zum Zeitpunkt der letzten mündlichen Verhandlung in der Tatsacheninstanz - so der sogenannte (weite) bestandsrechtliche Streitgegenstandsbegriff[6] - fehlen kann[7].

B. Der weite[8] bestandsrechtliche Streitgegenstandsbegriff

Eduard Bötticher[9] hat eine Lehre begründet, nach der es sich bei der Kündigungsschutzklage des Arbeitnehmers um eine *Bestandsschutzklage* handelt. Nach seiner Auffassung ist die mit der Klage nach § 4 KSchG[10] angegriffene Kündigung im Grunde nur der Anlaß für eine umfassende Bestandsprüfung hinsichtlich des konkreten Arbeitsverhältnisses. Streitgegenstand der auf § 4 Satz 1 KSchG gestützten Klage ist danach der Bestand des Arbeitsverhältnisses zur Zeit der letzten mündlichen Verhandlung. Er meint, man solle nicht ins

---

5 *BAG* AP Nr. 17 zu § 4 KSchG 1969 = EzA § 4 KSchG n. F. Nr. 31; *Hueck/v. Hoyningen-Huene* § 4 Rdnr. 70; KR-*Friedrich* § 4 KSchG Rdnr. 227.

6 Dazu sogleich unten sub B (S. 148 f.).

7 Das *Bundesarbeitsgericht* (*BAGE* 7, 36 = AP Nr. 17 zu § 3 KSchG 1951; AP Nr. 17 zu § 4 KSchG 1969 = EzA § 4 KSchG n. F. Nr. 31) führt aus, daß ein Arbeitnehmer, dem zunächst zweimal fristlos wegen behaupteter Vertragsverletzungen und dann ordentlich aus dringenden betrieblichen Gründen gekündigt wurde, wegen der Ehrverletzung und der damit verbundenen Erschwerungen seines weiteren beruflichen Werdegangs in der Regel ein rechtliches Interesse an der Feststellung der Unwirksamkeit dieser fristlosen Kündigung hat, während er ein Interesse an der Feststellung der Unwirksamkeit der ordentlichen Kündigung schon dann nicht mehr zu haben braucht, wenn er aus den beiden fristlosen Kündigungen den Schluß zieht, der Arbeitgeber wolle mit ihm ohnehin nicht mehr weiter zusammenarbeiten und aus diesem Grunde zum Ende der Kündigungsfrist einen neuen Arbeitsplatz sucht und findet.
Gerrick von Hoyningen-Huene (*Hueck/v. Hoyningen-Huene* § 4 Rdnr. 70 f.) führt für diese Meinung auch die historische Entwicklung an und hält es darüber hinaus für sachlich gerechtfertigt, daß die Parteien, wenn sie es wollen, nur die Wirksamkeit der Kündigung zum Gegenstand des Rechtsstreits machen können.

8 Die Differenzierung nach einem *weiten* und einem *engen* bestandsrechtlichem Streitgegenstandsbegriff erfolgt mit *Wolfgang Teske* (Anmerkung zu *BAG* EzA § 4 KSchG n. F. Nr. 31) wegen der Urteile des *Bundesarbeitsgerichts* vom 12.1.1977 (AP Nr. 3 zu § 4 KSchG 1969 = EzA § 4 KSchG n. F. Nr. 11) und vom 12.6.1986 (AP Nr. 17 zu § 4 KSchG 1969 = EzA § 4 KSchG n. F. Nr. 31). Dazu unten im Text sub C (S. 149 f.).

9 BB 1952, 978; Festschrift für Wilhelm Herschel, S. 181 ff. (185 ff.); BB 1959, 1032.

10 § 3 KSchG a. F.

Theoretisieren verfallen und sich nicht ohne Not vom Wortlaut des § 3 KSchG [a. F.][11] "Feststellung, daß das Arbeitsverhältnis durch *die* Kündigung nicht aufgelöst ist" einengen lassen[12]. Der gleichen Auffassung sind *Hans Güntner*[13], *Gerhard Lüke*[14] und *Albrecht Zeuner*[15]. Die Rechtsprechung ist dieser Meinung nur vereinzelt gefolgt[16].

C. Der enge bestandsrechtliche Streitgegenstandsbegriff

Das *Bundesarbeitsgericht* hat sich mit zwei Entscheidungen[17] von der punktuellen Streitgegenstandstheorie im oben[18] dargestellten Sinn zumindest partiell gelöst, obwohl es in diesen Urteilen *ausdrücklich* betont, daß es der punktuellen Streitgegenstandstheorie folgt. So führt der *Fünfte Senat des Bundesarbeitsgerichts* in der Entscheidung vom 12.1.1977[19] aus, daß mit der Rechtskraft des Urteils im Kündigungsschutzprozeß feststeht, ob im Zeitpunkt des Zugangs der Kündigung ein Arbeitsverhältnis zwischen den streitenden Parteien bestanden hat oder nicht[20]. Im Jahr 1986 hat der *Zweite Senat des Bundesarbeitsgerichts* diese Auffassung bekräftigt[21] und sich hierbei auch mit der von *Wolfgang Grunsky*[22] geäußerten Kritik an der Entscheidung aus dem Jahr 1977[23] auseinandergesetzt[24].

---

11 § 4 KSchG n. F.

12 *Bötticher* BB 1959, 1032.

13 AuR 1974, 97/135 (108 ff.); DB 1975, 1267/1317 (1318).

14 JZ 1960, 203 (205 ff.).

15 MDR 1956, 257 (259); Die objektiven Grenzen der Rechtskraft im Rahmen rechtlicher Sinnzusammenhänge, S. 132; vgl. auch *Trinkner* BB 1968, 294.

16 *LAG Stuttgart* BB 1967, 1423; *ArbG Wuppertal* DB 1980, 1800 (1802).

17 AP Nr. 3 zu § 4 KSchG 1969 = EzA § 4 KSchG n. F. Nr. 11 und AP Nr. 17 zu § 4 KSchG 1969 = EzA § 4 KSchG n. F. Nr. 31.

18 Sub A (S. 147).

19 AP Nr. 3 zu § 4 KSchG 1969 = EzA § 4 KSchG n. F. Nr. 11.

20 Daß schon hierin ein - zumindest partieller - Abschied von der punktuellen Streitgegenstandstheorie erblickt werden muß, stellen auch *Peter Schwerdtner* (NZA 1987, 263 [265]) und *Wolfgang Teske* (Anmerkung zu *BAG* EzA § 4 KSchG n. F. Nr. 31) heraus. Vgl. auch *Stahlhacke/Preis* Rdnr. 1148.

21 *BAG* AP Nr. 17 zu § 4 KSchG 1969 = EzA § 4 KSchG n. F. Nr. 31.

22 Anmerkung zu *BAG* AP Nr. 3 zu § 4 KSchG 1969.

23 Kritisch außerdem vor allem *Kurt Kuchinke* (SAE 1979, 287), *Manfred Löwisch* (*Herschel/Löwisch* § 4 Rdnr. 55), *Peter Schwerdtner* (NZA 1987, 263 [264 ff.]) und *Manfred Wolf* (Anmerkung zu *BAG* AP Nr. 8 zu § 4 KSchG 1969). Anklang gefunden hat die Rechtsprechung des *Bundesarbeitsgerichts* bei *Hans-Wolf Friedrich* (KR-*Fried-*

Wolfgang Teske[25] meint, daß es nicht gerechtfertigt sei, diese Auffassung noch der punktuellen Streitgegenstandstheorie zuzurechnen. Er sieht vielmehr in den genannten Entscheidungen des *Bundesarbeitsgerichts* eine neue, eigenständige Lösung der Bestimmung des Streitgegenstandes und des Umfangs der materiellen Rechtskraft im Kündigungsschutzverfahren. Er bezeichnet diese als *engen* oder *zeitlich begrenzten bestandsrechtlichen Streitgegenstandsbegriff*[26].

Dieser Terminologie schließe ich mich an, wenn ich auch - abweichend von *Teske* - meine, daß diese (neuere) Auffassung vom *Bundesarbeitsgericht* berechtigterweise als *punktuelle* Theorie bezeichnet wird. Mit dem punktuellen Streitgegenstandsbegriff "im klassischen Sinn"[27] hat der *enge bestandsrechtliche* Streitgegenstandsbegriff nämlich gemein, daß er - und hier liegt der Unterschied zum *weiten bestandsrechtlichen* prozessualen Anspruch - auf den Zeitpunkt des Zugangs der Kündigung oder auf den in der Kündigung vorgesehenen Beendigungszeitpunkt abstellt und nicht auf den Schluß der letzten mündlichen Verhandlung. Gerade dies ist das Element, das der punktuellen Theorie ihren Namen gibt. Hiervon will das *Bundesarbeitsgericht* weiterhin nicht abweichen. Anders ist nur, daß die eigentliche punktuelle Theorie auf die Wirksamkeit der (konkreten) Kündigung abstellt, während für den engen bestandsrechtlichen Streitgegenstandsbegriff der Bestand des Arbeitsverhältnisses zum Kündigungstermin maßgeblich ist[28].

---

rich § 4 KSchG Rdnr. 255) und *Max Vollkommer* (*Zöller-Vollkommer* Vor § 322 Rdnr. 27).

24 Zu den Ausführungen des *Bundesarbeitsgerichts* genauer unten sub III B 4 a (S. 163) und sub IV B 2 (S. 169).
Peter Schwerdtner (NZA 1987, 263 [265]) meint, daß eine Auseinandersetzung mit der Auffassung von *Grunsky* nicht erfolgt sei. Für *Schwerdtner* wird die Gegenposition *Grunskys* durch das *Bundesarbeitsgericht* "apodiktisch zurückgewiesen", weil keines der Argumente von *Grunsky* gewürdigt wird. Gleicher Ansicht ist *Thomas Köhler* (*Th. Köhler* S. 92).

25 Anmerkung zu *BAG* EzA § 4 KSchG n. F. Nr. 31.

26 Zu dieser Terminologie auch schon oben Fußn. 8 in diesem Paragraphen der Arbeit. *Hanns Prütting* (in: *Germelmann/Matthes/Prütting* Einleitung Rdnr. 143) spricht von einer *eingeschränkten bestandsrechtlichen Theorie*.

27 Oben sub A (S. 147 f.).

28 Hier ist klarzustellen, daß ich im folgenden immer dann, wenn ich von der *punktuellen Theorie* spreche, nur die oben sub A (S. 147 f.) dargestellte Ansicht meine.

II. Ist für die Bestimmung des Streitgegenstandes der Kündigungsgrund nach § 1 Abs. 2 KSchG maßgeblich?

Nach den genannte Theorien wird die Wirksamkeit einer Kündigung oder der Bestand des Arbeitsverhältnisses zur gerichtlichen Überprüfung gestellt, ohne daß damit eine Aussage über den Prüfungsmaßstab oder Prüfungsumfang getroffen wird. Mit der Kündigungsschutzklage nach § 4 KSchG wird - so der Wortlaut und die Stellung im Gesetz - eine Kündigung deshalb angegriffen, weil sie angeblich sozial ungerechtfertigt ist. Wann eine Kündigung sozial nicht gerechtfertigt ist, bestimmt § 1 Abs. 2 KSchG. Dort sind mehrere Gründe genannt; es läßt sich trennen in die sogenannten *relativen Gründe* der Sozialwidrigkeit nach § 1 Abs. 2 Satz 1 KSchG[29] und die sogenannten *absoluten Gründe* nach § 1 Abs. 2 Satz 2, 3 KSchG[30]. Der erste Satz des § 1 Abs. 2 KSchG unterscheidet nach personen-, verhaltens- und betriebsbedingten Gründen[31].

Nun ist es denkbar, bei einer Kündigung und der entsprechenden Schutzklage bezüglich des Streitgegenstandes danach zu differenzieren, auf welchem Grund die Kündigung beruht und worauf der Kläger deswegen die Klage stützt. Auch beispielsweise bei der Ehescheidungsklage (insbesondere nach dem Recht vor dem 1. EheRG) und der Eheaufhebungsklage unterscheidet eine verbreitete Meinung danach, auf welchen Scheidungs- oder Aufhebungsgrund der Kläger sich beruft[32]. Möglich ist dies vor allem im Rahmen der punktuellen Theorie. Aber auch beim bestandsrechtlichen Streitgegenstandsbegriff kann man den prozessualen Anspruch dahingehend beschränken, daß man zwar den generellen Bestand des Arbeitsverhältnisses bis zum Zeitpunkt der die Kündigungsschutzklage auslösenden Kündigung oder bis zum Schluß der mündlichen Verhandlung in die Prüfung einbezieht, die Frage des Bestandes bezogen auf die erklärte Kündigung aber auf den vom Arbeitgeber genannten Kündigungsgrund beschränkt.

Eine solche Abgrenzung wäre bei der Kündigungsschutzklage aber nicht möglich, wenn nur *ein* Grund für diese Klage existieren würde, die fehlende soziale Rechtfertigung. Insbesondere wenn die in § 1 KSchG genannten Gründe

---

29 KR-*Becker* § 1 KSchG Rdnr. 138; *Rüthers/Henssler* ZfA 1988, 31 (33).

30 *Hueck/v. Hoyningen-Huene* § 1 Rdnr. 118; KR-*Becker* § 1 KSchG Rdnr. 139.

31 KR-*Becker* § 1 KSchG Rdnr. 138; *Rüthers/Henssler* ZfA 1988, 31.

32 Vgl. oben § 4 (insbesondere sub II C 2 [S. 33 f.] und § 5 (insbesondere sub I [S. 64]).

nicht strikt voneinander zu trennen wären und die fehlende soziale Rechtfertigung - ähnlich wie bei den untersuchten handelsrechtlichen Gestaltungsklagen[33] - in einer *Gesamtschau* festzustellen wäre, könnte auch nur *ein* Streitgegenstand angenommen werden. Dagegen wäre es möglich, vom Vorliegen *mehrerer* Streitgegenstände auszugehen, wenn beispielsweise die betriebsbedingte Kündigung von der verhaltensbedingten strikt zu trennen wäre. Aber selbst dann ist das Bestehen mehrerer prozessualer Ansprüche nicht zwingend, wie ich dies schon bei der Eheaufhebungs- und Ehenichtigkeitsklage dargestellt habe[34].

A. Die gesetzliche Differenzierung der Kündigungsschutzgründe

Die Einteilung in verschiedene Kategorien von Kündigungsgründen, insbesondere in personen-, verhaltens- und betriebsbedingte Gründe, deutet darauf hin, daß die potentiellen Kündigungssachverhalte immer nur einem dieser Bereiche zuzuordnen sind[35]. In der Praxis ergeben sich aber vielfach Unklarheiten bei der rechtlichen Einordnung einer Kündigung; oftmals werden zwei oder gar alle drei der in § 1 Abs. 2 Satz 1 KSchG aufgeführten Bereiche berührt. Insbesondere läßt sich eine Trennung der personen- und der verhaltensbedingten Gründe nicht immer durchführen[36]. Deswegen bezeichnet die Arbeitsrechtswissenschaft[37] diejenigen Sachverhalte, in denen ein Vorgang mehrere der in § 1 Abs. 2 Satz 1 KSchG genannten Bereiche berührt, als *Mischtatbestände*[38]. Dabei ist allerdings zu beachten, daß man, bevor man vorschnell einen Mischtatbestand annimmt, danach unterscheiden muß, ob eine Kündigung auf

33 Siehe oben § 8 sub I (S. 89) mit Nachweisen in Fußn. 16 des § 8 der Arbeit für die Auflösungsklage gemäß § 133 HGB; vgl. auch oben § 9 sub I (S. 104 f.) und § 10 sub II (S. 114).

34 Oben § 5 (S. 64 ff.) und § 7 (S. 81 ff.); vgl. auch § 8 sub II (S. 90 ff.).

35 KR-*Becker* § 1 KSchG Rdnr. 176; *Rüthers/Henssler* ZfA 1988, 31; *BAGE* 46, 191 (196) = AP Nr. 21 zu § 1 KSchG Betriebsbedingte Kündigung.

36 *Gitter* SAE 1987, 190; KR-*Becker* § 1 KSchG Rdnr. 176; *Maus* § 1 Rdnr. 159; *Rüthers/Henssler* ZfA 1988, 31.

37 *Gitter* SAE 1987, 190; *Hamann* JA 1987, 474/563 (482); KR-*Becker* § 1 KSchG Rdnr. 176 ff.; *Meisel* ZfA 1985, 213 (229); *Rüthers/Henssler* ZfA 1988, 31 (36).

38 Auch das *Bundesarbeitsgericht* bedient sich dieser Terminologie, vgl. *BAGE* 46, 191 (196) = AP Nr. 21 zu § 1 KSchG Betriebsbedingte Kündigung; *BAG* AP Nr. 12 zu § 1 KSchG 1969 = EzA § 1 KSchG Nr. 42. *Bernd Rüthers* und *Martin Henssler* (ZfA 1988, 31) weisen allerdings zutreffend darauf hin, daß in vielen Fällen eine exakte Abgrenzung doch möglich ist und Überschneidungen zwischen den Kündigungsgründen (personen-, verhaltens- und betriebsbedingte Kündigung) weitgehend ausgeschlossen sind.

mehrere Gründe gestützt wird, die *nebeneinander* vorliegen und deren Zusammentreffen rein zeitlich ist ohne daß ein inhaltlicher Zusammenhang besteht, oder ob *ein* tatsächlicher Vorgang mehrere der genannten Bereiche berührt[39].

1. Kumulativ vorliegende Kündigungsgründe

Im erstgenannten Fall ist jeder tatsächliche Vorgang gesondert auf seinen kündigungsrelevanten Gehalt zu untersuchen (Grundsatz der Einzelprüfung), ein Mischtatbestand ist nicht gegeben[40]. Diese Beurteilung kann dann zu dem Ergebnis führen, daß mehrere der in § 1 Abs. 2 KSchG genannten Gründe vorliegen. Dies bedeutet, daß die Kündigung unter allen betrachteten Gesichtspunkten nicht sozial ungerechtfertigt ist[41]. In diesem Fall ist die soziale Rechtfertigung und damit die Wirksamkeit der Kündigung, wie auch immer dann, wenn *nur ein* Kündigungsgrund überhaupt zur Debatte steht und das Gericht sein Vorliegen bejaht, im Rahmen einer umfassenden *Interessenabwägung* festzustellen[42]. Im Rahmen dieser Abwägung spielen, wenn der Arbeitgeber die Kündigung auf mehrere Gründe stützt, auch die Umstände, die die anderen Kündigungsgründe betreffen, eine Rolle, indem eine *gesamteinheitliche Betrachtung (Gesamtschau)* angestellt wird[43]. Das bedeutet, daß nur im Rahmen der gebotenen Interessenabwägung, d. h. wenn untersucht werden soll, ob

---

39 *BAG* AP Nr. 12 zu § 1 KSchG 1969 = EzA § 1 KSchG Nr. 42; *Gitter* SAE 1987, 190; *Rüthers/Henssler* ZfA 1988, 31 (32 ff.).

40 *Hamann* JA 1987, 474/536 (482); KR-*Becker* § 1 KSchG Rdnr. 180; *Rüthers/Henssler* ZfA 1988, 31 (32); *BAG* AP Nr. 12 zu § 1 KSchG 1969 = EzA § 1 KSchG Nr. 42; AP Nr. 5 zu § 1 KSchG 1969 Verhaltensbedingte Kündigung = EzA § 1 KSchG Verhaltensbedingte Kündigung Nr. 10.

41 *Bernd Rüthers* und *Martin Henssler* (ZfA 1988, 31 [32]) sagen hier etwas mißverständlich, was aber durch die unglückliche Formulierung des Gesetzes (§ 1 Abs. 2 KSchG) bedingt ist, daß die Kündigung "unter mehreren rechtlichen Gesichtspunkten sozial gerechtfertigt ist". Sie meinen damit aber nichts anderes, als daß mehrere der Kündigungsgründe nach § 1 Abs. 2 KSchG vorliegen. Dies zeigt ihr aufgeführtes Beispiel ("Im Beispielsfall wäre etwa die Kündigung sowohl aus verhaltens- als auch aus betriebsbedingten Gründen - fehlerfreie soziale Auswahl vorausgesetzt - wirksam").

42 Vgl. zur Interessenabwägung *BAGE* 20, 345 = AP Nr. 1 zu § 1 KSchG Krankheit; AP Nr. 9 zu § 1 KSchG 1969 Betriebsbedingte Kündigung = EzA § 1 KSchG Betriebsbedingte Kündigung Nr. 14; KR-*Becker* § 1 KSchG Rdnr. 149; *Meisel* ZfA 1985, 213 (227 ff.); siehe auch *BAGE* 59, 32 (43 ff.) = EzA § 1 KSchG Personenbedingte Kündigung Nr. 3.

43 Vgl. *Hamann* JA 1987, 474/536 (482); KR-*Becker* § 1 KSchG Rdnr. 180; *Rüthers/Henssler* ZfA 1988, 31 (33).

trotz Vorliegens eines Kündigungsgrundes die Kündigung nicht doch sozial *ungerechtfertigt* ist, eine Gesamtbetrachtung vorzunehmen ist[44].

2. Gemischte Kündigungssachverhalte

Nur im zweiten der genannten Fälle - also wenn *ein* tatsächlicher Vorgang mehrere der in § 1 Abs. 2 Satz 1 KSchG genannten Gründe berührt - liegt ein Mischtatbestand vor[45]. Doch auch hier ist nicht von vornherein und in jedem Fall eine Konstellation gegeben, die dazu zwingt, beide oder sogar alle drei Kündigungsgründe des § 1 Abs. 2 Satz 1 KSchG in eine Gesamtprüfung einzubeziehen[46]. Vielmehr richtet sich beim Mischtatbestand die rechtliche Bewertung danach, aus welchem Bereich, aus welcher Sphäre, die Störquelle herrührt: *Sphärentheorie*[47]. Wenn z. B. längere Arbeitsunfähigkeit eines Arbeitnehmers zu Betriebsstörungen führt und der Arbeitgeber ihm deswegen kündigt, so liegt die Störquelle in der persönlichen Sphäre des Arbeitnehmers. Der Umstand, daß der krankheitsbedingte Ausfall auch zu Störungen in der be-

---

44 Dies stellen *Bernd Rüthers und Martin Henssler* (ZfA 1988, 31 [33]) in Fußnote 6 ihres Aufsatzes klar. *Friedrich Becker* (KR-*Becker* § 1 KSchG Rdnr. 180), auf den *Rüthers* und *Henssler* sich berufen, sagt allerdings expressis verbis, daß im Rahmen der gesamteinheitlichen Betrachtungsweise zu prüfen ist, "ob die einzelnen Kündigungssachverhalte in ihrer Gesamtheit Umstände darstellen, die bei verständiger Würdigung in Abwägung der Interessen der Vertragsparteien und des Betriebes die Kündigung als *billigenswert* und *angemessen*" [Hervorhebung mittels Kursivdruck durch den Verfasser] "erscheinen lassen". *Becker* will also durch die Gesamtschau gerade die Sozial*widrigkeit verneinen*, d. h. die soziale *Rechtfertigung bejahen*. Ebenso *Wolfgang Hamann* (JA 1987, 474/536 [482]), der als Nachweis *Becker* anführt. Sogar *Rüthers/Henssler* schreiben (ZfA 1988, 31 [33 letzter Satz]), daß im Rahmen der Gesamtschau auch Umstände, die andere Kündigungsgründe als den bejahten Kündigungsgrund betreffen, eine Rolle spielen können, "indem sie die *Aufhebung*" [Hervorhebung mittels Kursivdruck durch den Verfasser] "des Arbeitsverhältnisses insgesamt als sachgerecht erscheinen lassen". Gerade dies ist jedoch nicht legitim. Wenn keiner der in § 1 Abs. 2 KSchG benannten Gründe vorliegt, darf die Wirksamkeit der Kündigung nicht aufgrund des vagen Gesichtspunkts der Gesamtschau oder Interessenabwägung bejaht werden.

45 *Hueck/v. Hoyningen-Huene* § 1 Rdnr. 174.

46 So aber *Peter G. Meisel* (ZfA 1985, 213 [229]), der bei den Mischtatbeständen der Auffassung ist, daß alle Kündigungsgründe für die Interessenabwägung in der Waagschale des Arbeitgebers liegen und zwar auch diejenigen, die losgelöst von anderen für sich allein die Kündigung nicht sozial rechtfertigen würden. Gegen *Meisel* ausdrücklich das *Bundesarbeitsgericht* (AP Nr. 12 zu § 1 KSchG 1969 = EzA § 1 KSchG Nr. 42).

47 *BAG* AP Nr. 12 zu § 1 KSchG 1969 = EzA § 1 KSchG Nr. 42; *Hamann* JA 1987, 474/536 (481); KR-*Becker* § 1 KSchG Rdnr. 178; vgl. auch *Gitter* SAE 1987, 190; *Hueck/v. Hoyningen-Huene* § 1 Rdnr. 174; *Schaub* § 129 I 3. *Bernd Rüthers* und *Martin Henssler* (ZfA 1988, 31) lehnen die Sphärentheorie ab.

trieblichen Sphäre führt, ändert nichts an der Kündigung als personenbedingt[48].

Auch hier ist wegen der Sphärentheorie eine Gesamtschau also nur für den Fall anzustellen, daß das Vorliegen eines Kündigungsgrundes im Sinne des § 1 Abs. 2 KSchG *bejaht* wird. Nur dann ist nach der Rechtsprechung eine zusätzliche Interessenabwägung erforderlich. Im Rahmen dieser Prüfung sind dann, ebenso wie bei der kumulativen Häufung von Kündigungsgründen, die sonstigen Kündigungstatbestände (im vom *Bundesarbeitsgericht* entschiedenen Beispielsfall die Betriebsbedingtheit) zu berücksichtigen.

B. Ergebnis

Als Ergebnis ist somit festzuhalten, daß zwar häufig nur einer der in § 1 Abs. 2 Satz 1 KSchG genannten Aspekte als Prüfungsmaßstab der Kündigungsschutzklage in Betracht kommt, dennoch aber Fälle auftreten, bei denen eine *Gesamtschau* (gesamteinheitliche Betrachtung) mehrerer oder aller Gesichtspunkte des § 1 Abs. 2 Satz 1 KSchG geboten ist. Deswegen ist es, zumindest in diesen Fällen, nicht möglich, den *Streitgegenstand* der Kündigungsschutzklage dahingehend zu beschränken, ob eine personen-, verhaltens- oder betriebsbedingte Kündigung vorliegt. Auch die Trennung in absolute und relative Gründe entspricht nicht einer scharfen inhaltlichen Abgrenzung. Zwar

48 KR-*Becker* § 1 KSchG Rdnr. 178. Die Störquelle im Bereich des Verhaltens des Arbeitnehmers hat das *Bundesarbeitsgericht* (AP Nr. 12 zu § 1 KSchG 1969 = EzA § 1 KSchG Nr. 42) angenommen, als ein Koch sich unter Mißachtung seiner arbeitsvertraglichen Pflichten geweigert hatte, die Stellvertretung des Kantinenleiters zu übernehmen und der Arbeitgeber deshalb das Arbeitsverhältnis als Koch und Vertreter des Kantinenleiters gekündigt, ihm aber gleichzeitig die Beschäftigung als "Nur"-Koch in einer niedrigeren Lohngruppe angeboten hat. Der *Zweite Senat des Bundesarbeitsgerichts* betont in seiner Revisionsentscheidung, daß die Vorinstanz zwar zutreffend einen Mischtatbestand angenommen hat, die Kündigung aber *nicht* auch unter dem Aspekt der Betriebsbedingtheit hätte untersuchen dürfen. Zwar sei die Kündigung auch wegen der durch die Weigerung des Klägers vorgenommenen Bestellung eines anderen Arbeitnehmers zum Stellvertreter des Kantinenleiters erfolgt, so daß die Herabgruppierung des Klägers in der Lohngruppe der Angleichung der Vergütung an den geänderten Aufgabenbereich gedient habe und deshalb betriebsbedingt sei, es liege jedoch in erster Linie ein verhaltensbedingter Änderungskündigungsgrund vor. Die "Störquelle" liege im Bereich des Verhaltens des Klägers, worauf bei Mischtatbeständen zur Qualifikation der Kündigung und für den Prüfungsmaßstab abzustellen sei. Gegen die Qualifizierung als Mischtatbestand und eine entsprechende Beschränkung des Prüfungsmaßstabs generell und insbesondere für diesen Fall: *Rüthers/Henssler* ZfA 1988, 31 (36 ff.). Insgesamt kritisch zur Annahme von Mischtatbeständen: *Stahlhacke/Preis* Rdnr. 621 f.

enthält der erste Satz des § 1 Abs. 2 KSchG vorwiegend am individuellen Interesse des betroffenen Arbeitnehmers orientierte Gesichtspunkte, während Satz 2 stärker betriebsbezogene Elemente betont[49]. Wie *Götz Hueck*[50] ausführt, handelt es sich jedoch nicht um strikte Gegensätze, sondern allenfalls um unterschiedliche Tendenzen, die sich gegenseitig nicht ausschließen. Eine Mitberücksichtigung der Widerspruchsgründe des § 1 Abs. 2 Satz 2 und Satz 3 KSchG im Rahmen der allgemeinen Prüfung der Sozialwidrigkeit nach § 1 Abs. 2 Satz 1 und Abs. 3 KSchG ist möglich[51].

Außerdem sprechen die Argumente betreffend Rechtshängigkeit, Klagenhäufung und Klageänderung, die mich veranlaßt haben, bei den Eheauflösungsklagen und bei den handelsgesellschaftsrechtlichen Gestaltungsklagen den Streitgegenstand weit zu fassen[52], auch bei der Kündigungsschutzklage dafür, für die Bestimmung des prozessualen Anspruchs nicht auf den einzelnen materiellen Grund abzustellen. Bezüglich des *Urteilsgegenstandes*[53] sind jedoch Ausnahmen denkbar, soweit nur einer der in § 1 Abs. 2 Satz 1 KSchG genannten Gründe Prüfungsmaßstab der Kündigungsschutzklage war[54].

III. Ist die Sozialwidrigkeit entscheidend oder umfaßt der Streitgegenstand die Kündigung generell?

Wenn für die Bestimmung des Streitgegenstandes nicht auf den einzelnen Grund nach § 1 Abs. 2 KSchG abzustellen ist, besteht die Möglichkeit, für die Festlegung des prozessualen Anspruchs entweder die *Sozialwidrigkeit in ihrer Gesamtheit* als bestimmendes Kriterium anzusehen oder sogar noch einen Schritt weiter zu gehen und - losgelöst vom Merkmal der Sozialwidrigkeit - bei jeder Kündigungsschutzklage nach § 4 KSchG die *Kündigung an sich* zur ge-

---

49 *G. Hueck*, in: *Hueck*, KSchG, § 1 Rdnr. 72.

50 In: *Hueck*, KSchG, § 1 Rdnr. 72.

51 *G. Hueck*, in: *Hueck*, KSchG, § 1 Rdnr. 76.

52 Siehe oben insbesondere § 4 sub II D 1, 2, 3 (S. 35 ff.); § 5 sub III A, B, C (S. 66 f.); § 7 sub III A (S. 82 f.); § 8 sub III A, B, C (S. 92 ff.).

53 Zur Lehre vom Urteilsgegenstand oben § 2 sub VI B und D (S. 18 f., S. 21 ff.). Vgl. auch § 4 sub II D 4 a (S. 55), § 5 sub III D (S. 71), § 7 sub III C (S. 86), § 8 sub III D 1 (S. 100), § 9 sub II (S. 105 f.) und § 10 sub II (S. 114).

54 Genauer zur Frage, ob die Lehre vom Urteilsgegenstand auch bei der Kündigungsschutzklage anzuwenden ist, unten sub III B 4 a (S. 161 ff.).

richtlichen Prüfung zu stellen[55]. Hierfür bietet sich die Bezeichnung als *globaler Streitgegenstand* an. Dies bedeutet, daß bei der letztgenannten Ansicht die Wirksamkeit der Kündigung unter *allen* rechtlichen Gesichtspunkten zu prüfen ist (soweit ein entsprechender Klägervortrag erfolgt)[56]. Ist man dagegen der ersten Auffassung, so ist allein der Gesichtspunkt der Sozialwidrigkeit Prüfungsgegenstand[57].

A. Der Wortlaut des § 4 KSchG und die Systematik des Kündigungsschutzgesetzes

§ *4 KSchG* enthält in Satz 1 eine widersprüchliche Aussage[58]: Einerseits braucht der Arbeitnehmer nur geltend zu machen, daß eine Kündigung sozial ungerechtfertigt ist, andererseits soll er Klage auf Feststellung erheben, daß das Arbeitsverhältnis durch die Kündigung nicht aufgelöst ist. Die erste Formulierung spricht dafür, daß allein die Sozialwidrigkeit zur Prüfung gestellt wird. Die zweite gesetzliche Aussage enthält diese Einschränkung nicht, danach scheint der prozessuale Anspruch die Kündigung generell zu umfassen[59].

---

55 So die überwiegende Meinung, vgl. nur *Hueck/v. Hoyningen-Huene* § 4 Rdnr. 24; KR-*Friedrich* § 4 KSchG Rdnr. 227; *Prütting*, in: *Germelmann/Matthes/Prütting* Einleitung Rdnr. 146; *Schaub* § 136 I 2 a.
Die bestandsrechtlichen Auffassungen (vgl. oben sub I B und C [S. 148 ff.]) werden hier vorläufig außer acht gelassen. Dazu dann im einzelnen sub IV (S. 165 ff.).

56 So insbesondere *Grunsky* Anmerkung zu *BAG* AP Nr. 3 zu § 4 KSchG 1969; KR-*Friedrich* § 4 KSchG Rdnr. 227; *Schaub* § 136 I 2 a; siehe auch *Popp* BB 1988, 1180 (1181).

57 So *Ostermeyer* RdA 1952, 142. Vgl. auch - ablehnend - *Alfred Hueck*, Festschrift für Hans Carl Nipperdey, S. 99 ff. (107) und KR-*Friedrich* § 4 KSchG Rdnr. 227. Auch der *Siebte Senat des Bundesarbeitsgerichts* ist offenbar dieser Auffassung. In einer Entscheidung vom 11.2.1981 (AP Nr. 8 zu § 4 KSchG 1969) führt er aus (sub B III der Gründe): "Das LAG wird mithin zu prüfen haben, ob die mit Schreiben vom 29.3.1977 ausgesprochene ordentliche Kündigung der Beklagten sozial gerechtfertigt ist."
Dies war auch die Rechtslage vor Inkrafttreten des Kündigungsschutzgesetzes (dazu Fußn. 1 des § 11 der Arbeit) gemäß dem Arbeitsordnungsgesetz (AOG) und dem Betriebsrätegesetz von 1920, vgl. *Alfred Hueck*, Festschrift für Hans Carl Nipperdey, S. 99 ff. (106).

58 *Bettermann* ZfA 1985, 5 (7).

59 Offenbar allein auf diesen zweiten Teil des § 4 Satz 1 KSchG stellt *Hans-Wolf Friedrich* (KR-*Friedrich* § 4 KSchG Rdnr. 227 a. E.) ab. Er führt aus, daß Streitgegenstand im Kündigungsschutzverfahren wegen des Wortlauts des § 4 Satz 1 KSchG die Wirksamkeit der konkreten Kündigung nicht nur unter dem Gesichtspunkt der Sozialwidrigkeit, sondern *unter allen rechtlichen Gesichtspunkten* ist.

§ *6 KSchG* gestattet dem Kläger, der die Kündigung aus anderen als den in § 1 Abs. 2 und Abs. 3 KSchG bezeichneten Gründen rechtzeitig im Klagewege geltend gemacht hat, in diesem Verfahren auch die Unwirksamkeit der Kündigung gemäß § 1 Abs. 2, 3 KSchG vorzubringen. Aus dieser Bestimmung ergibt sich, daß eine gegen die ausgesprochene Kündigung gerichtete, aber nicht auf § 4 KSchG gestützte Klage, *nicht* auch die Sozialwidrigkeit nach § 1 Abs. 2 und Abs. 3 KSchG umfaßt.

Dies deutet darauf hin, daß die Kündigungsschutzklage nach § 4 KSchG nur die Sozialwidrigkeit betrifft, während eine andere Kündigungsabwehrklage einen eigenen Streitgegenstand hat[60]. Auch *Karl August Bettermann*[61] kommt bei der Untersuchung des § 6 KSchG zu dem Ergebnis, daß diese gesetzliche Bestimmung unterstellt oder anerkennt, daß der Streitgegenstand einer Kündigungsabwehrklage des Arbeitnehmers je nach den Gründen der (behaupteten) Unwirksamkeit - nach den behaupteten Kündigungsmängeln - verschieden ist. Er ist der Auffassung, daß, würden mit der auf einen bestimmten Kündigungs- oder Wirksamkeitsmangel gestützten Abwehrklage alle anderen - tatsächlichen oder vermeintlichen - Mängel rechtshängig, § 6 KSchG nicht nur überflüssig wäre, sondern auch nicht die Geltendmachung der Sozialwidrigkeit befristen dürfe.

Die Annahme verschiedener Streitgegenstände folgt jedoch *nicht zwingend* aus § 6 KSchG. Die Aussage in § 6 KSchG, daß der Streitgegenstand einer *nicht* auf § 4 KSchG gerichteten Klage die Sozialwidrigkeit *nicht* umfaßt, erfordert nicht notwendigerweise den Gegenschluß, daß eine Kündigungsschutzklage gemäß § 4 KSchG *nur* die Sozialwidrigkeit zur gerichtlichen Prüfung stellt. Es ist vielmehr denkbar, daß zwar eine sonstige Kündigungsabwehrklage die Sozialwidrigkeit nicht beinhaltet, die Kündigungsschutzklage nach § 4 KSchG aber die Überprüfung der Kündigung bezüglich aller Kündigungsgründe zum Gegenstand hat.

---

60 Anderer Ansicht sind aber *Götz Hueck* (in: *Hueck*, KSchG, § 6 Rdnr. 5a), *Gerrick von Hoyningen-Huene* (*Hueck/v. Hoyningen-Huene* § 6 Rdnr. 9), *Hans-Wolf Friedrich* (KR-*Friedrich* § 6 KSchG Rdnr. 20, 30) und *Wilhelm Maus* (§ 1 Rdnr. 6). Sie vertreten die Ansicht, daß das Geltendmachen der Sozialwidrigkeit der Kündigung *nicht* zu einer *objektiven Klagenhäufung* führt, sondern lediglich eine mehrfache Begründung desselben Klageanspruchs darstellt, wenn schon eine Klage auf Feststellung der Nichtauflösung des Arbeitsverhältnisses anhängig ist. Ist dagegen eine Leistungsklage rechtshängig, fordern sie einen Feststellungsantrag nach § 4 KSchG. Vgl. auch *Herschel/Löwisch* § 6 Rdnr. 10.

61 ZfA 1985, 5 (8).

Aus dem *§ 7 KSchG*, der ebenfalls zwischen der sozial ungerechtfertigten und der sonst unwirksamen Kündigung unterscheidet, läßt sich ein eindeutiges Ergebnis in der einen oder anderen Richtung ebensowenig erkennen.

B. Auswirkungen der unterschiedlichen Auffassungen auf Rechtshängigkeit, Klagenhäufung, Klageänderung und materielle Rechtskraft

I. Rechtshängigkeit

Nimmt man an, daß der Streitgegenstand der Kündigungsschutzklage nach § 4 KSchG *nur die Sozialwidrigkeit* betrifft, so wird mit der Klage nur die Kündigung in bezug auf ihre soziale Rechtfertigung rechtshängig. Einer zweiten Klage, mit der sich der Kläger auf einen anderen Unwirksamkeitsgrund beruft, steht die Rechtshängigkeit der ersten Klage nicht entgegen. Somit können gleichzeitig zwei oder noch mehr Klagen vor Gericht rechtshängig sein, die gegen dieselbe Kündigung gerichtet sind. Dies ist unerwünscht, da eine Partei nicht mit mehreren gleichzeitigen Prozessen desselben Inhalts belästigt werden soll[62]. Außerdem führt ein Nebeneinander der Prozesse zu unnötiger Anrufung der Gerichte[63], bedingt unnötigen Kostenaufwand und kann schließlich zu einander sich widersprechenden Entscheidungen führen[64].

Begreift man dagegen den Streitgegenstand *umfassend*, so steht einer zweiten Klage der Einwand der Rechtshängigkeit entgegen (§ 261 Abs. 3 Nr. 1, § 495 ZPO, § 46 Abs. 2 ArbGG). Dafür kann der Kläger im Rahmen der *einen* Klage sämtliche potentiellen Unwirksamkeitsgründe geltend machen; das Gericht ist verpflichtet, im Rahmen des Parteivorbringens die Wirksamkeit der Kündigung umfassend zu überprüfen. Der globale Streitgegenstand führt also zu einer Konzentration der Prozesse, die erwünscht ist[65].

---

62 *Baumbach/Lauterbach/Hartmann* § 261 Rdnr. 24; siehe auch schon oben § 4 sub II D 1 a (S. 36); § 5 sub III A (S. 67) und § 8 sub III A 1 (S. 92).

63 *Baumbach/Lauterbach/Hartmann* § 261 Rdnr. 24; siehe auch schon oben § 4 sub II D 1 a (S. 36); § 5 sub III A (S. 67) und § 8 sub III A 1 (S. 92).

64 *Stein-Jonas-Schumann* § 261 Rdnr. 3; siehe auch schon oben § 4 sub II D 1 a (S. 36); § 5 sub III A (S. 67) und § 8 sub III A 1 (S. 92).

65 Vgl. *Stein-Jonas-Schumann* Einleitung Rdnr. 292; *Stein-Jonas-Leipold* § 322 Rdnr. 104; siehe auch schon oben § 8 sub III A 2 (S. 94).

2. Klagenhäufung

Bei Annahme *verschiedener Streitgegenstände* - je nachdem ob der Kläger Sozialwidrigkeit behauptet oder nicht - liegt immer dann eine objektive Klagenhäufung (§§ 260, 495 ZPO, § 46 Abs. 2 ArbGG) vor, wenn der Kläger sich sowohl auf fehlende soziale Rechtfertigung als auch auf einen anderen Unwirksamkeitsgrund beruft. Anders dagegen, wenn nur *ein Streitgegenstand* existiert und der Kläger mehrere Unwirksamkeitsgründe geltend macht. Eine Anspruchshäufung besteht dann nicht. Da jedoch im ersten Fall die Klagenhäufung in aller Regel zulässig sein wird - die Voraussetzungen des § 260 ZPO liegen vor - sind zumindest *im Ergebnis* keine Unterschiede feststellbar.

3. Klageänderung

Hat der Arbeitnehmer die Kündigungsschutzklage nach § 4 KSchG erhoben und ist man der Auffassung, damit sei *nur* die *soziale Rechtfertigung* im Streit, so liegt eine Klageänderung (§§ 263, 495 ZPO, § 46 Abs. 2 ArbGG) vor, wenn der Kläger einen Unwirksamkeitsgrund durch einen anderen ersetzt. Ebenso nach herrschender Meinung, wenn er nachträglich *neben* dem rechtshängigen prozessualen Anspruch einen anderen erhebt[66]. Die Klageänderung ist nur eingeschränkt zulässig: nach Eintritt der Rechtshängigkeit nur, wenn der Beklagte *einwilligt* oder das Gericht sie für *sachdienlich* erachtet, § 263 ZPO[67]. Sie wird vom Gericht aber, insbesondere in Form der nachträglichen Klagenhäufung, in aller Regel als sachdienlich angesehen werden müssen, da sie der endgültigen Ausräumung des Streits zwischen den Parteien dient, einen neuen Rechtsstreit erspart und der Prozeßstoff nicht völlig verändert wird[68].

Vertritt man die Auffassung vom *globalen Streitgegenstand*, so liegt keine Klageänderung vor, wenn sich der Kläger nachträglich auf einen anderen

---

66 Siehe oben § 8 sub III C 1 (S. 95 f.) mit Nachweisen in Fußn. 43 des § 8 der Arbeit.

67 § 6 KSchG, der weitergehend das Geltendmachen anderer als der ursprünglich vorgebrachten Kündigungsgründe gestattet, ist für diesen Fall nicht einschlägig. Er betrifft nur die Konstellation, daß der Kläger *zuerst* eine Kündigungsabwehrklage erhoben hat, die keine Kündigungsschutzklage gemäß § 4 KSchG ist, weil der Kläger sich nicht auf die Gründe nach § 1 Abs. 2 und 3 KSchG berufen hat.

68 Zu diesen Kriterien der Sachdienlichkeit *Stein-Jonas-Schumann* § 263 Rdnr. 12 mit Rechtsprechungsnachweisen; *Zöller-Greger* § 263 Rdnr. 14; vgl. auch oben § 8 sub III C 1 (S. 96 f.).

Grund oder auf andere Gründe als auf die Sozialwidrigkeit beruft, weil ja von vornherein die Kündigung an sich zur gerichtlichen Prüfung steht.

Wegen der in aller Regel anzunehmenden Sachdienlichkeit der Klageänderung besteht *im Ergebnis* in fast allen Fällen kein Unterschied zwischen beiden Auffassungen zum prozessualen Anspruch. Wegen der dennoch möglicherweise auftretenden Schwierigkeiten im Rahmen von § 263 ZPO ist meines Erachtens der globale Streitgegenstand bei der Klageänderung aber vorzuziehen.

4. Materielle Rechtskraft

a) Klageabweisendes Urteil

Nimmt man an, daß die Kündigungsschutzklage nach § 4 KSchG *nur die Sozialwidrigkeit* zum Streitgegenstand hat, so ergeht ein Urteil auch nur über die soziale Rechtfertigung. Wird die Kündigungsschutzklage *abgewiesen*, erwächst dann nur in Rechtskraft, daß die Kündigung nicht aufgrund fehlender sozialer Rechtfertigung unwirksam ist. Das bedeutet, es wird die soziale Rechtfertigung, d. h. daß mindestens einer der Gründe des § 1 Abs. 2 KSchG vorgelegen hat, festgestellt. Die Wirksamkeit der Kündigung mit der Folge, daß jegliche neue Berufung auf Unwirksamkeitsgründe nicht mehr möglich ist, wird nicht ausgesprochen und von dem die Kündigungsschutzklage abweisenden Urteil nicht erfaßt. Das hat zur Folge, daß eine erneute Klage, mit der der Kläger die Unwirksamkeit der Kündigung geltend macht, durch die Rechtskraft des Urteils nicht ausgeschlossen wird, wenn der Kläger sich auf einen anderen Unwirksamkeitsgrund als auf die fehlende soziale Rechtfertigung beruft[69].

Dies hat den Vorteil, daß der Arbeitnehmer durch die Rechtskraft des klageabweisenden Urteils mit nicht die soziale Rechtfertigung betreffenden Unwirksamkeitsgründen, die ihm unbekannt waren und die er deswegen dem Gericht nicht vortragen konnte, nicht präkludiert ist. Nachteil der Bestimmung des Streitgegenstandes anhand der Sozialwidrigkeit ist aber, daß der Kläger den Beklagten nacheinander mit mehreren Klagen überziehen kann, ohne daß er durch die Rechtskraft einer vorherigen Entscheidung daran gehindert wäre. Dies ist unerwünscht; die Rechtskraft soll mehrere Streitverfahren gerade ver-

69 So auch *Bettermann* ZfA 1985, 5 (8).

hindern. Auch ist es im Interesse aller Beteiligten, *endgültig* über den Fortbestand des Rechtsverhältnisses Bescheid zu wissen[70]. Im arbeitsrechtlichen Kündigungsschutzverfahren ist die Gefahr des Mißbrauchs jedoch gering, da regelmäßig gerade der (ehemalige) Arbeitnehmer an einer definitiven Klärung der Rechtslage interessiert ist. Außerdem kann der Arbeitgeber, worauf auch *Karl August Bettermann*[71] hinweist, mit einer Feststellungswiderklage (§§ 256, 33 ZPO in Verbindung mit § 261 Abs. 3 Nr. 1, § 495 ZPO, § 46 Abs. 2 ArbGG) die endgültige Klärung der Wirksamkeit der von ihm ausgesprochenen Kündigung erreichen, wenn er befürchtet, daß sie aus anderen Gründen als aus § 1 Abs. 2 KSchG unwirksam sein könnte. Er braucht dann nur den Antrag zu stellen, das Gericht möge feststellen, daß ein anderer - von ihm vorzutragender - Unwirksamkeitsgrund nicht vorliege. Dieser mögliche Unwirksamkeitsgrund wird dann von dem Urteil umfaßt; der Arbeitnehmer ist nach Rechtskraft der Entscheidung gehindert, mittels einer Klage das Vorliegen dieses Grundes vorzubringen[72].

Faßt man den Streitgegenstand *global*, so wird mit der Kündigungsschutzklage die *Wirksamkeit der Kündigung an sich* zur gerichtlichen Prüfung gestellt. Weist das Gericht die Klage mit diesem prozessualen Anspruch ab (weil es die Kündigung für sozial gerechtfertigt ansieht), so steht fest, daß die Kündigung wirksam ist, d. h. daß das Arbeitsverhältnis durch die streitgegenständliche Kündigung aufgelöst ist[73]. Das bedeutet, daß der Arbeitnehmer nach Rechtskraft dieser Entscheidung gehindert ist, klageweise die Unwirksamkeit der Kündigung zu behaupten, auch wenn er sich hierbei auf andere als die bislang vorgebrachten und vom Gericht geprüften Gründe beruft[74].

Die Festlegung des *Streitgegenstandes* als *global* zwingt den Kläger deswegen dazu, im Kündigungsschutzverfahren alle denkbaren Unwirksamkeitsgründe

---

70 Vgl. oben § 8 sub III D 1 (S. 100).

71 ZfA 1985, 5 (11).

72 Zur Feststellungswiderklage siehe auch schon oben § 8 sub III D 1 (S. 100).

73 Vgl. auch *Hueck/v. Hoyningen-Huene* § 4 Rdnr. 81; KR-*Friedrich* § 4 KSchG Rdnr. 250.

74 *Herschel/Löwisch* § 4 Rdnr. 58; *Hueck/v. Hoyningen-Huene* § 4 Rdnr. 25 und 81; KR-*Friedrich* § 4 KSchG Rdnr. 264; *Schaub* § 136 I 2 b; *Schwerdtner* NZA 1987, 263; *Teske*, Anmerkung zu *BAG* EzA § 4 KSchG n. F. Nr. 31; *BAGE* 7, 36 (44 f.) = AP Nr. 17 zu § 3 KSchG 1951; *BAG* AP Nr. 3 zu § 4 KSchG 1969 = EzA § 4 KSchG n. F. Nr. 11. Laut *Peter Schwerdtner* (NZA 1987, 263) soll über die Präklusionswirkung von Urteilen im Kündigungsschutzprozeß Einigkeit bestehen.

vorzubringen, wenn er vermeiden will mit ihnen ausgeschlossen zu werden[75]. Dies führt zu einer Konzentration der Prozesse[76], kann aber auch eine unerwünschte Ausuferung des Rechtsstreits bedeuten. Außerdem wäre der Kläger auch mit solchen Tatsachen präkludiert, die ihm unbekannt waren. Diese negativen Folgen lassen sich jedoch vermeiden, wenn man den Streitgegenstand zwar global faßt, aber die *Lehre vom Urteilsgegenstand*[77] anwendet. Es ist dann der Tatsachenkomplex, über den verhandelt und entschieden wurde heranzuziehen, um den Umfang der Rechtskraft zu ermitteln.

Wegen der Regelung des § 7 KSchG ist der Arbeitnehmer aber dennoch gehindert, einen bislang nicht behandelten Unwirksamkeitsgrund vorzubringen, wenn dieser die soziale Rechtfertigung nach § 1 KSchG betrifft[78]. Die Lehre vom Urteilsgegenstand kann damit im Kündigungsschutzrechtsstreit, der auf einer Kündigungsschutzklage nach § 4 KSchG beruht, ihre Wirkungen nur eingeschränkt entfalten. Sie ist aber dennoch zu befürworten.

Das *Bundesarbeitsgericht*[79] stellt dagegen die materielle Rechtskraft in den Vordergrund[80]. Wenn ein Arbeitsgericht die Kündigungsschutzklage wegen fehlender Sozialwidrigkeit der Kündigung abweist, habe es damit sämtliche Unwirksamkeitsgründe verneint. Der Arbeitnehmer, der im Kündigungsschutzprozeß unterliegt, könne deshalb in einem späteren Verfahren nicht mehr vorbringen, die Kündigung sei aus anderen Gründen unwirksam[81]. Anderenfalls könne, so das *Bundesarbeitsgericht*[82], die materielle Rechtskraft die ihr zugeordnete Funktion nicht erfüllen, den Rechtsfrieden zu bewahren, der es erfordert, daß jeder Streit einmal ein Ende hat, Rücksicht auf die Gerichte zu

---

75 Vgl. *Herschel/Löwisch* § 4 Rdnr. 59; *Hueck/v. Hoyningen-Huene* § 4 Rdnr. 24; KR-*Friedrich* § 4 KSchG Rdnr. 221.

76 Siehe schon oben sub 1 (S. 159) und die Nachweise in Fußn. 65 dieses Paragraphen der Arbeit.

77 Dazu oben § 2 sub VI B und D (S. 18 f., S. 21 ff.). Vgl. auch § 4 sub II D 4 a (S. 55), § 5 sub III D (S. 71), § 7 sub III C (S. 86), § 8 sub III D 1 (S. 100), § 9 sub II (S. 105 f.) und § 10 sub II (S. 114).

78 Damit führt die Anwendung der Lehre vom Urteilsgegenstand zum gleichen Ergebnis wie die Bestimmung des Streitgegenstandes der Kündigungsschutzklage anhand der Sozialwidrigkeit (siehe oben im Text S. 161).

79 *BAGE* 7, 36 (44 f.) = AP Nr. 17 zu § 3 KSchG 1951; AP Nr. 3 zu § 4 KSchG 1969 = EzA § 4 KSchG n. F. Nr. 11.

80 So auch KR-*Friedrich* § 4 KSchG Rdnr. 264.

81 So beispielsweise auch *Alfred Hueck*, Festschrift für Hans Carl Nipperdey, S. 99 ff. (109 ff.) und *Hans Güntner* AuR 1974, 97/135 (112).

82 AP Nr. 17 zu § 4 KSchG 1969 = EzA § 4 KSchG n. F. Nr. 31.

nehmen, indem ausgeschlossen wird, daß wegen eines unanfechtbar entschiedenen Streits sie von neuem angegangen werden können und ihr Ansehen dadurch zu erhalten, daß widerstreitende Entscheidungen vermieden werden.

b) Stattgebendes Urteil

Bei Annahme eines *globalen Streitgegenstandes* wird, wenn das Gericht der Klage *stattgibt*, festgestellt, daß das Arbeitsverhältnis durch die Kündigung nicht aufgelöst ist, weil die konkret angegriffene Kündigung nicht wirksam war[83].

Geht man davon aus, daß die Kündigungsschutzklage nur die *Sozialwidrigkeit zum Streitgegenstand* hat, so ergeht auch ein stattgebendes Urteil *nur* über die soziale Rechtfertigung der Kündigung. Es wird festgestellt, daß die Kündigung sozialwidrig ist. Damit ergibt sich aber zugleich, daß die Kündigung unwirksam ist, d. h. daß das Arbeitsverhältnis durch die in der Klage genannte Kündigung *nicht aufgelöst* ist.

Im Falle des der Kündigungsschutzklage *stattgebenden Urteils* spielt die Frage, welcher Auffassung vom Streitgegenstand man folgt, also *keine* Rolle. Die Gefahr, daß der Kläger (= Arbeitnehmer) den Beklagten mit weiteren Klagen überzieht, ist auch beim auf die soziale Rechtfertigung beschränkten prozessualen Anspruch nicht gegeben.

5. Ergebnis

In bezug auf *Klagenhäufung* und *Klageänderung* ist es - zumindest im Ergebnis - unerheblich, ob man die Sozialwidrigkeit als für den Streitgegenstand entscheidend ansieht oder ob man den prozessualen Anspruch global faßt. Wegen der Beschränkungen des § 263 ZPO unter dem Gesichtspunkt der Klageänderung ist aber dennoch der Auffassung vom globalen Streitgegenstand der Vor-

---

83 Vgl. auch *Th. Köhler* S. 88; *Schaub* § 136 I 2 b und III 1; *Schwerdtner* NZA 1987, 264 (264 f.); *Teske* Anmerkung zu *BAG* EzA § 4 KSchG n. F. Nr. 31.
Wie in § 11 sub III (S. 145 f.) und in Fußn. 1 in diesem Paragraphen (§ 12) der Arbeit ausgeführt - und dies möchte ich hier noch einmal in Erinnerung rufen -, ist eigentlich davon auszugehen, daß das durch die Kündigung aufgelöste Arbeitsverhältnis wieder in Kraft gesetzt wird, wenn ein stattgebendes Urteil ergeht.

zug zu geben. Auch bezüglich der *Rechtshängigkeit* ist dies der Fall. Bei der *Rechtskraft* hingegen führt die Annahme eines globalen Streitgegenstandes (jedenfalls beim klageabweisenden Urteil) zu unerwünschten Ergebnissen. Deshalb sollte man den Urteilsgegenstand entweder grundsätzlich global fassen, ihn aber auf den geltend gemachten und geprüften Tatsachenkomplex, unter Einschluß der zu diesem Komplex bei natürlicher Betrachtungsweise gehörenden Tatsachen, beschränken oder die Sozialwidrigkeit als maßgebliches Kriterium zur Bestimmung des prozessualen Anspruchs bei der Rechtskraft heranzuziehen. Insgesamt ist - mit Einschränkungen bezüglich des Urteilsgegenstandes - der Auffassung vom *globalen* Streitgegenstand zu folgen.

IV. Ist der Bestand des Arbeitsverhältnisses Streitgegenstand der Kündigungsschutzklage?

Noch einen Schritt weiter als die Auffassung vom globalen Streitgegenstand gehen die bestandsrechtlichen Meinungen[84], die ich bislang bei der Untersuchung, ob der vorgebrachte Kündigungsgrund oder die Frage der Sozialwidrigkeit den Streitgegenstand beeinflussen, außer acht gelassen habe[85]. Es ist daher im folgenden zu prüfen, ob es sinnvoll ist, den Bestand des Arbeitsverhältnisses als prozessualen Anspruch der Kündigungsschutzklage anzusehen.

A. Auswirkungen dieser Auffassung auf Rechtshängigkeit, Klagenhäufung und Klageänderung

1. Rechtshängigkeit

Unter dem Gesichtspunkt der *Rechtshängigkeit* betrachtet ist den bestandsrechtlichen Auffassungen der Vorzug vor der punktuellen Theorie zu geben, weil durch sie eine umfassende Überprüfung des Arbeitsverhältnisses erfolgt, ohne daß zwei parallele Klagen rechtshängig sein können, die beide den Bestand des Arbeitsverhältnisses betreffen. Bei Anwendung der punktuellen Theorie kann beispielsweise der Arbeitgeber während laufender Kündigungsschutzklage seinerseits Klage erheben mit dem Antrag, festzustellen, daß das Arbeitsverhältnis gar nicht wirksam begründet wurde oder daß es durch eine

84 Dazu oben sub I B und C (S. 148 ff.).

85 Vgl. dazu oben Fußn. 55 dieses Paragraphen der Arbeit.

frühere Anfechtung oder Kündigung aufgelöst wurde. Dies ist nicht möglich, wenn im Rahmen der Kündigungsschutzklage der Bestand des Arbeitsverhältnisses Streitgegenstand ist. Beim engen bestandsrechtlichen Streitgegenstandsbegriff kann allerdings eine zweite Klage dann anderweitig rechtshängig sein, wenn der Arbeitgeber einen Beendigungsgrund behauptet, der zeitlich nach der Kündigung, wegen der der Arbeitnehmer die Kündigungsschutzklage erhoben hat, entstanden sein soll.

2. *Klagenhäufung und Klageänderung*

Ebenso verhält es sich in bezug auf *Klagenhäufung* und *Klageänderung*. Auch diesbezüglich ergeben sich bei den bestandsrechtlichen Theorien - insbesondere beim weiten bestandsrechtlichen Streitgegenstandsbegriff - Vorteile, da ohne die durch eine Klageänderung oder Klagenhäufung bedingten prozessualen Voraussetzungen eine umfassende Überprüfung des Arbeitsverhältnisses erfolgen kann.

So ist bei der punktuellen Theorie eine *Klagenhäufung* gegeben, wenn der klagende Arbeitnehmer nicht nur eine Kündigung angreift, sondern gegen mehrere vom Arbeitgeber ausgesprochene Kündigungen im Rahmen eines Verfahrens vorgeht[86]. Dies ist beim weiten bestandsrechtlichen Streitgegenstandsbegriff nicht der Fall und beim engen bestandsrechtlichen Streitgegenstandsbegriff dann nicht, wenn der klagende Arbeitnehmer die zeitlich zuletzt erklärte Kündigung mit der Kündigungsschutzklage angreift. Legt man die punktuelle Theorie zugrunde, so ist der Arbeitnehmer, der sein Beschäftigungsverhältnis behalten will, beim Ausspruch mehrerer Kündigungen durch den Arbeitgeber geradezu gezwungen, mehrfach klageweise vorzugehen, was am zweckmäßigsten in einem Verfahren, d. h. durch eine Klagenhäufung geschieht.

Wegen der Notwendigkeit gegen mehrere Kündigungen vorzugehen, kommt bei Anwendung der *punktuellen Theorie* ein Übergang von der Kündigungsschutzklage, die die erste Kündigung zum Streitgegenstand hat, zu einer Kündigungsschutzklage, die eine zweite Kündigung betrifft *(Klageänderung)*, nicht in Frage. Beim *engen bestandsrechtlichen Streitgegenstandsbegriff* ist es dagegen möglich, von einer Klage, mit der der Arbeitnehmer eine Kündigung angreift, zu einer Klage überzugehen, die den Bestand des Arbeitsverhältnisses

86 Vgl. auch *Bötticher*, Festschrift für Wilhelm Herschel, S. 181 ff. (188).

zu einem späteren Zeitpunkt (keine Beendigung des Arbeitsverhältnisses durch eine weitere Kündigung) feststellen soll. Das Gericht muß dann - soweit die Klageänderung prozessual wirksam ist - im Rahmen des nunmehr zur Überprüfung gestellten Streitgegenstandes auch die Wirksamkeit der zeitlich ersten Kündigung behandeln, soweit es nicht die Kündigungsschutzklage aufgrund der zweiten Kündigung abweist. Erachtet es die spätere Kündigung aber als unwirksam, muß es trotz der Klageänderung prüfen, ob das Arbeitsverhältnis nicht schon vorher durch die erste Kündigung beendet wurde.

Legt man der Kündigungsschutzklage den *weiten bestandsrechtlichen Streitgegenstandsbegriff* zugrunde, so ist eine Klageänderung weder erforderlich noch möglich, da der Bestand des Arbeitsverhältnisses im Zeitpunkt der letzten mündlichen Verhandlung prozessualer Anspruch ist, so daß zwischenzeitlich ausgesprochene Kündigungen erfaßt werden, ohne daß der Arbeitnehmer weitere Kündigungsschutzklagen erheben muß[87]. Die Ausschlußfrist des § 4 Satz 1 KSchG und der Rechtsnachteil des § 7 KSchG sind auf Kündigungen, die der Arbeitgeber während des Prozesses ausspricht, nicht anzuwenden[88]. Deswegen hat der weite bestandsrechtliche Streitgegenstandsbegriff auch zur Folge, daß dem Arbeitgeber die Darlegungs- und Beweislast für alle während des Kündigungsschutzprozesses behaupteten Beendigungstatbestände des Arbeitsverhältnisses obliegt[89].

B. Auswirkungen dieser Auffassung auf die Rechtskraft

Entscheidende Unterschiede zwischen den verschiedenen Streitgegenstandsbegriffen bei der Kündigungsschutzklage ergeben sich in bezug auf die Rechtskraft.

---

87 *Teske* Anmerkung zu *BAG* EzA § 4 KSchG n. F. Nr. 31. *Eduard Bötticher* (Festschrift für Wilhelm Herschel, S. 181 ff. [189]) verlangt, daß der Arbeitnehmer sich gegenüber einer zweiten Kündigung auch auf deren Sozialwidrigkeit beruft.

88 *Güntner* AuR 1974, 97/135 (110); *Teske* Anmerkung zu *BAG* EzA § 4 KSchG n. F. Nr. 31. Vgl. auch *Th. Köhler* S. 102 f.

89 *Güntner* AuR 1974, 97/135 (110); *Schaub* § 136 I 2 c; *Teske* Anmerkung zu *BAG* EzA § 4 KSchG n. F. Nr. 31.
Dies gilt ebenso beim *engen* bestandsrechtlichen Streitgegenstandsbegriff; dort jedoch bezogen auf alle potentiellen Beendigungstatbestände, die bis zu dem sich aus der angegriffenen Kündigung ergebenden Zeitpunkt entstanden sind, sowie bezogen auf das eventuelle Fehlen eines Arbeitsverhältnisses (vgl. *Kuchinke* SAE 1978, 278 [288]).

1. Klageabweisendes Urteil

Bei einem klageabweisenden Urteil wirken sich die differierenden Ansichten jedoch nicht aus. Ergeht ein solches, ist nach allen drei Streitgegenstandsbegriffen festgestellt, daß das Arbeitsverhältnis aufgelöst ist. Nach Rechtskraft der Entscheidung ist der Arbeitnehmer - soweit er sich nicht auf (wegen der Lehre vom Urteilsgegenstand) von der Rechtskraft nicht erfaßte Tatsachen stützt - gehindert, vorzubringen, daß das Arbeitsverhältnis doch Bestand hat.

2. Stattgebendes Urteil

Maßgeblich anders wirkt die Rechtskraft jedoch, wenn der Klage des Arbeitnehmers stattgegeben wird.

Wendet man den *punktuellen Streitgegenstandsbegriff* an, so liegt in dem Richterspruch die Feststellung, daß das Arbeitsverhältnis durch die Kündigung nicht aufgelöst ist, weil die konkret angegriffene Kündigung nicht wirksam war[90]. Von der Rechtskraft des Urteils nicht erfaßt wird die Frage, ob das Arbeitsverhältnis zum Zeitpunkt des Zugangs der Kündigung überhaupt bestanden hat, d. h. ob es wirksam begründet wurde und ob es nicht etwa aus einem anderen - vor oder nach der angegriffenen Kündigung liegenden - Grund beendet wurde[91]. Deshalb ist der Arbeitgeber, der einen Kündigungsschutzprozeß rechtskräftig verloren hat, durch die Rechtskraft des Urteils nicht gehindert, sich auf den fehlenden Bestand des Arbeitsverhältnisses zu berufen oder vorzutragen, daß gar kein wirksames Arbeitsverhältnis zustande gekommen ist[92].

Anders beim *engen bestandsrechtlichen Streitgegenstandsbegriff*. Hier wird über den Bestand des Arbeitsverhältnisses zum Zeitpunkt des Zugangs der Kündigung[93] entschieden, so daß mit Rechtskraft des stattgebenden Urteils

---

90 Vgl. schon oben sub III 4 b (S. 164) und die Nachweise in Fußn. 83 in diesem Paragraphen der Arbeit.

91 Siehe auch *Schwerdtner* NZA 1987, 263 (264) und *Teske* Anmerkung zu *BAG* EzA § 4 KSchG n. F. Nr. 31.

92 *Grunsky* Anmerkung zu *BAG* AP Nr. 3 zu § 4 KSchG 1969; *Herschel/Löwisch* § 4 Rdnr. 55; *Teske* Anmerkung zu *BAG* EzA § 4 KSchG n. F. Nr. 31.

93 Wie der *Zweite Senat des Bundesarbeitsgerichts* im Urteil vom 26.8.1993 (AP Nr. 113 zu § 626 BGB = EzA § 322 ZPO Nr. 9) klargestellt hat, kann aus seiner Entscheidung vom 12.6.1986 (AP Nr. 17 zu § 4 KSchG 1969 = EzA § 4 KSchG n. F. Nr. 31; siehe dazu auch oben sub I C [S. 149]) *nicht* abgeleitet werden, daß er auf den

zugleich feststeht, daß zu diesem Zeitpunkt ein Arbeitsverhältnis zwischen den streitenden Parteien bestanden hat[94]. Diese Frage ist also von der Rechtskraft des Richterspruchs umfaßt; das Bestehen des Arbeitsverhältnisses vor der Kündigung ist nicht nur eine den Streitgegenstand des Kündigungsschutzurteils bedingende (präjudizielle) Frage, auf die sich die Rechtskraft nicht erstrecken würde[95]. Deshalb haben die Richter des *Zweiten Senats des Bundesarbeitsgerichts* in ihrer Entscheidung aus dem Jahr 1986[96], in der sie den zeitlich begrenzten bestandsrechtlichen Streitgegenstandsbegriff bestätigt haben, auch ausgeführt, daß das erkennende Gericht, das über eine vorher ausgesprochene Kündigung zu urteilen hat, an die rechtskräftige Entscheidung gebunden ist.

Der *Zweite Senat* begründet seine Auffassung damit, daß anderenfalls die materielle Rechtskraft die ihr zugeordnete Funktion nicht erfüllen könne[97] und befürchtet, daß sich ansonsten jeder Arbeitgeber, der einen Kündigungsschutzprozeß rechtskräftig verloren hat, darauf berufen könne, daß ein Arbeitsverhältnis gar nicht bestanden habe, daß das Arbeitsverhältnis aufgrund einer bereits früher erklärten Anfechtung beendet worden sei, die Parteien einen Aufhebungsvertrag in der Vergangenheit geschlossen hätten oder das Arbeitsverhältnis aus anderen Gründen ein Ende gefunden habe. Ein solcher Vortrag wäre ohne die Ausweitung des Streitgegenstandes auf den *Bestand eines Arbeitsverhältnisses* zum Zeitpunkt des Zugangs der Kündigung in einem späteren Prozeß auch aufgrund der Präklusionswirkung nicht ausgeschlossen.

Zeitpunkt der Wirksamkeit der Kündigung - auf den Kündigungstermin - abstellt. Ob das *Bundesarbeitsgericht* an dem engen bestandsrechtlichen Streitgegenstandsbegriff festzuhalten gedenkt, läßt das Gericht im Urteil vom 26.8.1993 aber offen (..."kommt es letztlich nicht darauf an, ob überhaupt an einem solchen Rechtssatz, aufgrund der Rechtskraft im Kündigungsschutzprozeß stehe auch der Fortbestand des Arbeitsverhältnisses zum Kündigungstermin fest, festzuhalten wäre").

94 *BAG* AP Nr. 3 zu § 4 KSchG 1969 = EzA § 4 KSchG n. F. Nr. 11; AP Nr. 17 zu § 4 KSchG 1969 = EzA § 4 KSchG n. F. Nr. 31; vgl. auch oben sub I C (S. 149). Obwohl der Zweite Senat des Bundesarbeitsgerichts im Urteil vom 26.8.1993 (AP Nr. 113 zu § 626 BGB = EzA § 322 ZPO Nr. 9) die Frage, ob er weiterhin den engen bestandsrechtlichen Streitgegenstandsbegriff anwenden will, ausdrücklich offen gelassen hat (vgl. soeben Fußn. 93 dieses Paragraphen der Arbeit) führt der Senat in einem Urteil vom 21.7.1994 (AP Nr. 28 zu § 4 KSchG 1969 = EzA § 4 KSchG n. F. Nr. 48) erneut aus, daß "bei der Kündigingsschutzklage mit einem Klageantrag nach näherer Maßgabe des § 4 Satz 1 KSchG " ... "der Bestand des Arbeitsverhältnisses" ... "beurteilt wird".

95 *BAG* AP Nr. 3 zu § 4 KSchG 1969 = EzA § 4 KSchG n. F. Nr. 11; *Kuckinke* SAE 1979, 287 (288).

96 AP Nr. 17 zu § 4 KSchG 1969 = EzA § 4 KSchG n. F. Nr. 31.

97 Dazu schon oben sub III B 4 a (S. 163).

Beim *weiten bestandsrechtlichen Streitgegenstandsbegriff* steht mit der Rechtskraft des stattgebenden Urteils ebenfalls fest, daß zwischen den Prozeßparteien ein wirksames Arbeitsverhältnis bestanden hat und zwar - weiter als beim engen bestandsrechtlichen Streitgegenstandsbegriff - bis zum Zeitpunkt der letzten mündlichen Verhandlung[98].

C. Weitere Argumente und Würdigung

Für einen möglichst umfassenden Streitgegenstandsbegriff sprechen zum einen die fehlenden Beschränkungen betreffend Rechtshängigkeit, Klagenhäufung und Klageänderung[99], zum anderen die dadurch erreichbare Konzentration der Prozesse und damit die Prozeßökonomie[100] sowie die Zweckmäßigkeit[101].

Außerdem wird durch eine umfassende Rechtskraftwirkung - hier ist dem *Bundesarbeitsgericht* [102] zuzustimmen - die Funktion der Rechtskraft gewährleistet, die den Rechtsfrieden bewahren soll und vermeiden soll, daß die Gerichte von neuem wegen eines unanfechtbar entschiedenen Streits angegangen werden. Zudem kann das Ansehen der Gerichte nicht durch widerstreitende Entscheidungen beeinträchtigt werden[103].

Es ist allerdings zu fragen, ob die Gefahr die das *Bundesarbeitsgericht* sieht, wirklich so groß ist. Zum einen unterstellen die Bundesrichter den Arbeitgebern, daß sie einen ihnen nicht genehmen Arbeitnehmer, der mit seiner Kündigungsschutzklage Erfolg hatte, erneut mit einem Prozeß überziehen bzw. den Arbeitnehmer nötigen, trotz des gewonnenen Rechtsstreits eine erneute Klage anzustrengen. Zum anderen läßt sich selbst durch die Anwendung des engen bestandsrechtlichen Streitgegenstandsbegriffs weder verhindern, daß der Ar-

---

98 Vgl. *Teske* Anmerkung zu *BAG* EzA § 4 KSchG n. F. Nr. 31.

99 Dazu oben sub A (S. 165 ff.).

100 *Bötticher*, Festschrift für Wilhelm Herschel, S. 181 ff. (186 und 190); *Güntner* AuR 1974, 97/135 (110); *Teske* Anmerkung zu *BAG* EzA § 4 KSchG n. F. Nr. 31. Zur Kritik am engen bestandsrechtlichen Streitgegenstandsbegriff unter dem Gesichtspunkt der Prozeßökonomie insbesondere bei Kettenkündigungen aber *Teske* Anmerkung zu *BAG* EzA § 4 KSchG n. F. Nr. 31.

101 *Güntner* AuR 1974, 97/135 (111).

102 AP Nr. 17 zu § 4 KSchG 1969 = EzA § 4 KSchG n. F. Nr. 31.

103 Zu diesen Argumenten des *Bundesarbeitsgerichts* schon oben sub III B 4 a (S. 163 f.). *Eduard Bötticher* (BB 1959, 1032 [1033 f.]) führt für die von ihm vertretene bestandsrechtliche Auffassung ebenfalls den Rechtsfrieden an.

beitgeber sich auf eine zwischen dem Zugang der Kündigung und dem rechtskräftigen Urteil im Kündigungsschutzprozeß erfolgte erneute Kündigung beruft[104] noch daß der Arbeitgeber nach Abschluß des Kündigungsrechtsstreits erneut kündigt[105].

Wenn sich die Rechtskraft eines Urteils, das aufgrund eines dem Wortlaut des § 4 Satz 1 KSchG entsprechenden Antrags erging, immer auch darauf erstrekken würde, daß feststeht im Zeitpunkt der Kündigung habe ein Arbeitsverhältnis zwischen den Parteien bestanden, würde dies außerdem den Rechtsstreit unnötigerweise ausweiten. Der beklagte Arbeitgeber wäre dann gezwungen, einen umfassenden vergangenheitsbezogenen Vortrag zu bringen, da er ansonsten, sobald der Kündigungsschutzklage rechtskräftig stattgegeben ist, "Gegenwart und Vergangenheit verspielt"[106] hat[107].

Auch spricht gegen den bestandsrechtlichen Streitgegenstandsbegriff schon der Wortlaut des § 4 Satz 1 KSchG, wonach "die Kündigung" angegriffen und nicht der Bestand des Arbeitsverhältnisses zur Prüfung gestellt wird. Hierauf weist auch *Eduard Böttieher* - der Begründer und wohl eifrigste Verfechter des (weiten) bestandsrechtlichen Streitgegenstandsbegriffs[108] - hin[109].

Als weiteres Argument gegen die bestandsrechtlichen Streitgegenstandsbegriffe läßt sich anführen, daß es damit dem Arbeitgeber auch dann verwehrt ist, sich auf sonstige zeitlich vor dem Zugang der streitgegenständlichen Kündigung oder vor dem Schluß der mündlichen Verhandlung liegende Unwirksamkeits- oder Beendigungsgründe zu berufen, wenn er gehindert war, diese im Kündi-

---

104 So auch *Teske* Anmerkung zu *BAG* EzA § 4 KSchG n. F. Nr. 31.

105 Letzteres sowie Kündigungen nach Schluß der mündlichen Verhandlung sind auch durch Anwendung des *weiten* bestandsrechtlichen Streitgegenstandsbegriffs nicht auszuschließen.

106 So *Wolfgang Grunsky* Anmerkung zu *BAG* AP Nr. 3 zu § 4 KSchG 1969.

107 Vgl. *Teske* Anmerkung zu *BAG* EzA § 4 KSchG n. F. Nr. 31.

108 Vgl. oben sub I B (S. 148 f.).

109 *Bötticher*, Festschrift für Wilhelm Herschel, S. 181 ff. (181 f.). Vgl. außerdem *Schaub* § 136 I 2 c; *Stahlhacke/Preis* Rdnr. 1148; *Teske* Anmerkung zu *BAG* EzA § 4 KSchG n. F. Nr. 31.
Hans Güntner (AuR 1974, 97/135 [110]) will dagegen aus § 11 und § 12 KSchG ("Besteht nach der Entscheidung des Gerichts das Arbeitsverhältnis fort"...) die bestandsrechtliche Auffassung herleiten.

gungsschutzprozeß geltend zu machen, etwa weil sie ihm nicht bekannt waren[110]. Dies ist durch die materielle Rechtskraft jedoch nicht bezweckt[111].

Schließlich ist darauf hinzuweisen, daß eine Bindung eines der Kündigungsschutzklage stattgebenden Urteils dahingehend, daß vor der Kündigung oder bis zum Schluß der mündlichen Verhandlung über die Kündigungsschutzklage ein Arbeitsverhältnis bestanden hat, dem System des Umfangs der Rechtskraft widerspricht. Denn auch bei anderen Gestaltungsklagen ist es anerkannt, daß stattgebende Urteile nicht dahin binden, daß die neugestaltete Rechtslage bis dahin noch nicht bestanden hätte. Die zunächst bestehende und zu gestaltende Rechtslage ist im Gestaltungsprozeß vielmehr nur Vorfrage, über die nicht rechtskräftig entschieden wird[112]. Wenn beispielsweise durch Gestaltungsurteil eine OHG aufgelöst wird, so steht nicht etwa bindend fest, daß die offene Handelsgesellschaft zuvor existiert hatte[113]. Ebenso steht im Falle der Herabsetzung einer Vertragsstrafe um 50 % durch Gestaltungsurteil nicht bindend fest, daß die Vertragsstrafe zunächst in doppelter Höhe vereinbart gewesen war[114].

Außerdem fehlt es an der Notwendigkeit, den Streitgegenstand der gemäß dem Wortlaut des § 4 Satz 1 KSchG gestellten Kündigungsschutzklage über die Frage der Wirksamkeit der Kündigung hinaus auf den Bestand des Arbeitsverhältnisses auszudehnen. Will der Arbeitnehmer nicht nur die *Wirksamkeit der Kündigung* geprüft haben - etwa weil er konkrete Befürchtungen hat, der Arbeitgeber könnte sich nach Ende des Kündigungsschutzprozesses darauf berufen, daß das Arbeitsverhältnis gar nicht bestanden habe, daß es aufgrund einer bereits früher erklärten Anfechtung beendet worden sei oder daß es aus sonstigen Gründen ein Ende gefunden habe -, so hat er die Möglichkeit, durch einen allgemeinen Feststellungsantrag gemäß § 256 Abs. 1 ZPO (in Verbindung mit § 495 ZPO, § 46 Abs. 2 ArbGG) das Bestehen des Arbeitsverhältnisses selbst

---

110 *Kuchinke* SAE 1979, 287 (288); *Teske* Anmerkung zu *BAG* EzA § 4 KSchG n. F. Nr. 31.

111 Siehe schon oben § 2 sub VI B (S. 19). Vgl. außerdem § 4 sub II D 4 a (S. 55 f.), § 7 sub III C (S. 85 f.) und § 8 sub III D 1 (S. 100) sowie in diesem Paragraphen sub III B 4 a (S. 163).

112 *Zöller-Vollkommer* § 322 Rdnr. 3; vgl. auch *Stein-Jonas-Leipold* § 322 Rdnr. 67: "Die zur Begründung des Gestaltungsurteils dienenden rechtlichen und tatsächlichen Feststellungen als solche erwachsen hier ebensowenig in Rechtskraft wie bei Leistungsurteilen."

113 *Zöller-Vollkommer* § 322 Rdnr. 3.

114 *Zöller-Vollkommer* § 322 Rdnr. 3.

zum Streitgegenstand eines Kündigungsschutzprozesses zu machen[115]. Die Zulässigkeit derartiger erweiterter Feststellungsanträge ist allgemein anerkannt[116]. Auch der Arbeitgeber kann im Wege der Widerklage das Nichtbestehen des Arbeitsverhältnisses geltend machen[117].

V. Gesamtergebnis

Der Streitgegenstand der Kündigungsschutzklage nach § 4 KSchG ist *global* zu fassen. Er umfaßt nicht nur die Sozialwidrigkeit oder gar nur einen der in § 1 Abs. 2 KSchG genannten Gründe, sondern die Rechtmäßigkeit[118] der Kündigung generell. Nur beim *Urteilsgegenstand* ist der prozessuale Anspruch auf den geltend gemachten Tatsachenkomplex zu beschränken, wobei dieser in der Regel mit der Sozialwidrigkeit gleichzusetzen ist, wenn nur die fehlende soziale Rechtfertigung im Streit war. Eine weitere Differenzierung nach den einzelnen in § 1 Abs. 2 Satz 1 KSchG genannten Gründen scheitert regelmäßig

---

115 *Grunsky* Anmerkung zu *BAG* AP Nr. 3 zu § 4 KSchG 1969; *Stahlhacke/Preis* Rdnr. 1056, 1150; *Teske* Anmerkung zu *BAG* EzA § 4 KSchG n. F. Nr. 31.

116 Vgl. nur *Herschel/Löwisch* § 4 Rdnr. 52; *Hueck/v. Hoyningen-Huene* § 4 Rdnr. 72; KR-*Friedrich* § 4 Rdnr. 237; *Schaub* § 136 I 2 a; *BAGE* 57, 231 = AP Nr. 19 zu § 4 KSchG 1969; AP Nr. 10 zu § 611 BGB Treuepflicht = EzA § 4 KSchG n. F. Nr. 38. Eine "Kombination" von einer Kündigungsschutzklage nach § 4 KSchG und einer allgemeinen Feststellungsklage im Sinne einer objektiven Klagenhäufung - wie sie insbesondere das *Bundesarbeitsgericht* in den genannten Entscheidungen annimmt - ist allerdings unnötig, da der weitergehende Antrag (Feststellung, daß das Arbeitsverhältnis über die Kündigung hinaus fortbesteht) den engeren ohne weiteres umfaßt (vgl. *Vollkommer/Weinland* Anmerkung zu *BAG* EzA § 4 KSchG n. F. Nr. 33). Dies gilt zumindest dann, wenn man die Kündigungsschutzklage mit der überwiegenden Meinung als Feststellungsklage qualifiziert (vgl. hierzu § 11 sub II E [S. 141 f.]). *Günther Schaub* (NZA 1990, 85 [87]) bejaht dennoch die Erforderlichkeit einer entsprechenden Klagenhäufung. Auch *Reinhard Künzl* (Erlanger Festschrift für Karl Heinz Schwab, S. 123 ff. [141 f.]) sieht das Feststellungsbegehren gemäß § 256 ZPO als *zusätzlichen* Antrag an, der nicht den Streitgegenstand der Kündigungsschutzklage erweitert, sondern als weiteres (neues) Begehren hinzutritt. Er ist deshalb der Auffassung, daß es sich um zwei prozessuale Ansprüche handelt.
Unnötig ist ein allgemeiner Feststellungsantrag nach § 256 ZPO auch für *Thomas Köhler*, der zwar nicht generell die bestandsrechtliche Auffassung vertritt, bei einer Klage nach § 4 Satz 1 KSchG aber immer dann den Bestand des Arbeitsverhältnisses als Streitgegenstand ansieht, wenn ein entgegenstehender Wille des Klägers nicht feststellbar ist (*Th. Köhler* S. 77 f. und 81).

117 *Herschel/Löwisch* § 4 Rdnr. 52.

118 Hier sei noch einmal in Erinnerung gerufen, daß auch die nicht berechtigte Kündigung wirksam ist, das Arbeitsverhältnis jedoch vom Gericht (rückwirkend) erneut in Kraft zu setzen ist (siehe § 11 sub III [S. 145 f.] und oben Fußn. 1 und Fußn. 83 in diesem Paragraphen (§ 12) der Arbeit). Deswegen betrifft der als global anzusehende prozessuale Anspruch *nicht* die *Wirksamkeit* der Kündigung, sondern deren *Berechtigung* (Rechtmäßigkeit).

daran, daß oftmals mehrere der in § 1 Abs. 2 Satz 1 KSchG aufgeführten Bereiche berührt werden. Wenn - was im Einzelfall möglich ist - der Urteilsgegenstand auf einen Bereich des § 1 Abs. 2 Satz 1 KSchG beschränkt ist, steht der Berufung auf einen anderen, vom Gericht nicht behandelten Grund nach § 1 Abs. 2 Satz 1 KSchG die Regelung des § 7 KSchG entgegen.

Die Klage, die dem Wortlaut des § 4 Satz 1 KSchG gemäß gestellt ist, hat nur die *Rechtmäßigkeit der Kündigung* zum Streitgegenstand; prozessualer Anspruch ist *nicht* der *Bestand des Arbeitsverhältnisses*, weder zum Kündigungszeitpunkt noch zum Schluß der mündlichen Verhandlung. Eine solche Ausdehnung des Streitgegenstandes ist nicht veranlaßt. Dem klagenden Arbeitnehmer ist es jedoch unbenommen, durch einen allgemeinen Feststellungsantrag gemäß § 256 ZPO das Bestehen des Arbeitsverhältnisses zum Gegenstand des Prozesses zu machen.

Zusammenfassung

I. Allgemeines

A. Der Streitgegenstand, der vor allem Bedeutung für Fragen der Rechtshängigkeit, Klagenhäufung, Klageänderung und Rechtskraft hat, wird in der ZPO nicht definiert. Es ist jedoch anerkannt, daß Streitgegenstand und materieller Anspruch nicht gleichzusetzen sind. Der Streitgegenstand wird deshalb auch als *prozessualer Anspruch* bezeichnet[1].

B. In Rechtsprechung[2] und Lehre[3] wird überwiegend der *zweigliedrige Streitgegenstandsbegriff* vertreten, wonach der prozessuale Anspruch durch Antrag *und* (Lebens)Sachverhalt bestimmt wird. Nach der Lehre vom *eingliedrigen Streitgegenstand* ist allein der Antrag maßgeblich[4]. Daneben existieren sogenannte neuere materiellrechtliche Lehren[5]; neuerdings findet sich auch eine Lehre vom dreigliedrigen Streitgegenstand[6].

Dabei muß der Streitgegenstand nicht in jeder prozessualen Situation identisch sein, es werden auch *relative* oder *variable Streitgegenstandslehren* vertreten[7]. Neben der Differenzierung nach Leistungs-, Gestaltungs- und Feststellungsklagen sowie nach Verhandlungs- und Inquisitionsmaxime wird vor allem zwischen Streit- und Urteilsgegenstand unterschieden. Nach der *Lehre vom Urteilsgegenstand* kann die Rechtskraft enger sein als der Streitgegenstand des laufenden Prozesses. Generell gibt es nach den Lehren vom relativen Streitgegenstand keinen in allen Prozeßsituationen gleichen Streitgegenstandsbegriff; der prozessuale Antrag kann vielmehr je nach Lage des Verfahrens unterschiedlich sein.

---

1 Siehe Einleitung; § 1 (S. 1 ff.).
2 § 3 (S. 24 f.).
3 § 2 sub II (S. 8).
4 § 2 sub III (S. 9 f.).
5 § 2 sub IV (S. 10 ff.).
6 § 2 sub V (S. 15 f.).
7 § 2 sub VI (S. 16 ff.).

II. Eherechtliche Gestaltungsklagen

A. Scheidungsverfahren

1. Seit dem 1. EheRG gibt es nur noch *einen* Scheidungsgrund, den des *Scheiterns der Ehe*. Hierbei ist § 1565 Abs. 1 BGB der eigentliche Scheidungstatbestand, § 1565 Abs. 2, § 1566 Abs. 1 und 2 BGB sind bloße "Hilfsnormen", wenngleich üblicherweise von vier Scheidungstatbeständen gesprochen wird[8].

2. Trotz des einzigen Scheidungsgrundes bestehen unterschiedliche Auffassungen zum *Streitgegenstand des Ehescheidungsverfahrens*. Neben der verbreiteten Meinung, daß nur ein prozessualer Anspruch existiert, der durch das Scheitern der Ehe charakterisiert ist[9], gibt es Autoren, die von *mehreren* Streitgegenständen ausgehen. Sie differenzieren entweder danach, wer den Scheidungsantrag stellt, oder ob die Scheidung einvernehmlich oder streitig ist. Für eine Mindermeinung stellt jeder der üblicherweise als Scheidungstatbestand bezeichneten Fälle einen eigenen prozessualen Anspruch dar[10].

   Diese vier Meinungen bedingen unterschiedliche Konsequenzen bei den wichtigsten mit dem Streitgegenstand zusammenhängenden prozessualen Instituten: Rechtshängigkeit, Klageänderung, Klagenhäufung und (materielle) Rechtskraft[11]:

   a) Bei der *Rechtshängigkeit* führt die Ansicht, die in jedem Scheidungstatbestand einen eigenen prozessualen Anspruch sieht, zu negativen Auswirkungen. So können bei Anwendung dieser Auffassung mehrere die Auflösung der gleichen Ehe betreffende Scheidungsverfahren rechtshängig sein, und zwar unter Umständen sogar bei unterschiedlichen Gerichten. Abgesehen davon, daß ein Nebeneinander von Prozessen generell unerwünscht ist, treten hierbei Probleme vor allem dann auf, wenn mit der Scheidung noch andere Familiensachen des § 621 Abs. 1 ZPO geltend gemacht werden. So kann es für die Folge-

8 § 4 sub II A (S. 27 ff.)
9 § 4 sub II B (S. 31).
10 § 4 sub II C (S. 31 ff.).
11 Siehe zusammenfassend auch § 4 sub II E (S. 60 ff.).

sachen zu einer doppelten ausschließlichen Zuständigkeit kommen; bei Anwendung des § 35 ZPO für die Folgesachen würde der Entscheidungsverbund unterlaufen[12].

Dies gilt ebenso, wenn man bei einverständlicher und streitiger Scheidung unterschiedliche prozessuale Ansprüche zugrunde legt und - bezüglich des Problems der doppelten Rechtshängigkeit - auch bei der Auffassung, die bei der Bestimmung des Streitgegenstandes des Scheidungsverfahrens auf die Person des Antragstellers abstellt. Dies wird auch durch § 606 Abs. 2 ZPO nicht verhindert[13].

Nur wenn man von einem einzigen Streitgegenstand des Scheidungsverfahrens ausgeht, gibt es bei der Rechtshängigkeit *keine* Probleme. Einem zweiten Antrag steht der Einwand der Rechtshängigkeit entgegen. Dies gilt, wenn beide Ehegatten die Scheidung beantragen - was zulässig ist - auch für den später eingereichten Antrag, soweit dieser nicht im gleichen Verfahren gestellt wird. Ansonsten greift § 1564 Abs. 1 Satz 1 BGB ein, so daß nur ein Scheidungsverfahren mit einem einzigen prozessualen Anspruch rechtshängig wird. In diesem Fall liegt *keine Widerklage* vor, weil diese einen von der Klage verschiedenen Streitgegenstand erfordert, der wegen des einheitlichen Begehrens beider Ehegatten nicht gegeben ist. Der später gestellte Antrag sollte als *Anschlußantrag* bezeichnet werden[14].

Insgesamt ist bei der Rechtshängigkeit die Annahme eines einzigen prozessualen Anspruchs des Scheidungsverfahrens zu bevorzugen, was auch bei Auslandsberührung von Vorteil ist, weil dann ein im Ausland rechtshängiges Scheidungsverfahren einem parallelen Verfahren im Inland entgegensteht, wodurch widersprechende Entscheidungen verhindert werden und der internationale Rechtsverkehr begünstigt wird[15].

b) Eine (objektive) *Klagenhäufung* (§ 260 ZPO) kann es beim Ehescheidungsverfahren nur geben, wenn dieses Verfahren unterschiedliche

---

12 § 4 sub II D 1 a (S. 35 ff.).

13 § 4 sub II D 1 b, c (S. 38 f.).

14 § 4 sub II D 1 d (S. 39 ff.).

15 § 4 sub II D 1 d, e (S. 42 f.); siehe auch § 4 sub II E (insbesondere S. 62).

Streitgegenstände hat, was vor allem dann der Fall ist, wenn jeder Scheidungstatbestand einen eigenen prozessualen Anspruch bedingt. Dies führt zu Problemen, wie über diese unterschiedlichen Streitgegenstände zu entscheiden ist, wenn sich der Antragsteller auf mehrere Scheidungstatbestände beruft. Dann müßte über alle prozessualen Ansprüche ein Rechtsfolgenausspruch ergehen, mit der Konsequenz, daß das Vorliegen aller geltend gemachten Scheidungstatbestände zu prüfen wäre. Dies läuft dem Sinn der Regelung der §§ 1565 f. BGB zuwider. Außerdem hätte - sofern ein Scheidungstatbestand nicht erfüllt ist - trotz Scheidung der Ehe eine teilweise Klageabweisung zu erfolgen, was "zumindest befremdlich" ist[16].

Die zuletzt genannte Problematik tritt auch dann auf, wenn man der einverständlichen und der streitigen Scheidung verschiedene prozessuale Ansprüche zuordnet. In diesem Fall ist zwar nur eine *eventuelle* Klagenhäufung möglich. Bei Abweisung des Hauptantrages und Erfolg des Hilfsantrages wird die Ehe aber geschieden und dennoch wäre die Klage teilweise abzuweisen[17].

Probleme ergeben sich bei dem prozessualen Institut der Klagenhäufung nur dann *nicht*, wenn man entweder die Existenz nur eines Streitgegenstandes für die Scheidung annimmt oder wenn man in dem Antrag jedes Ehegatten einen eigenen prozessualen Anspruch sieht. In beiden Fällen liegt *keine* objektive Klagenhäufung vor[18].

c) Ähnlich verhält es sich bei der *Klageänderung* (§ 263 ZPO). Sie ist dann *nicht* gegeben, wenn man von *einem* Streitgegenstand des Scheidungsverfahrens ausgeht oder nach der Person des Antragstellers differenziert. Eine Klageänderung, die konstruktiv vorliegt, falls man es für möglich erachtet, daß verschiedene prozessuale Ansprüche eines Antragstellers durch Berufung auf unterschiedliche Scheidungstatbestände anhängig gemacht werden, ist wegen § 611 Abs. 1 ZPO aber immer zulässig. Im Ergebnis spielt deshalb die Frage, welcher Theo-

16 § 4 sub II D 2 a (S. 43 f.).
17 § 4 sub II D 2 b (S. 44 f.).
18 § 4 sub II D 2 c (S. 45).

rie des Scheidungsstreitgegenstandes man folgt, bei der Klageänderung keine Rolle[19].

Im Schrifttum wird die Auffassung vertreten, trotz Annahme nur eines Scheidungsstreitgegenstandes sei ein *Wechsel* von einem Scheidungstatbestand zu einem anderen möglich und der Antragsteller könne das Gericht an den vorgetragenen Scheidungstatbestand *binden*. Wegen § 616 Abs. 1 ZPO, der die Amtsermittlung anordnet, ist das Gericht bei Annahme eines einzigen prozessualen Anspruchs jedoch verpflichtet, die Frage der Zerrüttung der Ehe unter jedem möglichen Gesichtspunkt zu prüfen. Deshalb ist der Antragsteller nicht befugt, das Gericht in der Rechtsanwendung zu beschränken, so daß auch ein Wechsel von einem Scheidungstatbestand zu einem anderen nicht möglich ist. Eine Beschränkung ist einzig über einen *Widerspruch* nach § 616 Abs. 2 ZPO zulässig. Dieser muß von der antragstellenden Partei aber *ausdrücklich* erklärt werden[20].

d) Die *materielle Rechtskraft* steht nach Abweisung eines Scheidungsantrags einem erneuten Antrag auf Scheidung der Ehe entgegen, sofern man von *einem Streitgegenstand* des Ehescheidungsverfahrens ausgeht. Dies gilt unabhängig von den im ersten Verfahren vorgebrachten oder vom Gericht berücksichtigten Tatsachen. Anders jedoch, wenn man der Lehre vom *Urteilsgegenstand* folgt, wobei wegen des im Scheidungsverfahren geltenden Amtsermittlungsgrundsatzes nicht der vorgetragene, sondern der Tatsachenkomplex maßgeblich ist, den das Gericht herausgefunden und seinem Urteil zugrunde gelegt hat[21].

Bei Annahme eines eigenen Streitgegenstandes jedes Ehegatten *(subjektiv beeinflußter prozessualer Anspruch)* steht dem Begehren des vormaligen Antragsgegners die Rechtskraft der ersten Entscheidung nicht entgegen, selbst wenn er keine neuen Tatsachen vorträgt. Dies ist unerwünscht[22]. Ebenso verhält es sich, wenn man verschiedene prozessuale Ansprüche - je nach vorgebrachten Scheidungstatbestand - zugrunde legt. Auch dann besteht die Gefahr, daß der Antrag-

19 § 4 sub II D 3 (S. 46 ff.; insbesondere S. 54); siehe auch § 4 sub II E (S. 61).

20 § 4 sub II D 3 c (S. 47 ff.).

21 § 4 sub II D 4 a (S. 55 ff.); siehe auch § 4 sub II E (S. 61).

22 § 4 sub II D 4 b (S. 57 f.).

steller den anderen Ehegatten nacheinander mit mehreren Scheidungsverfahren überzieht, was das Institut der materiellen Rechtskraft gerade verhindern soll[23].

Keine Bedenken hinsichtlich der materiellen Rechtskraft ergeben sich dagegen, wenn man die Streitgegenstände der *einverständlichen* und der *streitigen Scheidung* unterscheidet. In diesem Fall muß ein zweiter Antrag immer einen neuen Tatsachenvortrag enthalten, so daß sich keine anderen Konsequenzen ergeben als dann, wenn man von einen einzigen Streitgegenstand ausgeht[24].

Insgesamt sollte für das Scheidungsverfahren nur *ein prozessualer Anspruch* angenommen werden, da dies zu sachgerechten Ergebnissen führt. Dabei ist es unerheblich, ob man *allein* auf den *Antrag* zur Bestimmung dieses einen Streitgegenstandes abstellt (eingliedrige Streitgegenstandslehre) oder ob man den *Lebenssachverhalt*, der alle Tatsachen des notleidenden Zustands der Ehe umfaßt, neben dem Antrag heranzieht (zweigliedrige Streitgegenstandslehre). Hinsichtlich der Rechtskraft ist die Lehre vom *Urteilsgegenstand* anzuwenden, weil so vermieden werden kann, daß der Antragsteller mit im ersten Verfahren vorliegenden, aber unerkannt gebliebenen Zerrüttungstatsachen präkludiert ist[25].

B. Eheaufhebungsverfahren

Das Eheaufhebungsverfahren nach den §§ 28, 29 EheG ist wegen der in den §§ 30 bis 34 und § 39 Abs. 1 EheG (abschließend) aufgegührten Gründe möglich. Die sogenannte "globale Theorie", die zwischen dem Streitgegenstand des Scheidungsverfahren und dem des Eheaufhebungsverfahrens nicht unterscheidet, ist seit Inkrafttreten des 1. EheRG abzulehnen. Man kann jedoch wie beim Scheidungsverfahren von einem einzigen Streitgegenstand ausgehen oder - wegen der Existenz mehrerer Aufhebungsgründe im Ehegesetz - verschiedene prozessuale Ansprüche annehmen[26].

---

23 § 4 sub II D 4 c (S. 58 f.).

24 § 4 sub II D 4 d (S. 59 f.).

25 Zusammenfassend § 4 sub II E (S. 60 ff.).

26 § 5 sub I, II (S. 64 ff.).

Betrachtet man die Auswirkungen dieser Auffassungen, kommt man zu dem Ergebnis, daß die Annahme nur eines Streitgegenstandes vorzuziehen ist. So kann einerseits verhindert werden, daß mehrere Verfahren mit dem Klageziel Aufhebung der Ehe rechtshängig sind. Andererseits wird dadurch eine umfassende Überprüfung der Ehe nach allen Aufhebungsgründen ermöglicht[27].

Das bedeutet gleichzeitig, daß die *eingliedrige Streitgegenstandslehre* anzuwenden ist. Für die Bestimmung des Urteilsgegenstandes ist jedoch der Aufhebungsgrund mit heranzuziehen. So kann verhindert werden, daß der Kläger bei Abweisung seiner Klage mit allen Eheaufhebungsgründen rechtskräftig ausgeschlossen ist[28].

C. Verhältnis des Scheidungsverfahrens zum Eheaufhebungsverfahren

Scheidungs- und Eheaufhebungsverfahren haben unterschiedliche Streitgegenstände[29]. Dies hat folgende Auswirkungen:

1. Ein *rechtshängiger* Scheidungsantrag schließt eine Aufhebungsklage nicht aus. Das gleiche gilt umgekehrt. Da ein Nebeneinander von Prozessen mit identischem Klageziel - hier Beendigung der Ehe - unerwünscht ist, sollte der "Grundsatz der Einheitlichkeit der Entscheidung in Ehesachen" angewendet werden. Die sogenannte *Bestandstheorie*, nach der in jedem der beiden Verfahren (Eheaufhebungs- und Ehescheidungsprozeß) der Bestand der Ehe generell überprüft werden soll, ist *abzulehnen*[30].

2. *Klagenhäufung* und *Klageänderung* sind wegen unterschiedlicher Streitgegenstände beider Verfahren (Ehescheidung und Eheaufhebung) jederzeit möglich. Im Fall der *kumulativen Klagenhäufung*, hat das Gericht primär das Eheaufhebungsbegehren zu prüfen und muß nur bei Unzulässigkeit oder Unbegründetheit dieses Antrags über das Scheidungsbegehren entscheiden Dies ergibt sich aus § 18 1. DVO EheG, dem Grundsatz der Prozeßökonomie und aus der Tatsache, daß die Rechtsfolgen von Eheauf-

27 § 5 sub III (S. 66 ff.).

28 § 5 sub IV (S. 71 f.).

29 § 6 sub I (S. 73); siehe auch § 6 sub III (S. 80).

30 § 6 sub II A (S. 73 ff.); siehe auch § 6 sub III (S. 80).

lösung und Ehescheidung seit der Reform durch das 1. EheRG nahezu identisch sind und es deswegen an einem schutzwürdigen Interesse des Klägers für eine Behandlung des Scheidungsantrages trotz Eheaufhebung fehlt[31]. Für den Fall, daß ein Ehegatte Eheaufhebung und der andere *widerklagend* Scheidung beantragt oder umgekehrt, gilt ebenfalls der Vorrang der Eheaufhebung[32].

3. Bei der *Rechtskraft* gibt es wegen unterschiedlicher Streitgegenstände des Scheidungs- und des Eheaufhebungsverfahrens keine Überschneidungen. So steht ein den Scheidungsantrag abweisendes Urteil einer Eheaufhebungsklage ebensowenig entgegen wie dies umgekehrt der Fall ist. Das ist sinnvoll, weil dadurch den Parteien nicht das Recht beschnitten wird, aus einem anderen Rechtsgrund gegen die Ehe vorzugehen[33].

D. Ehenichtigkeitsverfahren

1. Auch beim *Ehenichtigkeitsverfahren* (vgl. § 16 EheG) ist ein einziger prozessualer Anspruch in bezug auf Rechtshängigkeit, Klageänderung und Klagenhäufung von Vorteil[34]. Wiederum ist für die materielle Rechtskraft eine Ausnahme zu machen: Beim Urteilsgegenstand muß der vorgebrachte und geprüfte Nichtigkeitsgrund berücksichtigt werden[35].

2. Wegen der Annahme eines einzigen prozessualen Anspruchs ist eine Nichtigkeitswiderklage gegen eine Nichtigkeitsklage weder erforderlich noch zulässig. § 633 Abs. 2 ZPO betrifft diesen Fall nicht. Die in der Literatur teilweise vorgebrachten Argumente für die Zulässigkeit und Notwendigkeit einer Widerklage - Schutz vor Klagerücknahme und Verzicht - können nicht überzeugen, da hiergegen der Beklagte, der ebenfalls ein Nichtigkeitsurteil begehrt, schon durch das Zustimmungserfordernis des § 269 Abs. 1 ZPO geschützt ist und sowohl § 306 ZPO als auch § 635 ZPO einen Abweisungsantrag des Beklagten voraussetzen[36].

---

31 § 6 sub II B (S. 76 ff.).

32 § 6 sub II B (S. 78 f.); vgl. auch § 6 sub III (S. 80).

33 § 6 sub II C (S. 79 f.).

34 § 7 sub III A (S. 82 f.); vgl. auch § 7 sub IV (S. 86).

35 § 7 sub III C (S. 85 f.); vgl. auch § 7 sub IV (S. 86).

36 § 7 sub III B (S. 83 ff.).

III. Gestaltungsklagen im Recht der Handelsgesellschaften

A. Auflösungsklage nach § 133 HGB

1. Bei der Auflösungsklage (§ 133 HGB) gibt es nur *einen einzigen* Auflösungsgrund - *den* "wichtigen Grund" im Sinne des § 133 Abs. 1 HGB. Diesen kann man in Anlehnung an das Ehescheidungsverfahren als *Scheitern der Gesellschaft* definieren[37]. Deshalb sollte man nur einen einzigen prozessualen Anspruch annehmen, der allein durch den Antrag auf Auflösung der Gesellschaft zu bestimmen ist[38]. Es muß jedoch ebenso als legitim angesehen werden, jeden Anlaß, der ein Scheitern der Gesellschaft bedingt, als eigenen Auflösungsgrund nach § 133 HGB zu betrachten und deshalb - unter Zugrundelegung der zweigliedrigen Streitgegenstandslehre - eine Vielzahl möglicher Streitgegenstände anzunehmen[39].

Unter Berücksichtigung der Auswirkungen auf Rechtshängigkeit, Klagenhäufung, Klageänderung und materielle Rechtskraft gilt folgendes:

a) Bei der *Rechtshängigkeit* vermeidet die Annahme nur eines Streitgegenstandes, daß gleichzeitig zwei oder mehrere Prozesse auf Auflösung der Gesellschaft - eventuell sogar vor unterschiedlichen Gerichten - anhängig sein können, was unerwünscht ist. Deshalb ist diese Auffassung vorzuziehen[40].

b) *Klagenhäufung* kann nur bei Annahme mehrerer Streitgegenstände gegeben sein, und zwar entweder als Eventualhäufung oder als alternative Häufung des Klagegrundes. Da in beiden Fällen die Entscheidung des Gerichts nur auf einen der vorgebrachten Gründe gestützt werden darf - nur wenn dieser nicht vorliegt sind die anderen vorgetragenen Gründe überhaupt zu prüfen -, steht diese prozessuale Regelung im Widerspruch zum materiellen Recht. Deshalb muß für die

---

37 § 8 sub I (S. 87 ff.).

38 § 8 sub II (S. 91).

39 § 8 sub II (S. 90).

40 § 8 sub III A (S. 92 ff.).

Klagenhäufung die Auffassung, daß die Auflösungsklage verschiedene Streitgegenstände haben kann, abgelehnt werden[41].

c) Eine *Klageänderung* ist nur bei Annahme mehrerer prozessualer Ansprüche möglich. Sie ist regelmäßig als sachdienlich im Sinne des § 263 ZPO zu erachten[42]. Beim schlichten Wechsel oder der Ergänzung des Klagevortrages im Rahmen eines einheitlichen Streitgegenstandes besteht demgegegenüber die Gefahr, daß der Kläger mit diesem Vorbringen gemäß § 296 ZPO präkludiert ist, was die Möglichkeit verhindert, daß das Gericht eine gebotene Gesamtwürdigung aller Umstände vornimmt. Diese Folge ist jedoch nicht so nachteilig, daß zwingend von mehreren prozessualen Ansprüchen ausgegangen werden muß[43].

d) Bei der *materiellen Rechtskraft* ist für die Prozeßparteien wiederum - wie auch bei den vorher untersuchten Gestaltungsklagen - die Lehre vom Urteilsgegenstand zu bejahen[44].

Im Ergebnis[45] ist bei der Auflösungsklage nach § 133 HGB für den anhängigen Rechtsstreit von einem einzigen Streitgegenstand auszugehen, der allein durch den Antrag bestimmt werden sollte. Nur beim Urteilsgegenstand ist der vorgebrachte Tatsachenkomplex in die Festlegung des prozessualen Anspruchs einzubeziehen.

2. Bei der Auflösungsklage tritt ein "Sonderproblem" auf, da an einem Auflösungsrechtsstreit nach ganz herrschender Auffassung nicht alle Gesellschafter (als Parteien) beteiligt sein müssen. Die Gesellschafter, die nicht Prozeßparteien des Auflösungsrechtsstreits waren sind durch ein abweisendes Urteil nicht gehindert, eine Auflösungsklage mit dem gleichen Sachvortrag zu erheben. Dies beruht darauf, daß die Rechtskraftwirkung - jedenfalls eines abweisenden Urteils - grundsätzlich auf die Prozeßparteien beschränkt ist[46].

---

41 § 8 sub III B (S. 94 f.).

42 § 8 sub III C 1 (S. 95 ff.).

43 § 8 sub III C 2 (S. 97 ff.).

44 § 8 sub III D 1 (S. 99 ff.).

45 Siehe zusammenfassend § 8 sub IV (S. 103).

46 § 8 sub III D 2 (S. 101).

Weil die fehlende Auswirkung der rechtskräftigen Klageabweisung auf einen Teil der Gesellschafter dem Institut der materiellen Rechtskraft zuwiderläuft, muß die Rechtskraftwirkung auf die nicht als Partei beteiligten Gesellschafter erstreckt werden. Ein Gesellschafter, der bindend in die Auflösung der Gesellschaft eingewilligt hat - nur dann ist seine Beteiligung am Rechtsstreit als Partei nicht nötig -, ist genauso zu stellen wie der Inhaber eines Rechts, der der Führung eines Prozesses durch einen Rechtsfremden zugestimmt hat[47].

B. Die Klage auf Ausschließung eines Gesellschafters nach § 140 HGB und die Übernahmeklage nach § 142 HGB

1. Bei der Klage auf Ausschließung eines Gesellschafters (§ 140 HGB) und bei der Übernahmeklage nach § 142 HGB ist - wie bei der Auflösungsklage (§ 133 HGB) - von einem einzigen Ausschließungs- bzw. Übernahmegrund auszugehen[48]. Deshalb sollte der Streitgegenstand mit Ausnahme des Urteilsgegenstandes *allein durch den Antrag* bestimmt werden[49]. Die Rechtskraft eines Urteils erstreckt sich auf alle Gesellschafter, selbst wenn sie nicht am Rechtsstreit beteiligt waren[50].

2. Auch bei den Klagen nach § 140 und § 142 HGB gibt es ein mit dem prozessualen Anspruch zusammenhängendes "Sonderproblem": das der Ausschließung mehrerer Gesellschafter in *einem* Verfahren. Wenn das Gericht in der Person eines Beklagten das Vorliegen eines Ausschlußgrundes verneint, fehlt es nach einhelliger Ansicht an der notwendigen Mitwirkung dieses Mitglieds der Gesellschaft auf der Aktivseite, weshalb die Klage auf Ausschließung mehrerer Gesellschafter insgesamt abgewiesen werden muß[51].

   Um dies zu vermeiden ist den Klägern zu raten, hilfsweise gegen alle beklagten Gesellschafter auf Zustimmung zur Klageerhebung gegen die je-

---

47 § 8 sub III D 2 (S. 101 ff.)

48 § 9 sub I (S. 104 f.).

49 § 9 sub II (S. 105 f.).

50 § 9 sub II (S. 106 f.).

51 § 9 sub III (vor A) (S. 107 f.).

weils anderen auszuschließenden Gesellschafter zu klagen. Die Zustimmung in Form der Verurteilung zur Zustimmung (§ 894 Abs. 1 Satz 1 ZPO) macht dann die aktive Mitwirkung als Kläger entbehrlich. Die bei dieser Vorgehensweise auftretenden Bedenken, daß die Verurteilung zur Zustimmung eigentlich zeitlich vor der Ausschließung erfolgen müßte, haben aus Zweckmäßigkeitsgründen zurückzutreten[52].

Die bei einer Klage gegen mehrere Gesellschafter vorliegende *Streitgenossenschaft* auf der Passivseite ist eine *einfache* und keine notwendige[53].

C. Die Klagen auf Entziehung der Geschäftsführungsbefugnis (§ 117 HGB) und der Vertretungsmacht (§ 127 HGB)

1. Bei dem allgemein üblichen gleichzeitigen Antrag auf Entziehung sowohl der Geschäftsführungsbefugnis als auch der Vertretungsmacht ist eine *objektive Klagenhäufung* gegeben[54].

2. Die den beiden Klagen zugrunde liegenden Streitgegenstände sind allein durch den Antrag zu bestimmen, so daß jeweils nur ein prozessualer Anspruch existiert, der nicht durch den vorgetragenen Entziehungsgrund beeinflußt wird. Nur der Urteilsgegenstand ist aus Antrag und Lebenssachverhalt (Tatsachenkomplex) zu bilden[55].

3. Ebenso wie bei der Ausschließungs- und Übernahmeklage erstreckt sich die Rechtskraft auf die Gesellschafter, die nicht als Partei beteiligt waren, in den Prozeß aber eingewilligt haben[56].

4. Eine verbreitete Meinung in Literatur und Rechtsprechung läßt es zu, daß das Gericht statt die Geschäftsführungsbefugnis oder die Vertretungsmacht zu entziehen, geeignete *mildere Änderungsmöglichkeiten* berücksichtigen darf oder muß. So soll dem Gericht beispielsweise gestattet sein, die Ge-

---

52 § 9 sub III A (S. 109 f.).
53 § 9 sub III B (S. 110 f.).
54 § 10 sub I (S. 112 f.).
55 § 10 sub II (S. 113 f.).
56 § 10 sub II (S. 114).

schäftsführungsbefugnis sachlich zu beschränken statt sie zu entziehen. Andere schließen zwar die Verurteilung zu einer abweichenden Rechtsgestaltung aus, meinen aber, die Klage auf Entziehung der Geschäftsführungsbefugnis oder der Vertretungsmacht müsse abgewiesen werden, wenn eine mildere Möglichkeit gegeben sei[57]. Beiden Auffassungen kann nicht gefolgt werden. Durch Gestaltungsurteil ist nur ein *vollständiger Entzug* der Geschäftsführungsbefugnis oder Vertretungsmacht zulässig[58].

Die Abweisung der Klage wegen milderer Mittel darf deswegen nicht erfolgen, weil dem Gericht in § 117 und § 127 HGB *kein Ermessen* eingeräumt ist. Es muß vielmehr bei Vorliegen der entsprechenden Voraussetzungen - also beim Bestehen eines Grundes für die Entziehung der Geschäftsführungsbefugnis oder Vertretungsmacht - die im Gesetz vorgeschriebene Rechtsfolge aussprechen. Auch darf das Gericht das Vorliegen des wichtigen Grundes im Sinne des § 117 oder § 127 HGB nicht mit der Begründung verneinen, es käme eine mildere Möglichkeit in Betracht, auf die sich die Parteien einigen könnten[59].

Ebenso ist es dem Gericht verwehrt, eine andere Rechtsgestaltung vorzunehmen. Von Amts wegen darf dies schon deshalb nicht erfolgen, weil der Gesetzgeber nur die *Entziehung* der Geschäftsführungsbefugnis und der Vertretungsmacht durch das Gericht vorgesehen hat und eine andere Gestaltung hierzu kein bloßes Minus darstellt, sondern ein Aliud[60]. Aber auch auf entsprechenden Antrag ist eine andere Rechtsgestaltung wegen des sogenannten *numerus clausus der Gestaltungsklagen* nicht zulässig, da eine anderweitige positive Gestaltung erfolgt[61]. Eine analoge Anwendung der §§ 117, 127 HGB kommt insbesondere deshalb nicht in Betracht, weil es an einem Bedürfnis fehlt, eine bestehende Regelungslücke auszufüllen. Eine andere Gestaltung können die Gesellschafter selbst vornehmen; einer gerichtlichen Mitwirkung bedarf es nicht[62].

---

57 § 10 sub III (vor A) (S. 114 f.).

58 Vgl. hierzu das Ergebnis § 10 sub III D (S. 125).

59 § 10 sub III A (S. 115 ff.).

60 § 10 sub III B (S. 117 ff.).

61 § 10 sub III C 2 a (S. 121 ff.).

62 § 10 sub III C 2 b (S. 123 ff.).

IV. Kündigungsschutzklage nach § 4 KSchG

A. Gestaltungs- oder Feststellungsklage?

Von der überwiegenden Lehre und nach fast einhelliger Rechtsprechung wird die Kündigungsschutzklage als *Feststellungsklage* angesehen[63]. Diese Auffassung scheint vom Wortlaut der gesetzlichen Bestimmung vorgegeben zu sein. Darüber hinaus sprechen die Gesetzesmaterialien für eine Feststellungsklage. Beides darf jedoch nicht überbetont werden. Maßgeblich ist allein das Wesen des durch die Klage erstrebten Urteils[64].

Ein der Kündigungsschutzklage stattgebendes Urteil gestaltet die Rechtslage um, weil bereits die vom Arbeitgeber ausgesprochene Kündigung unmittelbar rechtsgestaltende Wirkung (Auflösung des Arbeitsverhältnisses) entfaltet. Durch das Urteil wird das aufgelöste Arbeitsverhältnis wieder in Kraft gesetzt. Deshalb ist das Urteil ein *Gestaltungsurteil*; die Kündigungsschutzklage ist eine *Gestaltungsklage*[65].

B. Streitgegenstand

1. In Literatur und Rechtsprechung werden für die Kündigungsschutzklage in erster Linie folgende Streitgegenstandstheorien vertreten: die *punktuelle Theorie*, der *weite* und der *enge bestandsrechtliche Streitgegenstandsbegriff*. Nach der punktuellen Theorie ist prozessualer Anspruch der Kündigungsschutzklage die Frage, ob ein Arbeitsverhältnis aus Anlaß einer ganz bestimmten Kündigung zu dem beabsichtigten Termin aufgelöst worden ist oder nicht[66]. Bei den bestandsrechtlichen Streitgegenstandsbegriffen ist der Bestand des Arbeitsverhältnisses prozessualer Anspruch, wobei für die weite Auffassung der Schluß der letzten mündlichen Verhandlung maßgeblich ist und für die enge Meinung der Zeitpunkt des Zugangs der Kün-

---

63 Im einzelnen § 11 sub II (S. 136 ff.); zur Gegenansicht (Gestaltungsklage) § 11 sub I (S. 126 ff.).

64 § 11 sub III (S. 142).

65 § 11 sub III (S. 143 ff.).

66 § 12 sub I A (S. 147).

digung oder der Beendigungszeitpunkt, auf den die Kündigungserklärung abstellt[67].

2. Der Kündigungsgrund nach § 1 Abs. 2 KSchG ist für die Bestimmung des Streitgegenstandes nicht maßgeblich. Das Kündigungsschutzgesetz nimmt zwar eine Einteilung der möglichen Kündigungsgründe in verschiedene Kategorien (personen-, verhaltens- und betriebsbedingte Gründe) vor. Es gibt aber Fälle, in denen eine *Gesamtschau* mehrerer oder aller Gesichtspunkte des § 1 Abs. 2 Satz 2 KSchG geboten ist[68]. Deshalb und wegen der bei den Eheauflösungsklagen sowie bei den handelsgesellschaftsrechtlichen Gestaltungsklagen dargestellten Argumente sollte der Streitgegenstand *weit* gefaßt werden[69].

3. Aus dem Wortlaut des § 4 KSchG und der Systematik des Gesetzes ergibt sich nicht, ob die *Sozialwidrigkeit* den prozessualen Anspruch der Kündigungsschutzklage beschränkt oder ob die Kündigung generell zur gerichtlichen Prüfung gestellt ist[70]. Die unterschiedlichen Ansichten haben folgende Auswirkungen auf Rechtshängigkeit, Klagenhäufung, Klageänderung und materielle Rechtskraft[71]:

   a) Im Falle der Bestimmung des Streitgegenstandes anhand der Sozialwidrigkeit wird die Kündigung nur in bezug auf ihre soziale Rechtfertigung *rechtshängig*, so daß einer weiteren Klage, mit der der Arbeitnehmer die gleiche Kündigung angreift, die Rechtshängigkeit der ersten Klage *nicht* entgegensteht. Um dies zu vermeiden sollte insoweit der *globale Streitgegenstand* (prozessualer Anspruch ist die Kündigung an sich) angewendet werden[72].

   b) Bei diesem Streitgegenstand liegt - anders als wenn man verschiedene prozessuale Ansprüche annimmt - keine *Klagenhäufung* vor, wenn sich der Kläger sowohl auf die fehlende soziale Rechtfertigung als

---

67 § 12 sub I B, C (S. 148 ff.).
68 § 12 sub II (S. 151 ff.).
69 § 12 sub II B (S. 155 f.).
70 § 12 sub III A (S. 157 ff.).
71 Siehe zusammenfassend auch § 12 sub III B 5 (S. 164 f.).
72 § 12 sub III B 1 (S. 159).

auch auf einen anderen Unwirksamkeitsgrund beruft[73]. Eine *Klageänderung* ist, falls der Kläger einen Unwirksamkeitsgrund durch einen anderen ersetzt oder nachträglich einen weiteren Grund zusätzlich geltend macht, nur dann gegeben, wenn man *nicht* vom globalen Streitgegenstand ausgeht[74]. Im Ergebnis bestehen unter dem Gesichtspunkt der *Klagenhäufung* und *Klageänderung* jedoch keine gravierenden Unterschiede. Wegen der gesetzlichen Beschränkungen des § 263 ZPO ist für die Klageänderung aber der globale Streitgegenstand zu bevorzugen[75].

c) Sofern man den Streitgegenstand mit Hilfe der Sozialwidrigkeit bestimmt, ergeht im Falle der *Erfolglosigkeit der Klage* ein Urteil nur über die Frage der sozialen Rechtfertigung[76]. Die Rechtmäßigkeit oder Wirksamkeit der Kündigung wird nicht festgestellt. Dies hat zur Folge, daß eine erneute Klage durch die *Rechtskraft* des Urteils nicht ausgeschlossen ist, wenn sich der Kläger auf einen anderen Unwirksamkeitsgrund als auf die fehlende soziale Rechtfertigung beruft.

Bei Zugrundelegung des *globalen Streitgegenstandes* wird durch den *abweisenden Urteilsspruch* festgestellt, daß das Arbeitsverhältnis durch die streitgegenständliche Kündigung aufgelöst ist[77]. Damit ist der Arbeitgeber nach Rechtskraft dieser Entscheidung gehindert, klageweise die Unwirksamkeit der Kündigung zu behaupten, selbst wenn er sich hierbei auf andere als auf die bislang vorgebrachten und vom Gericht geprüften Gründe beruft. Dies zwingt den klagenden Arbeitnehmer, alle denkbaren Unwirksamkeitsgründe vorzubringen, wenn er vermeiden will mit ihnen ausgeschlossen zu werden. Deshalb ist auch beim die Kündigungsschutzklage abweisenden Richterspruch die Lehre vom *Urteilsgegenstand* anzuwenden, wonach der Umfang der Rechtskraft mit Hilfe des Tatsachenkomplexes zu ermitteln ist, über den verhandelt und entschieden wurde[78]. Der Behauptung der Sozialwidrigkeit unter Berufung auf einen im Rechtsstreit nicht behandelten

73 § 12 sub III B 2 (S. 160).
74 § 12 sub III B 3 (S. 160 f.).
75 § 12 sub III B 2 (S. 160), 3 (S. 161).
76 § 12 sub III B 4 a (S. 161).
77 § 12 sub III B 4 a (S. 162).
78 § 12 sub III B 4 a (S. 162 f.).

Grund nach § 1 Abs. 2 KSchG steht aber die Bestimmung des § 7 KSchG entgegen[79].

Ein der Klage *stattgebendes Urteil* stellt fest, daß das Arbeitsverhältnis nicht aufgelöst ist. Dies gilt unabhängig davon, ob man den prozessualen Anspruch global faßt oder ob man auf die Sozialwidrigkeit abstellt[80].

Insgesamt ist der prozessuale Anspruch global zu bestimmen, wobei für die Rechtskraft die Lehre vom Urteilsgegenstand Anwendung finden sollte[81].

4. Der (globale) Streitgegenstand kann entweder auf die konkrete Kündigung oder auf den *Bestand* des Arbeitsverhältnisses bezogen werden. Bei *Rechtshängigkeit*, *Klagenhäufung* und *Klageänderung* haben die bestandsrechtlichen Auffassungen Vorteile, weil sie eine umfassende Überprüfung des Arbeitsverhältnisses bedingen[82]. Auf den Umfang der *Rechtskraft* wirken sich die differierenden Ansichten bei einem *klageabweisenden Richterspruch* nicht aus[83].

Unterschiede bestehen beim *stattgebenden Urteil*. Legt man den *punktuellen Streitgegenstandsbegriff* zugrunde, ist der Arbeitgeber durch die Rechtskraft nicht gehindert, sich auf den fehlenden Bestand des Arbeitsverhältnisses zu berufen oder vorzutragen, daß nie ein wirksames Arbeitsverhältnis zustande gekommen sei. Bei Anwendung der engen oder weiten *bestandsrechtlichen Auffassung* ist das nicht der Fall. Nimmt man den *engen* bestandsrechtlichen Streitgegenstandsbegriff, steht mit Rechtskraft des stattgebenden Urteils fest, daß zum Zeitpunkt des Zugangs (oder der Wirksamkeit) der Kündigung ein Arbeitsverhältnis zwischen den Parteien bestanden hat. Beim *weiten* bestandsrechtlichen Streitgegenstandsbegriff gilt das gleiche, jedoch bezogen auf die letzte mündliche Verhandlung[84].

---

79 § 12 sub III B 4 a (S. 163).

80 § 12 sub III B 4 b (S. 164).

81 § 12 sub III B 5 (S. 164 f.); siehe auch § 12 sub V (S. 173).

82 § 12 sub IV A (S. 165 ff.).

83 § 12 sub IV B 1 (S. 168).

84 § 12 sub IV B 2 (S. 168 ff.).

Gegen die bestandsrechtlichen Meinungen spricht aber einerseits der Wortlaut des § 4 Satz 1 KSchG, wonach "*die* Kündigung" angegriffen wird. Andererseits besteht die Gefahr der unnötigen Ausweitung des Rechtsstreits, weil der beklagte Arbeitgeber sämtliche möglichen Unwirksamkeits- oder Beendigungsgründe vorbringen muß, um hiermit nicht für immer ausgeschlossen zu sein. Als weiteres Argument gegen die bestandsrechtlichen Streitgegenstandsbegriffe läßt sich anführen, daß es damit dem Arbeitgeber auch dann verwehrt ist, sich auf zeitlich vor dem Zugang der streitgegenständlichen Kündigung oder vor dem Schluß der mündlichen Verhandlung liegende Unwirksamkeits- oder Beendigungsgründe zu berufen, wenn er gehindert war, diese im Kündigungsschutzprozeß geltend zu machen, etwa weil sie ihm nicht bekannt waren. Schließlich würde die Bindung eines der Kündigungsschutzklage stattgebenden Urteils dahingehend, daß vor der Kündigung oder vor Schluß der mündlichen Verhandlung über die Kündigungsschutzklage ein Arbeitsverhältnis bestanden hat, dem System des Umfangs der Rechtskraft widersprechen. Die zunächst bestehende und zu gestaltende Rechtslage ist nur Vorfrage, über die nicht rechtskräftig entschieden wird, was bei Gestaltungsklagen allgemein anerkannt ist. Darüber hinaus fehlt es an der Notwendigkeit, den Streitgegenstand einer Kündigungsschutzklage über den Wortlaut des § 4 Satz 1 KSchG hinaus auf den Bestand des Arbeitsverhältnisses auszudehnen. Es ist dem Kläger unbenommen, durch einen *allgemeinen Feststellungsantrag* das Bestehen des Arbeitsverhältnisses zum Streitgegenstand seiner Klage zu machen. Der Beklagte hat die gleiche Möglichkeit über eine *Widerklage*. Aus all diesen Gründen[85] sind die bestandsrechtlichen Auffassungen abzulehnen.

5. Als *Gesamtergebnis* für den Streitgegenstand der Kündigungsschutzklage ist festzuhalten, daß der prozessuale Anspruch - mit Einschränkungen bezüglich des Urteilsgegenstandes - global zu fassen ist. Die dem Wortlaut des § 4 Satz 1 KSchG entsprechende Klage stellt jedoch *nicht* den *Bestand* des Arbeitsverhältnisses zur gerichtlichen Prüfung. Streitgegenstand ist die *Rechtmäßigkeit* der Kündigung[86].

---

85 § 12 sub IV C (S. 170 ff.).

86 Vgl. zusammenfassend § 12 sub V (S. 173 f.).

Wilhelm Brauneder

Studien II: Entwicklung des Privatrechts

Frankfurt/M., Berlin, Bern, New York, Paris, Wien, 1994. 382 S., 4 Abb.
ISBN 3-631-45807-X br. DM 98.--*

Die Entwicklung des Privatrechts in Mitteleuropa wird in diesem Buch anhand dreier Sachkomplexe exemplarifiziert: Wissenschaftsgeschichte, Vertragsrechtsgeschichte sowie Institutionengeschichte. Damit tritt neben dem Einfluß der Hauptentwicklungsstränge des römisch-gemeinen Rechts und des Deutschen Rechts vor allem die Spannung zwischen Rechtswissenschaft und Gesetzgebung einerseits sowie Vertragspraxis andererseits deutlich zutage, ebenso die Fortbildung des Rechts durch alle diese Faktoren vom Spätmittelalter bis zum heute geltenden Recht.

Aus dem Inhalt: Rechtsfortbildung durch Juristenrecht · Zivilrecht in seiner Beziehung zum Verwaltungsrecht · Rechtstatsachen im Gebiete des Ehegüterrechts · Typen des mittelalterlichen Erbrechts